大连外国语大学 2015 年度学科建设经费资助出版

现代传播学通论

宁晓晓　著

中国戏剧出版社
CHINA THEATRE PRESS

图书在版编目（CIP）数据

现代传播学通论 / 宁晓晓著. -- 北京 : 中国戏剧出版社, 2017.10
ISBN 978-7-104-04566-3

Ⅰ. ①现… Ⅱ. ①宁… Ⅲ. ①传播学 Ⅳ. ①G206

中国版本图书馆CIP数据核字(2017)第236020号

现代传播学通论

项目策划：张恒军
责任编辑：王松林
项目统筹：张　霞
责任印制：冯志强

出版发行：中国戏剧出版社
出 版 人：樊国宾
社　　址：北京市西城区天宁寺前街 2 号国家音乐产业基地 L 座
邮　　编：100055
网　　址：www.theatrebook.cn
电　　话：010-63385980（总编室）
传　　真：010-63383910（发行部）

读者服务：010-63381560
邮购地址：北京市西城区天宁寺前街 2 号国家音乐产业基地 L 座

印　　刷：三河市灵山红旗印刷厂
开　　本：787mm×1092mm　1/16
印　　张：17.25
字　　数：270千字
版　　次：2017年10月　北京第1版第1次印刷
书　　号：978-7-104-04566-3
定　　价：68.00元

Contents 目录

绪 论

第一节 传播与传播学

传播学创立者施拉姆说："我们是传播的动物，传播渗透到我们所做的一切事情之中，它是形成人类关系的材料，它是流经人类全部历史的水流，不断延伸我们的感觉和我们的信息渠道。"传播是人类的日常行为，它无处不在、无时不有，是人类赖以生存的基本行为之一。人类的传播史俨然就是人类自己的发展史，人类文明是在传播交流中发展起来的，任何一种知识的积累、任何思想观点为人们所接受都离不开传播。传播以及针对传播所进行的研究——传播学，与我们的生活息息相关。

那么，什么是传播？传播的内容是什么？传播行为为什么会发生？传播学的研究对象是什么？

一、什么是传播

传播学中所使用的"传播"一词是英语communication的对译词，其意义广泛，包括交流、交通、交往、通信、会话等，communication的意域更加广泛。关于"传播"一词的定义众说纷纭，概括起来主要有以下几种观点：[①]

1. 共享说

即传播者与受传播者对信息的分享，我们在传播时是努力想同他人确立共同的东西，即努力想共享信息、思想或态度。如甲向乙发出某信息后，该信息由甲独享变成甲乙共享，所谓"心有灵犀一点通"就是对信息共享的描述。诚然，多数情况下传播是为了而且能达到共享的目标，但毕竟还存在着相异的情况，"共享说"不能适用于一切传播现象。试例如下：

（1）拒斥。甲传送的信息乙拒绝接受。如敌对双方对来自对方的宣传

---

① 张国良：《现代大众传播学》，四川人民出版1988年版，第4-7页。

无动于衷、充耳不闻。准确地说，这里的乙已接收了信息——如果只有传，没有受，该传播过程就不能成立——但拒绝了信息所包含、欲表达的“意思”。说到底，所谓“共享”的对象，其实是“意思”。

（2）不通。由于符号体系不同等原因，乙无法“读解”（破译）甲发送的信息。如异民族、异文化、异语种之间的初次接触尤为典型。

（3）误解。传播中因词不达意或理解困难而导致甲乙双方的信息沟通不对称或错位，如乙没能领会甲的真意。

（4）独处。甲和乙、传者和受者是同一个人。如自言自语（包括出声和不出声的全部心理活动）就无法实现信息的共享。

以上这几种场合，显然都实现不了“共享”。由此可见，“共享说”作为定义是不全面的。

2. 交流说

传播是有来有往的双向的活动。这种对传播的定义类似“共享说”，但“交流说”的着眼点不在结果而在过程。

缺陷：所谓交流，意味着传方发出的信息受方必有回应。事实上却未必如此。传播是否成立固然取决于传受双方是否齐全，缺了任何一方传播过程就不完整，但不取决于受方是否有反应或反应如何。因此，这也不是一个关于传播的理想定义。

3. 影响（劝服）说

持这种观点的人认为，传播是有目的的行为，是传播者欲对受者通过劝服施加影响的行为，突出了传播的功利性。

传播一定会影响他人。从这一观点出发突出强调了传播者的主观动机，并以此理解传播行为，这样定义传播虽有可取之处，但局限性也很明显。首先，在传播过程中，影响是相互的，传播者和受传者的角色关系会相互转换，传播者在影响他人的同时，也在受他人的影响。其次，传播有时是一种目标模糊的行为，并非都具有目的性，生活中存在着大量的无意图的传播，只是一般信息的传递。因此，这种典型的以传播者为中心的定义是不符合传播的实际的。

4. 信息说

这种观点认为，传播是信息的流动。传者和受者之间传受的到底是什么？以上几个定义可概括表述为：信息、思想、态度等。实际上，可以集合成一个概念，即信息。广义地看，思想也好，态度也好，都无非是信息。将它们并列的原因可能是，对“信息”作了狭义的理解。当我们进行传播时，我们是在试图与他人建立共同的意识，也就是试图共享信息。

“信息”一词是从信息科学中借用来的概念，有了信息的概念，传播定义的阐述就更为简洁和确切了。经过以上分析，结合信息科学视角加以结合，我们为传播学中的传播下一个基本定义，即：所谓传播就是人类传受信息的行为或过程。这个概念中有两个关键词：第一个词为“传受”，它强调了信息的流动，只有处在流动中才有意义，这是传播的形式；第二个词为“信息”，这是传播行为的内容，传播者向受传播的内容总信息。

二、传播的特点

动物社会也有传播，但它不是传播学考察的主要内容。传播是人类传受信息的行为或过程，人类社会传播具有以下特点：

1. 共享性

社会传播是一种信息共享活动，也就是说它是一个将单个人或少数人所独有的信息化为两人或多人所共有的过程，在传播过程中，一个人所拥有的信息在传递、交换和扩散后，不仅为他人所有，而且自己仍然保留，信息的传播过程也是信息为传播者和受传者所共享的过程。

2. 社会性

社会传播是在一定社会关系中进行的，又是一定社会关系的体现。传播产生于一定的社会关系，又是社会关系的体现，传受双方表述的内容和采用的姿态，措辞、语气等无法脱离双方所处的现实社会关系，无不反映着各自的社会角色和地位。

3. 互动性

从传播的社会关系性而言，它又是一种双向的社会互动行为。在传播过程中，传播行为的发起人——传播者通常处于主动地位，但受传者也不是单纯的被动角色，他可以通过信息反馈来影响传播者。即使在传播者传递出信息后，受传者沉默不语，那也是一种反馈的形式。

4. 共通性

这里强调的是传播者和受传者对信息理解的共通性，也就是说，传播成立的重要前提之一是传受双方必须要有共通的意义空间。两个或两个以上的人来到一起，试图共享某种信息，他们很可能是完全不同的人。由于他们的生活经验不同，携带信息的标志在他们看来很可能不同。彼此经验愈是不同，他们理解的信息也很可能愈是不同。像“痛”和“饿”这样的概念很可能是我们都能理解的，但是，像“自由”“共产主义”这类的词，来自不同的生活经验的人们，尤其是来自不同文化的传受双方在传播过程中显然是难以达成共识的。由于语言不同、文化不同的原因所造成的传受双方的传播障碍和隔阂，也是传播学要解决的问题之一。

5. 系统性

传播是一个系统，它具有一切系统所拥有的特征：复杂性、动态性、开放性等。参与传播过程中的各个要素，如传播者、受传者、信息、媒介等都会受到来自社会环境各方面的因素影响。在新闻实践中，记者会受到他所在的社会阶层价值观的影响。如果该记者报道的是一个贪官，恰好这个贪官母亲住院，生命岌岌可危，他女儿明天又要高考，这种情况下，记者的稿件见报还是不见报，什么时候见报等都可能会受到一系列因素的影响。所以说传播是一个非常复杂的现象，它不是孤立的内外各种因素都会影响传播过程以及传播效果的发挥。

三、传播与信息

传播的内容是信息，那么信息是什么？

1. 信息是什么？

信息的概念是从信息科学中借用来的，信息科学认为：事物的存在方式和运动状态及其表述即信息。如时装模特身上的漂亮衣服，这本身就是信息，即实物信息；如果人们用言语加以表述“这衣服真漂亮”即口语信息；如果写下来就是文字信息；拍下来就是图像信息。因此，一切表述事物状态或关系的东西都是信息。自然界的刮风下雨、电闪雷鸣、杨花授粉、鸡叫蛙鸣，人类社会的语言、书信往来等都属于信息传播的范畴。

有学者把信息分为两大类：人类信息和非人类信息。传播学主要关注人类社会的信息传播。人类信息具有特殊性，在于它总是伴随着人类的精神活动，不仅是生理层次上的作用与反作用，还伴随人的态度、感情、价值、意识形态等。

2. 信息从哪里来？传播为何会发生？

案例分析：火车上不相识乘客间的对话

我倚在下铺的靠背上，自己问自己：“这趟差得在车上待十几个小时，怎么过啊？真没劲！”拉门开了，进来了第二位旅客。这是位老者，他提着一口箱子，进门试探着问：“23号是这里吗？”“没错”，我随口答道，帮他把箱子提进来。

看到他的箱子上印着大学联谊会的字样我不由得发生了兴趣，问道：“您是大学教授吧？”“你怎么知道？我是林业大学教授，研究林木病虫害的。”我的脑子一下子转到家门口那棵病怏怏的老槐树，来了精神，抓住这位专家咨询起我家老槐树的病因……

这是我们常见的对话场面。其中存在两种类型的传播，即自我传播与人际传播。即自我传播，自己之所以问自己，是由于现在的我处在一个新环境中，与此前的我产生位置差异而引发的。互不相识的人之间的传播即人际传播是如何发生的呢？首先，那位老教授的问话显然是一种证实自己判断的需要。老教授的出现引起我的注意，我产生兴趣，提出问题，对方回应，于是对话继续下去，由于我产生了信息需求，两人之间的信息传播得以深化。通过以上分析，人与人之间的问话或回话，都是由于信息的位差引发的。教授不能明确自己找的地方是否准确，他需要信息解惑，于是发生了在这个问题上信息弱者寻求信息强者确认的传播。我看到箱子上的字样，产生问题，并希望马上得到答案，这次我是作为这个问题上的信息弱者，对方回答中又提出新的问题，于是传播继续下去。每一次有意或无意传播过程，总是由一方首先发出信息，得到回应，传播得以完成。

试想两个人的需求、知识、情感等完全一样，他们之间就不大可能说话、写信或上网聊天。但是，世上完全相同的人是没有的，只要存在差异，同时存在某种实际的或情感的需求，就必然发生传播现象。不相识的人之间问路是一种典型的寻求信息的传播；相识的人之间打招呼是联系感情的需要；上课听讲是求知的需要。传播，在于传受双方之间存在位置的差异，于是一方发出信息，希望得到回应，以满足这一方的精神或物质需要。所以，信息是事物运动、变化、联系、差异的表现。

关于信息和传播的关系，将有专门章节论述。

四、传播学的研究对象与基本问题

一门相对独立的学科，必须要有相对独立的研究对象。传播学的研究对象是什么？简单地说，传播学是一门研究社会信息系统及其运行规律的科学，而社会信息系统及其运行（即传播）便是它的研究对象。具体说来，传播学的研究分为三个层面：一是从自然科学的层面，研究社会信息及其传播的技术性问题，如当下有关互联网的书籍中，有许多都是从技术性角度探讨这一新兴的传播方式；二是从社会科学的层面揭示社会信息及其传播的规律性问题，如美国的大多数传播研究都属此类；三是从人文科学的层面，思考社会信息及其传播的价值性问题，如欧洲的传播研究对传播意义的探寻。

以下事例较为明显地说明了传播学的主要研究课题。

1938年10月30日，美国哥伦比亚广播公司（CBS）的《空中水银剧场》的3200万听众听到一场战争报道，一群火星怪物侵略了美国，听到这个节目后，一些惊慌失措的人驾车逃跑，许多人认为世界末日来临，恐惧的人们哭喊、躲藏、祈祷或者向乡下逃亡。

在广播结束之前恐慌就已经开始了，美国各地惊慌失措的人们一边祈祷，一边疯狂地想出各种办法逃生，新泽西的一个街区，就有20多人脸上蒙着湿手帕和毛巾冲出自己的家门。在匹兹堡，一个妇女手里拿着一瓶毒药在浴室尖叫：“我宁可就这么死了算了。”

在华盛顿，就在广播节目播报火星人破坏了全国的通讯设施并切断全国的电力的时候，该城市恰巧停电了，这更加证明了节目的真实性，引起大众的极度恐慌。

事实上，这只是一则根据小说《世界大战》改变的广播剧而已，之所以产生如此传播效果，主要在于采用了现场新闻播报的形式，同时一些事情机缘凑巧，比如停电、转台时候没听到节目性质的广播等。

针对这个传播现象，传播学研究者试图研究如下问题：如果此事件通过其他媒介传播，如报纸，还会不会产生恐慌（研究传播媒介）；为什么这个节目使人产生恐慌，而其他离奇的广播剧则没有（研究传播内容和传播效果）；为什么这个广播剧让一些人感到害怕，而另外一些人则没有（研究受众特性、心理等）。

以上几个方面基本涵盖了传播学的基本框架，也是构成传播过程的五大要素：

谁（who）

说了什么（says what）

通过什么渠道（in which channel）

对谁说（to whom）

产生了什么效果（with what effect）

这是美国学者哈罗德·拉斯韦尔（Harold Lasswell）在1948年发表的《传播在社会中的结构与功能》一文中提到的传播过程的5W模式，这个模式奠定了传播学研究的范围和基本内容。传播过程由五大要素，即传播者、讯息、媒介、受众、效果构成，图示如下：

传播者→讯息→媒介→受众→效果

“谁”即传播者，对应了控制分析，如对“把关人”的研究；“说了什么”即讯息，对应传播的内容分析；“通过什么渠道”即媒介，对应媒介研究；“对谁说”即受众，对应受众研究；“产生了什么效果”即效果，对应传播效果研究。

综上所述，传播学主要研究如下几个方面的基本问题：

其一，传播者。就是研究人，研究人与人，人与其他的团体、组织和社会的关系；研究人怎样受传播的影响以及人与人怎样互相受影响；研究人怎样传播消息，怎样接受新闻与信息等。

其二，受传者（受众）。就是研究受众的特点、受众接受信息受到的多重因素的影响、受众对于传播者的反馈作用等。

其三，传播效果。归根结底，传播学研究都是围绕传播效果进行的，无论研究传播者还是研究受众，都是为了传播达到最佳的传播效果。传播效果受到多重因素的影响，是“合力”的结果。

其四，信息、符号。即传播的内容如何编排，采取何种方式传播。

其五，传播的过程模式。用建构模式的方法，对传播过程的结构和性质做出说明。

其六，人内传播、人际传播、群体传播、组织传播、大众传播的不同类型及各自的传播特点规律。

其七，传播学研究的主要学派。主要为经验学派和批判学派。

其八，传播学调查研究方法。如抽样调查法、内容分析法、控制实验法等。

传播实际上是一种过程，传播者将讯息通过一定的媒介传达给受众，并可能对受众产生效果。简言之，传播学就是研究这种人类的信息传播活动及规律的科学。

第二节　传播学的起源与发展

有关传播的研究古已有之，但它真正被当作一个重要课题研究是在20世纪一二十年代，四五十年代形成传播学科，从此以后，传播学在学术界和理论界的地位日益提高，同时其在实践领域的影响也在扩大。

一、传播学的起源

任何一门学科的兴起与形成，必然要有其社会基础和学科基础。传播学的兴起与形成也是如此。

首先，20世纪初是资本主义从自由竞争走向垄断竞争的年代，工业化大生产使资本主义的生产活动和范围大大延伸，国内市场开始初步走向国际市场，走向跨国经营，因而对信息的要求就更高。

其次，19世纪已经形成的报业，加上新兴的媒介如电影、广播、电视等新媒介，逐步形成了资本主义社会的独立的产业——传播业，这给社会带来了强烈冲击。因此，社会亟须关注和思考传播带给人们的一切，比如公共信息所产生的政治性影响促使学术界展开对宣传和舆论的研究。一战、二战中及战后，传播和宣传的重要性使得20世纪初学术界开展了对态度和观点改变的研究，旨在发现媒体能在多大程度上影响公众舆论。

另外，传播学的形成还必须有科学发展做基础。到20世纪初，资本主义社会已经经历了两次科学革命，实则经历了两次思想革命，人们对物质和精神世界的认识能力以及广度和深度有了大幅度的扩展。社会科学进一步发展，尤其是社会学、心理学成为传播学研究领域的“领头羊”。在20世纪30年代，社会科学关注传播如何对个人、社会、群体产生影响，如心理学研究电影对儿童的影响等，社会科学的研究方法日益科学化、学说日益多样化，因此人们能够科学而全面地研究日益扩大的传播活动。

传播学最初的提出和形成是在美国，作为资本主义阵营中最为发达的国家，美国之所以能成为传播学诞生的摇篮，除了具备上述基本的社会、学科前提条件以外，还有其独特的条件。

具体而言，传播学产生于美国，有其较为深厚的社会背景。[①]

第一，从政治背景来看，从美国建国起，报纸就被纳入美国的政治机制中，一贯扮演着举足轻重的角色，具体表现为：平时政治家不得不依赖媒介引导舆论，争取民心，以获得选票和维持已有的权利；战时更离不开媒介对群众的发动、对士气的鼓舞，特别是一战、二战的爆发，使这种紧迫性和重要性更加突出。事实上，这方面课题在早期传播的经典研究中占据显著位置，如拉斯韦尔有关战争宣传的研究、霍夫兰有关军队士气的实验等都是直接配合政府的工作。此外，还有政治家发现，无论平时还是战时，欲向国内外大众宣扬自身的价值观念、生活方式等，媒介都是十分合适、有用的工具。

第二，从经济背景来看，美国是资本主义阵营中唯一的在两次世界大战中加强了经济实力的国家。战争使整个资本主义世界生产能力的三分之二都集中在美国手中，经济的发展使得美国的自由市场竞争更加激烈。传播学的兴起是与大众传播在美国经济活动中的地位和作用密切相关的。表现在：一方面，美国自由市场经济条件下，经济发展需要垄断资本家向国内、国际市场扩展，生产扩大、产品增多，随之而来的行销行为就前所未有地增加了。因此，美国在20世纪20年代应运而生了大量的广告公司、公关公司、调查公

① 张国良：《现代大众传播学》，四川人民出版1988年版，第29-31页。

司等机构，并形成一种新的产业。40年代，这一行业有了空前发展，为了判断传播媒介对消费者购买行为、购买需要和心理的影响，广告商、民意调查人员、新闻工作者和学者等在垄断财团和企业的资助下不断对广告、公关、消费者以及媒介等进行研究。因此，企业普遍较关注营销环节中的各种传播问题。另一方面，为各种企业服务的媒介本身也变成了一种企业，一种相对独立而完善的经济实体，共同形成一个产业——大众传播业，通过广告和内容生产为媒介资本家创造出丰厚的利润。各媒介对发行量、收视率的竞争压力变成了大众传播业者关心和思考传播技巧、传播效果等问题的动力。如果说市场经济离不开媒介的协作，反过来，媒介也离不开市场的滋养。由此我们可以理解，为什么传播学在美国不仅被政界看重，也一贯受到商界的青睐，美国传播学研究从第一天起便具有明显的商业主义色彩和实用气息。

第三，从媒介背景来看，报纸诞生于17世纪初的西欧（德、英、法诸国）。直到20世纪末，美国才出现报纸。但作为资本主义世界的“后起之秀”，它迅捷追上并超过了先行者。伴随着工业化、都市化的巨大成功，到19世纪中叶，美国率先孕育出世界上最早的大众化报纸——《纽约太阳报》，这成了大众传播时代开幕的标志。进入20世纪后，美国又创立了最早的广播电台——KDKA电台。二战后发展更迅猛，建成了全世界最发达的大众传播事业。从大部分相关指标（报纸发行数量、电视机普及率）来看，美国均名列前茅。它还拥有美联社、合众社、《纽约时报》《华盛顿邮报》、三大广播电视网（CBS、NBC、ABC）等一批全球文明的媒介，这种情况对美国的政治、经济、社会等各方面都产生了巨大影响，于是，对大众传播的利用和研究，就成为美国各界急迫而重大的课题。

第四，从社会角度来看，媒介给大众带来的利与弊在此得到充分显现。利表现为：大量实用性信息的快速传播，极大方便了人们的生活和工作；娱乐性信息的提供，充实了人们的业余生活。弊表现为：色情和煽情性信息的大肆泛滥毒化了人们的心灵，如19世纪末，赫斯特和普利策之间的黄色新闻之争。同时虚假信息的流传，造成社会混乱，如前所述1938年火星人入侵地球事件等，这就形成一种强大的舆论压力，迫使学术界给出正确认识和解决问题的方案。

第五，从学科背景来看，19世纪后半期到20世纪中叶的美国逐渐成为当时世界上最适宜开展科学研究的一方沃土。各国各地区的优秀人才纷至沓来。具有讽刺意味的是，二战期间，在法西斯暴政的驱赶下，欧洲各国知识界的大批精英被迫流亡美国，为营造这一繁荣局面做出不可磨灭的贡献。他们当中既有以爱因斯坦为代表的自然科学家，也有阿德勒等著名的社会科学家，仅就传播学领域而言，早期传播学四位奠基人中有两位来自欧洲，即卢因和拉扎斯菲尔德。

从上面的分析我们可以看到传播学是在美国特定的政治、经济、社会、媒介和学科背景条件下兴起发展的，更重要的是可以看到传播学研究的对象均为现实的传播实践、关注实践，研究实践才是传播学兴起的根本。

二、传播学的四大先驱与施拉姆

如前所述，第二次世界大战对传播学有巨大影响，在法西斯暴政的驱赶下，欧洲各国知识界的大批精英被迫流亡美国，就传播学领域而言，早期传播学四位奠基人：拉斯韦尔、卢因、霍夫兰、拉扎斯菲尔德，其中有两位来自欧洲，即卢因和拉扎斯菲尔德。这四位学者虽来自不同的学科背景，但都从他们自己的研究领域出发，关注传播现象，研究传播，并转向传播学，他们的研究成果产生了巨大的社会影响，丰富了传播学的知识体系，以至传播学创立者施拉姆把他们视为传播学的四大奠基人。

哈罗德·拉斯韦尔

1. 政治学家拉斯韦尔与宣传分析

哈罗德·拉斯韦尔（Harold Dwight Lasswell，1902—1978），美国政治学家，欧洲移民，1918年入芝加哥大学，1926年获哲学博士学位。1922—1938年在芝加哥大学教授政治学。1939年在纽约社会研究新学院执教。1952年任耶鲁大学政治学教授。1954年受聘任行为科学高级研究中心研究员。1955年当选美国政治学会会长。1978年在美国去世。终身未婚。

拉斯韦尔是一位兴趣广泛的学者，虽然他是美国行为主义政治学的创始人之一，但他也称得上是一位心理学家和社会学家，他将弗洛伊德的精神分析理论引入美国社会科学，运用弗洛伊德的精神分析法来分析和研究政治现象，拉斯韦尔较早地将社会学、心理学以及精神分析法引入政治学研究，为政治心理学的创立和发展做出了贡献。

他一生的学术著述总计600多万字，其中有两篇论文对传播学学科的发展贡献尤为显著。第一篇是他的博士论文，也是他的第一本传播学专著《世界大战中的宣传技巧》（1927），开创了内容分析的方法，通过分析第一次世界大战中各交战国之间的宣传战，提出宣传能够产生巨大的社会影响力，出版之后，引起学界关注，至今仍然与李普曼的《舆论》一起被人推崇为早期传播研究的两部经典之作。

另一篇被称为传播学的开山之作《社会传播的结构与功能》（1948），大多数人都是从这篇论文中的“一句话”“三个功能”来认定他在传播学中的奠基人地位，这句话就是：“谁？说了什么？通过何种渠道？对谁说？产生了什么效果？”从而为传播学确立了五大研究领域，即“控制分析、内容分析、媒介分析、受众分析和效果分析”，长期左右了美国的传播学研究方向。拉斯韦尔提出的传播的“三个功能”是：环境监测、联系社会、文化传承。这篇论文对传播学的意义体现在两个方面：第一，从传播的内部结构上，分析了传播过程的五个构成要素或五个环节；第二，在外部功能上，概括了人类传播的三个主要作用。

库尔特·卢因

2. 社会心理学家卢因和群体动力学

库尔特·卢因（Kurt Lewin，1890—1947，又译：库尔特·勒温），美籍犹太人，传播学“把关人”理论的创立者，以人类行为场理论著称的美国社会心理学家。1890年出生于维也纳，1914年获柏林大学哲学博士学位。一战期间在德军服役，战后在柏林心理分析研究所任职。1933年移居美国，在斯坦福大学和康奈尔大学任教，后被聘为爱荷华州立大学儿童福利研究所心理学教授。1944年在麻省理工学院创建了群体动力学研究中心并任主任。1947年去世。

卢因开创了群体传播中的经典实验，创立了“群体动力论”和“场论”，他借用物理学“场论”这一理论类比心理活动。群体动力学的思想可以被看作是对更加一般的场论的特殊运用，着重以群体传播作为了解个人如何被其所属群体影响的有关理论。他在这方面的研究，不仅丰富了社会心理学的理论学说，而且也最先将心理学知识引入传播学研究，用来研究群体生活的途径以及群体对个人观点、行为等方面的影响，使传播学得到了不少有益的启发和借鉴。从群体动力论可以看出，个人与群体的关系如此紧密，群体规范可以制约和影响个人的行为，传播者要想改变一个人的态度，不仅要考虑个人因素，更要考虑他所属的群体因素。

卢因将自己的群体动力应用到传播研究中，二战期间，他进行了劝说人们改变饮食习惯的研究，这项研究是在群体动力理论的思想指导下进行的，研究结果表明，群体规范可以改变个人的饮食习惯，使之与所属群体相适应。在这次研究中他提出“把关”和“把关人”概念，这是他对传播学的最大贡献，在他的论文《群体生活的渠道》（1947）中，他提出在传播过程中，信息总是沿着带有关卡的某些渠道流动，而那些能够控制信息流通的人就是把关人，如报纸的编辑。“把关”和“把关人”概念的提出，是卢因成为传播学奠基人的重要理论原因。

卢因的学生D.M.怀特（David Manning White）依据卢因的“把关人”思想，研究大众媒介中的把关行为，对一位报纸编辑的新闻选择过程做了著名的个案研究，从而开创了传播学的把关研究。后来的许多学者沿着这个方向不断开掘，使“把关人”理论不断完善，从而成为控制分析领域的基础成果之一。

3. 社会学家拉扎斯菲尔德和大众传播效果研究

保罗·拉扎斯菲尔德

保罗·拉扎斯菲尔德（Paul Lazarsfeld），美籍奥地利人，著名社会学家，毕业于维也纳大学，先后获哲学、人文学和法学博士学位。拉扎斯菲尔德是对后来的传播学研究方法影响最大的一位学者。在1933—1935年的美国游学期间，拉扎斯菲尔德结识了美国许多杰出学者和市场研究者，这对其后来的工作产生了重要影响。1937年，他开始运用实地调查法对广播媒介进行研究，这个项目对于当代大众传播研究方向的形成产生了重要影响。实际上正是拉扎斯菲尔德的广播研究项目创造了大众传播研究的新领域。

1940年，拉扎斯菲尔德对美国总统选举进行了大规模连续性的调查，以研究媒介宣传对选民投票意向的影响。这种将传播媒介置于社会环境中加以考察的崭新研究思路，成了传播学研究实地调查的开端。该项目的直接成果就是拉扎斯菲尔德在4年后发表的著作《人民的选择》一书。其核心观点为：人们在就政治问题进行决策时，并不取决于一时的政治宣传和大众传播媒介的影响力，而是基本上取决于人际传播的影响力。拉扎斯菲尔德等人的研究，不仅直接否定了媒介无比强大的“魔弹论”，而且还发现了在传播的流动中，人际传播即意见领袖的重要作用，从而直接形成了“两级传播理论”、大众传播效果无力的“有限效果论”等，并初步揭示了传播效果形成的复杂原因。

在现代传播研究的形成方面，拉扎斯菲尔德的重要作用体现在，他开创了媒体效果研究的传统，使之成为美国大众传播研究中占有统治地位的范式，还在研究方法上进行了创新，将定性方法与定量方法、参与性观察与深度访谈结合起来，为经验主义研究本身提供了方法论上的创新，又尝试着进行经验主义与批判主义在研究方法上的合作，这种新的尝试和突破在传播学研究史上有深远的影响。

拉扎斯菲尔德晚年在回顾自己的一生时，认为自己最重要的三个贡献是：开创了大学研究机构，强调研究方法论，研究个人如何在选举、职业选择等方面做出决策（拉扎斯菲尔德，1976）。

卡尔·霍夫兰

4. 实验心理学家霍夫兰和说服研究

卡尔·霍夫兰（Carl Hovland，1912—1961），出生在美国芝加哥。1936年在耶鲁大学获得博士学位后，曾担任该校心理学系讲师、助理教授、教授，是著名的实验心理学家，也是宣传与传播研究的杰出人物。二战期间和战后，霍夫兰和一批心理学家进行了大量实验，对态度与说服进行了细致研究，提出了众多影响颇大的理论。他们形成了“耶鲁学派”。霍夫兰将说服研究、实验方法引入传播学，在美国开创了有关个人态度变化的微观层次研究的学术传统，他在20世纪四五十年代的理论方法激励了人际传播的分支领域研究，霍夫兰的说服实验与拉扎斯菲尔德的媒介受众调查一样，使传播研究朝着效果问题的方向发展。

二战期间，霍夫兰率领专家小组在华盛顿进行战争宣传与美军士气的研究，他们用实验的方法，试图找出军事教育影片对军人的影响因素，通过对影片内容、形式的设计来测量和分析信息来源的可信度、恐惧诉求、一面说与两面说等传播技巧对说服的效果问题。他们通过研究发现，这类军事教育影片虽然能使观众发生变化，但变化的幅度却很有限。

说服研究由亚里士多德发起，经由霍夫兰到今天，一直是十分流行的传播研究的课题，而霍夫兰在美国所作出的一系列努力，使有关说服的社会科学研究在当时达到了鼎盛时期。霍夫兰去世后，他的得意门徒麦奎尔取代了他在耶鲁的位置。

以上主要是对传播学四大奠基人的生平、与传播研究的关系做以简单介绍，我们从中可以发现，早期的传播学研究的基础和领域大多是社会学、心理学、政治学等，这些学科和这些学者对传播学的最终形成贡献很大，但只是奠基作用，真正将传播研究系统化为传播学科的人是威尔伯·施拉姆。

5. 传播学集大成者——施拉姆

威尔伯·L.施拉姆

威尔伯·L.施拉姆(1907—1987)，生于美国俄亥俄州。1930年，获哈佛大学硕士学位，1932年获艾奥瓦大学哲学博士学位，毕业后从事新闻工作，曾做过记者和编辑。

他建立了世界上第一个大学传播学研究机构，编辑出版了世界上第一本传播学教科书，授予第一个传播学博士学位，是世界上第一个具有传播学教授头衔的人。他是现代传播学研究领域中成就最大、贡献最突出的人，他不同于以前的传播学研究的奠基学者，他们用各自学科的理论和知识来研究传播的问题，而施拉姆则把传播学作为一个独立的新兴学科，以系统化观念来研究传播现象，整合传播研究成果。因此，施拉姆被称为传播学的创始人和集大成者，在美国乃至全世界的传播研究领域中占据了不可动摇的地位。

他在传播学领域的地位来自于他对传播学的巨大贡献，概括来说，施拉姆对传播学的贡献主要表现如下：

第一，他把美国的新闻学与社会学、心理学、政治学等学科综合起来进行研究，在前人的基础上总结归纳和深化，从而创立了一门新的学科——传播学。这是他对传播学的最大贡献，自他以后才有了学科意义上的传播研究。他创立传播学的标志是1949年由他编纂的第一本传播学著作——《大众传播学》的出版。

第二，他创建了一批高水平的传播学研究机构，既为传播学培养了人才，又为传播学取得了独立地位。施拉姆亲手创建了四个传播研究机构：1934年创建艾奥瓦民意调查中心；1948年创立伊利诺伊大学传播研究所；1955年创立斯坦福大学传播研究所；1973年创立夏威夷东西方中心传播研究所。这些机构所从事的传播研究工作在全世界都处于一流水平。通过这些教育研究机构，施拉姆培养了一大批传播学研究生，造就了许多传播学后起之秀，当今美国很多知名传播学者都是他的学生。

第三，编写了一批传播学专著，为传播学的研究和推广发挥了重要作用，这些著作的出版也形成了一整套完整的传播学理论体系，几十年中，施拉姆自著或与他人合著的著作达30余部。

第四，他提出了许多传播学研究的新观点和新理论，极大丰富了传播学的研究内容。他提出了选择的或然率公式，即受众选择某种媒介或信息的或然率=报偿的保证/费力程度；此外他还对传播模式做了概括和总结；以“魔弹论”来形容对早期传播效果的认识等，这些思想和见解都被他融合在了自己的著作中。

此外，施拉姆还不遗余力地推广传播学。1982年，他曾应邀来中国讲学，在北京、上海等地向我国的新闻传播工作者和理论研究界系统地介绍传播学，为传播学在中国的发展做出了有益的努力。

需要说明的是，施拉姆自己有关传播学的理论、观点等对传播学的贡献很大，但他最大的成就在于集合他人有关传播学的研究智慧和相关学科的成果，提炼、整合、总结，最终创立传播学科。

三、传播学的发展演化

传播学自20世纪四五十年代形成于美国以来，在世界上的许多国家和地区都有较大的发展。传播学具有某种适应性，这种适应性和本土化，使传播学极易冲破民族文化的防线，与当地文化融为一体，所以才在世界各国生根、开花、结果。

传播学自从在美国作为一门独立的学科形成后，就初步确定了研究范围、研究内容和研究方法。从传播学的发展来看，主要经历了以下几个发展阶段：

早期的传播学研究开始于传播学的形成阶段，即20世纪四五十年代，这一阶段研究者众多，50年代传播学有一项进展异常突出，这就是传播模式的兴盛，正如英国社会学家麦奎尔在其《大众传播模式论》一书中写到的：“50年代证明是模式建立的鼎盛时期，这被视为人们在传播研究中寻求发展和统一的一个表现。”与其他社会科学相比，传播学研究的一大特色就是模式众多，许多传播学理论都是以传播模式为线索而形成的。拉斯韦尔的5W模式，就是最早也是最有名的一个传播模式。在这一时期，传播学研究另外一个引人注目的方面就是学者们提出了许多新的理论，动摇了20世纪二三十年代的“魔弹论”，从而形成了传播的“有限效果论”。“有限效果论”的形成使传播学的发展一度面临危机，顾名思义，有效效果即传播的效力并不像早先想象的那么大，既然传播并不能产生预期的效果，那么传播学研究还有什么意义呢？面对这样一种出人意料的局面，传播学者们在20世纪50年代普遍陷入了焦虑和苦闷之中。

中期的传播学研究主要集中在20世纪六七十年代，这个时期是传播学突破传统研究的局限，不断拓展研究范围和深化研究内容的时期。传播研究从寻求对整个大众传播过程的一般理解逐渐转向研究传播过程的各个具体方面：研究传播与社会、文化、意识形态之间的关系和效果；研究媒介与受众之间的关系等等。同时在这一阶段，传播学研究在多个不同地区开始进行并形成了不同的派别。英、法、德、日等国家的传播学大幅度发展，第三世界国家也从早期照搬以美国为代表的西方传播学研究中意识到，他们必须解决自身在传播领域中面临的问题，传播的本土化研究开始兴起与深化。

当代的传播学研究开始于20世纪80年代以来，这一时期，传播学研究扩展到了政治、经济、文化等各个领域。与此同时，传播学研究中的派别分流也日益明显，欧洲传播学派以其对社会文化的批判备受瞩目，被称为“批判学派”；美国传播学注重实证分析，强调传播实践，被称为“经验学派”，两大学派互相对峙。

进入20世纪90年代以后，传播学又面临新形势的挑战，当今社会发展正朝着信息化、全球化方向发展，传播学如何适应时代的转变，调整自己，进一步发展，已成为全球传播学者共同关心的话题。由此可见，现代传播学，无论其研究深度、广度，都远远超过了初创阶段。现代传播学研究的新课题、新门类介绍如下：

1. 国际传播学

国际传播是传播学的分支学科，其简单定义是：超越各国国界的传播，即在各民族、各国家之间进行的传播。国际传播学研究的是国际传播现象及其规律。国际传播是大众传播的国际化过程。

随着一国参与国际传播的范围不断扩大和层次不断提高，该国国内与国外传播的界限将趋于模糊，而当国内传播与国际传播融为一体，以整个地球为范围进行传播时，人类就进入了“全球传播”的时代。全球化时代，一个国家的经济发展水平、国家开放程度、新闻传播体制、新闻管理方法、媒介组织化程度、技术应用水平及人员素质等都会对国际传播产生直接影响。因此，国际传播呈现出更为复杂的传播特点，国际传播过程中要更多地考虑到对象国受众的接受心理和复杂多变的传播环境，还包括政治制度的差异、经济发展水平的差异、宗教信仰的差异、文化传统的差异、语言文字的差异、传播控制的差异等。

因此，国际传播与国家利益密切相关，必然被置于国家的严格控制之下，呈现出趋利避害的“过滤式传播”特点。

2. 跨文化传播学

跨文化传播是探讨来自不同文化背景的人们之间互动关系的研究。跨文化传播学是由美国人类学家、跨文化研究学者爱德华·霍尔在20世纪50年代建立的一门学科，旨在研究来自不同文化背景的人们是如何进行交流以及研究如何提高跨文化交流技巧，跨越跨文化交流障碍的方法和途径。跨文化传播的核心是对带有不同观点、信仰和价值观的人际间相互作用的意义分析，是对这些人由于具有不同的文化背景而产生的相应差异的分析。

二战使得不少欧洲的美国同盟变成了废墟，为了冷战的需要，为了跟苏联抗衡，美国推行“马歇尔计划”，大力扶植欧洲经济发展，于是大量的专家、学者、企业员工被派往欧洲；同时，美国经济并未受到二战的太大影响，美国在政治和经济上成了一个超级大国，吸引着世界各地的留学生和移民。美国政府发现，许多由美国政府和企业外派的工作人员都因文化差异，无法适应派往国生活，最终无功而返。美国的外来移民及留学生中经历着这种“文化震撼”的也大有人在。美国人逐渐意识到，这些项目的失败，不仅仅是技术上的原因，政治、经济、文化等因素也对项目的实施产生了很大影响。

爱德华·霍尔正好处于这个时代，他的生活经历和专业背景使他为了承担这一使命的人。二战期间，爱德华·霍尔曾经在欧洲和菲律宾服役，并在这些地方从事不同文化中的空间概念研究。20世纪50年代，爱德华·霍尔在美国政府部门的外派人员培训学院任教，对外派出国人员进行跨文化技能培训。其间，他提出了“高语境”和“低语境”文化，并撰写了几部非常畅销的有关跨文化传播的著作。

跨文化研究在形成和发展过程中形成了一系列核心概念，主要有：民族中心主义、文化相对主义、偏见歧视和定势、独裁性格等。跨文化传播是一门多学科交叉而形成的新兴学科，与全球社会这个巨大“话语场”的各个层次都有千丝万缕的关联。跨文化传播研究对人类交往的多方面关注，对不同文化的精神面貌和万千变化的个体表现的呈现，显示了这一学科对全球社会与文化的实时与变迁的认识深化过程，也展示了这一学科的理论和现实价值。

3. 健康传播学

健康传播就是以大众传媒为信道来传递与健康相关的资讯以预防疾病、促进健康。在这个过程中，大众传播媒介在将医疗成果转化成大众健康知识加以传播，正确构建社会图景以帮助受众建立预防疾病观念等方面都发挥着重要作用。20世纪末，随着人类社会的不断进步，生活质量的普遍提高，特别是大众传播技术的日益发展，政府和学者们都开始关心如何利用大众传播的影响力，改善一般民众的健康意识，塑造社会的健康环境，提高人们的健康水平。于是，健康传播作为一门极具重要社会意义的研究领域，逐渐成为显学。

我国学者张自力将健康传播学分为两种[①]：健康的传播学与健康中的传

① 张自力：《健康传播学——身与心的交融》，北京大学出版社2009年版，第21页。

播学。“健康的传播学”研究，是指以健康意识为导向的研究议题，运用传播学的理论和研究方法考察与健康有关的行为和观念。“健康中的传播学”研究，指的是在维护和促进健康的过程中、运用了传播学的理论和方法，就是运用传播学理论和方法所从事的与健康促进相关的应用性研究。随着研究的深化，健康传播逐渐从长期的实践中、从其他学科中借鉴有价值的理论和模式，丰富了自己的理论基础，也逐渐探索出适合健康传播自身的模式与理论。

总的来说，作为传播学的一个专业研究领域，健康传播研究具有理论性与实践性的双重属性。在理论研究上，健康传播自身摸索和孕育了新的理论和方法，为传播学整体理论体系做出了有益的补充；在实践意义上，健康传播对于人类提升自身健康素养和生命质量，改变公共健康状况，防止健康危机暴发有着重要意义，作为一个新兴的领域，值得我们进一步研究和探索。

4. 新媒体传播学

随着信息产业的高速发展，以互联网、移动通信技术为代表和载体的通信新技术、新媒体迅速崛起，迅速融入了人们的日常生活，为经济社会发展做了巨大的贡献。在这一背景下，国内外学术界立刻形成了对以互联网为代表的新媒体的研究热潮，新闻传播学者也对互联网在信息传播领域产生的变革性影响给予了充分的关注。

对于新媒体的理解可从以下几个维度切入：第一种，从时间维度理解新媒体。新媒体是个相对的概念，相对于报刊，广播是新媒体；相对于广播，电视是新媒体；相对于报刊、广播和电视，互联网、手机等是新媒体。第二种，从传播技术的角度对新媒体进行界定，认为新媒体就是利用数字技术、网络技术，通过互联网、无线通信网、卫星等渠道，以及电脑、手机、数字电视机等终端，向用户提供信息和娱乐服务的传播形态，新媒体是信息科技与媒体产品的紧密结合。第三种，对新媒体的理解则是从新媒体的具体特征出发，认为数字化、互动性是新媒体的根本特征。

当前，网络传播迅速渗透到世界各国政治、经济、文化等各个领域，尤其是Web2.0塑造了全新的信息生态环境，社交媒体的出现进一步改变着人们的生活方式和传播方式，甚至改变着世界的面貌。2004年facebook在美国正式上线，标志着社交媒体（SNS）时代的到来。在中国，社交媒体起步较晚，2009年，新浪微博正式掀开了社交媒体在国内舞台的序幕，在2010年的“7.23甬温线动车追尾事件”和青海玉树地震等事件中，新浪微博成为第一信源，以快速传播的优势打败传统媒体，并且实现信息的裂变式传播。微信的出现更是进一步影响和改变着我们的社会关系、生活方式以及媒介内容的生产等方方面面。社交媒体兴起之后，一个很强烈的感受就是，我们不能仅仅把网络媒体定位在内容提供这个平台上，我们更需要注意关系构成的圈子给整个内容生产带来的影响，这个影响可概括为两个方面，一方面是关系变成了生产力或者说内容生产的动力，社交媒体的使用更多的是出于社交关系的需求。另一方面是整个传播模式也发生了重大的变化，内容传播渠道很大程度上依赖人际关系网络，内容信息流动的基础设施是关系，尤其是传统媒体进入到新媒体平台，如微博微信这样的平台的时候，如果不解决关系建设的问题，就很难赢得足够大的传播能力。

未来新媒体传播的发展趋势大致如下：

（1）全媒体与媒介融合。新媒体的传播媒介有很多，并且随着技术的发展，还将不断有新的媒介出现。在全媒体的大背景下，媒介融合开始由浅入深全面展开，未来媒介融合可能发生在平台终端的智能化整合，以及传媒业融合创新路径中的新举措。这些可能性既存在于技术提速与政策利好的双重鼓励下，也需要人作为传播主体的能动性予以支持。例如《赫芬顿邮报》采用了博客的平台，吸纳了看上去业余而实际有专业造诣的人，它的成功很大程度上依赖于围绕在其周围的各种社会力量。

（2）社交化。关系在今天的信息传播中扮演着重要角色，对于今天门户网站来说，其受到的很大冲击，就是来自社交媒体平台的冲击。在社交化的改造中，人与媒体的关系也在被重塑，过去我们都叫信息的消费者、受众，今天用户不仅简单地从消费者角色转变为生产者的角色，更重要的是每个人在以人际关系为基础的传播模式中，都成了重要的节点，每个人都在信息流动的过程中行使开和关的权利，每个人都会对信息的流动产生重要的影响，甚至能够影响整个信息流动的路径和过程。此外，门户网站也在进行社交化的改造，即进行社交方面的思维渗透和改造，门户网站在评价某些内容产品好坏的时，加入了该内容产品在社交媒体的分享程度这一指标。同时，对电视收视率的评价指标也在发生变化，尼尔森在收视率的评价体系中加入twitter上关于某个节目的分享程度或热议程度的指标。分享程度已经成为传统媒体传播效果重要的衡量指标，几乎所有的新闻网站都在强调不但给受众看一个东西，还给受众提供一个分享的按钮。

（3）视频交互式发展。在网络媒体宽带问题越来越得到解决的情况下，视频在今天网络业务中的比重是不断上升的，人们对视频的需求变得越来越突出，这也是互联网基础设施即宽带得到解决之后发生的必然变化。在传统媒体和新媒体竞争过程中，新媒体也越来越多地运用视频作为竞争的手段。网络视频具有自身特色，首先，网络视频带来了一个更加开放的生产格局，传统的电视是一个封闭的行业，它是由专业的电视工作者生产的，但网络视频很大一部分来自于ugc，即用户生成内容，所以网络视频更多带来了生产主体的多元化，而不仅仅是内容上的增长或内容上的丰富。其次，更重要的是收视行为的个性化是网络视频的一个特点。电视意味着控制，而收看网络视频对受众来说意味着更大的自由。另外，收视行为的个性化和收看行为精确监测是相互关联的，这种精确的监测可以为视频生产提供基础的依据，未来很多的视频生产可能是基于用户的分析量身定做的。最后，网络视频的一大特点是社交的互动。

第三节 传播学研究方法

传播学研究方法基本上可分为定性、定量两大类。这两大类研究方法体系是建立在传播学两大类基础学科之上的。传播学研究受到现代社会科学和人文科学的影响颇深，社会科学所采用的研究方法多为定量研究方法，也叫实证研究方法、量化研究方法；而人文科学采用的研究方法多为定性研究方法，也叫思辨研究方法、质化研究方法。

因此，传播学研究就形成了两种方法系统，两种方法系统有一定的差异。定性研究方法和定量研究方法的最大差别即在于定性方法操作的是概念体系，而定量方法操作的是量化事实体系。然而，尽管两个系统有着较大的差异，但这两种方法仍然难以截然分开。在实际的传播学研究活动中，这两种方法的互通性也很明显。

一、定性研究方法

定性研究就是建立一套概念体系，借助理论范式，进行逻辑推演，据此解释或解构假设的命题，最后得出理论性结论。

将定性研究方法应用于社会与文化过程的分析，成为近年来国际学术界的一个趋向。这种转向现象在传播研究中表现得尤为明显。之所以会这样，一方面，因为科学研究内部出现了争论，人们越来越意识到定量方法的局限性，开始重新对定性研究方法进行发掘和充实，并寻找两者之间相互补充、相得益彰的结合点。社会科学研究的实践表明，定量研究方法可以在宏观层面上进行大规模的社会调查和政策预测，但不利于在自然情境下对微观层面进行细致、深入、动态的描述和分析。定量研究者从自己事先设定的假设入手，很难了解被研究者的心理状态和意义建构（特别是当被研究者的看法和研究者不一致时）。此外，定量的方法不仅将复杂流动的社会现象简单地数量化、凝固化，而且忽略研究者以及研究者与被研究者的关系对研究过程和结果的影响。另一方面，社会发展变化也使得科学研究必须适应这种变化。人类正在进入“后工业化社会”“信息社会”，传统社会形态逐步消亡，新的社会形态的变动要求研究者必须寻找新的理论和方法，关注社会和文化的多元变化。

定性研究方法可以弥补传统定量研究方法的不足，也可以修正传统研究中的理性角度。需要指出的是，尽管传播学研究中的定性研究逐渐增多，但是定性研究的方法论仍处在萌芽阶段，在整个传播学研究中所占的比例也相当小，然而，这种定性研究的取向的确呈现出了很强的发展前景和理论价值。

1. 人文科学的定性研究方法

若从当代的角度看，人类历史上人文科学始终研究的正是人际传播和大众传播中的文本(text)。过去，在人文科学对文学作品和其他主要文化形式的研究中，大部分只对文本中所包含的文化传统、意境、时代 精神和意识形态提出解读和注释，而没有从文化分析角度对文本中出现的概念、词汇进行分析，而这些概念和词汇本身的变化具有相当丰富的意义。

大众传播既是社会现象，又是话语现象。符号是人类与真实互动的主要模型，它进入一个连续的意义生产过程后，便将社会真实建构成政治、经济和文化活动等方面。

传播在人文科学传统中被视为意义的社会生产，即特定主体性与美学的“表现”（expression）和对特定语境的“再现”（representation）。这种意义的生产与三个基本传播过程要素相关：话语、主体性、语境。

（1）“话语”：米歇尔·福柯“知识话语理论”认为：话语实践是指严肃言语行为。这种行为产生的言语，称为“陈述”。严肃言语是权威性主体以某种被人们接受的方式所说的话（写作、绘画等）。这些话要求人们承认其真理性。即陈述是专家们以专家的身份所说的话，是一种有价值的东西。

话语是知识的载体和工具；话语的真理性不仅在于它说什么，而且在于它怎么说；话语与权利之间存在复杂关系——所谓话语，归根结底就是说话的权利，意义即自称为意义的权利。话语的基本材料是语言及其他符号。语言是人与真实交换过程的主要媒介。“话语”是社会真实建构的媒介，通过语言，真实才得以进入社会，也只有通过语言，真实才能进入主体范围之内，并且可以经过分析，得到解释。因此，语言和其他符号系统就成了人文科学重要的分析客体和分析工具。

（2）“主体性”：传统哲学认为：主体是相对独立的一方，可以做出道德和美学的判断。新近人文科学研究认为，人在认识过程中随时受到现存的各种思想体制的制约和束缚，人的主体是一个受到各种限制的，早已由一系列对世界的代表系统所决定了的“屈服体”（subject）已经被安置在意识形态结构为其事先排定的位置上。这个位置由语言来决定，语言就是“世界的代表系统”。

（3）“语境”：指我们在分析文本时所必须考虑的某种情境和历史过程。正式语境使得文本成为文本。因此我们从人文科学角度研究传播时，实际上，也将传播视为某种语境，传播是历史变化过程的结果，因此，我们分析焦点要转到受既定社会或文化主导的文本的深层结构上。

在众多的研究方法中，较为基础的方法便是语言话语分析，它包括三个层次：

首先，话语的最基本元素是不同形态的发音和陈述，通过语言，人们可以展现日常行为，而这些发音和陈述实际上就是完成了一种社会结合的动作，语言的意义在于使用。

其次，语言可以在传播者之间建立一种互动模型，使双方都处在沟通状态中，引入并发展某种主题，同时关闭某些话语空间。

最后，在“话语”的层面上，各种语言范畴都可被看作是一个连贯的结构，是一个携带信息的文本。对这个文本，可以进行多层次的分析，以此指出并说明某种社会特性。

2. 社会科学的定性研究方法

社会科学的定性研究是以长期的、亲身观察的形式，从近距离观察社会及文化层面的现象的过程。这个过程实际上是理解“意义”的过程。而“意义”是人们赋予自己的社会情境和活动。

在定性研究方法中，诠释取向的研究方法较为引人注目，其中具有代表性的方法有符号互动论、人种学方法、民族志学方法和焦点小组座谈法等。

（1）符号互动论：人们行为的基础是他们赋予事物和情境的意义。意义是人们在互动中衍生出来的，而且这个意义在互动的诠释过程中会得到进一步强化。

（2）人种学方法：主要利用参与观察法和深度调查，重视日常会话，将它视为日常互动的基本媒介。要求从个体出发，摒弃了自然科学中的严格控制，观察发生在自然情境中的现象。大量依赖对研究对象的观察、定性判断和描述。重视过程，旨在获得整体的画面。还涉及反复的、即时的理解手段，在研究过程中，不断进行自我调整。

（3）民族志学方法：也称田野调查法，源于人类学。研究者通常采取参与观察的方法，深入到特定的团体生活中，持续相当长一段时间，从而询问或观察所发生的事件，然后以内部观点说明其意义。

这种研究方法有三个原则：第一，广义来说，民族志学研究关注所有的文化形式，包括日常生活、宗教或艺术；第二，由于研究者本身就是最基本的研究工具，因而必须进行长期的参与观察；第三，必须采用多重资料收集法，以核对观察中发现的资料。

民族志研究方法使研究者贴近人们的日常生活，了解到具体环境中不同身份的受众接触媒介的真实情况，为受众研究向微观层面推进开辟了新的天地。

（4）焦点小组座谈法：一般由一位训练有素的主持人组织、引导 6—12 人组成的小组，针对某一主题展开自由讨论，进行开放式的提问，得出高度自主的资料，然后再用通过调查或实验而获得的更加量化的资料对其加以检验。这种方法通常采用一种开放式的方法提问，以便得出有关研究的媒介信息的高度自主的资料。访谈一般以事先确定的假设为中心，然后这些假设被用作访谈的焦点，主持人努力引导个人理解某个媒体信息，由细致的、自由型的访问引起，帮助回忆，然后用通过调查或实验而获得的更加量化的资料加以检验。

二、定量研究方法

定量研究方法又称为量化研究方法和实证研究方法。指利用所占有的大量量化事实，描述、解释和预测研究对象，通过数据分析和 逻辑推论，提出、验证理论观点。

传播学的定量研究方法来自社会学、心理学等行为学科，可以说，如果没有定量技术与方法，就不可能有今天的传播学。传播学中常用的量化研究方法包括实地调查法、内容分析法、实验法与个案研究法。这些方法都以数理统计为工具，利用计算机系统进行量化数据的精确统计，从而在对这些数据的分析中验证某些理论假设或提出某种观点。这些研究方法遵循着一套严格的操作程序：确立研究假设—确定研究方法—收集数据—分析数据—得出结论。

1. 实地调查法（Survey Research）

实地调查法源于 19 世纪后期的欧洲，是美国传播学研究中的传统方法。传播学奠基人之一拉扎斯菲尔德是最早将此方法引入传播学研究的学者。他在1940年总统大选期间对选民进行调查，分析他们的投票意向与接触大众传播媒介之间的关系。

实地调查法的具体步骤为：

提出研究假设

确定实地调查的总体范围与样本（全面普查/抽样调查）

确定抽样方案（随机抽样/非随机抽样）

设计调查问卷

统计分析调查结果

实地调查法基本不受人为控制因素影响，较客观、全面准确，但对实际对象的相关性特别是因果关系的概括不佳。

2. 内容分析法（Content Analysis）

内容分析法用系统的方法分析样本的讯息内容，是传播学研究的基本方法之一。20 世纪 20 年代，拉斯韦尔使用内容分析法，对第一次世界大战中的宣传技巧进行了研究。在二战期间，拉斯韦尔又与其他学者共同对战时军事宣传品进行了内容分析。

内容分析法适用于分析所有形式的讯息内容。一般分两个层次，即说什么（传播内容）与怎么说（传播形式），在实际研究中，这两个层次的研究通常是结合在一起进行的。

具体而言，内容分析法的实施步骤大致分为以下几个层次：

确定研究范围

制定分类标准

抽取分析样本

统计分析，解释推理

验证假设，得出结论

内容分析法的应用广泛，可用来描述传播内容的倾向，说明信源特征，表明读者对信息的意见，描述传播模式等。但内容分析法只能告诉我们说什么、怎么说等表层的、直接的结论，对于深层的、间接的效果，只有与其他研究方法配合，才能发挥作用。另外，其分析对象必须能代表总体状况、反映真实情况，还要防止研究者主观因素影响研究的科学性、严密性。

3. 实验法（Experiment）

实验法源自实验心理学，是一种成熟而影响深远的科学方法。一般认为，传播学的两位奠基人卢因与霍夫兰最早在传播研究中使用该方法。

实验法的实施程序一般包括以下几个步骤：

提出假设

简化众多影响因素，确定一对自变量与应变量

建立控制组和实验组

实施实验刺激

统计分析，得出结论。

实验法分为两种：控制实验法和自然实验法。

（1）控制实验法

控制实验法指在室内进行的，对某些实验因素加以人为控制的一种实验法，是研究因果关系的最佳方法。研究者可以主动控制实验因素，且实验本身具有严密的逻辑性；情境较纯粹，标准化程度高，可以为不同实验对象在不同时间接受实验提供完全相同的情境。但人为因素强，难以创作同现实生活完全相同的情境，结论必有误差。

（2）自然实验法

自然实验法指将实验放置于社会环境中自然进行的实验法。可以用两种不同的方式或媒介将信息发送出去，然后进行比较、测定实验结果；也可以事先设计好一个研究方案或程序，然后等待时机，事件一旦发生，研究者便介入、调查。真实可靠，客观准确，是现实生活逻辑的实在反映。但难于控制。相比于控制实验法，结论会比较粗糙，但实践指导性强。

4. 个案研究法（Case Study）

个案研究法源自心理学，在传播学研究中应用不太广泛。个案研究法用于检验某一对象的各方面特征，或在一定时期内的全面情况。1950年美国学者怀特首次将本方法应用于传播学研究，用于研究“把关人”现象，考察一位报纸编辑的讯息选取状况和其把关标准。

个案研究法一般没有事先的研究假设，结果都从案例研究中得出。价值在于深入全面地占有研究对象的资料，可以供其他研究作基础使用，由后续研究得出一般结论。因此，传播学研究中经常把个案研究法与其他研究方法结合起来使用。

以上主要介绍了传播学研究中两大主要的方法论体系：定性研究体系和定量研究体系。需要强调的是，传播学的研究方法是一个系统，到目前为止，我们还无法将定性方法与定量方法截然分开。实际上，在现实的传播学研究实践中，人们也是将两种方法结合起来综合使用的。

第四节　传播学主要学派

传播学诞生后，由于学者们的方法论和学术立场不同，形成了各式各样的流派。传播研究是一个众多学科交汇的十字路口，因此不可避免地聚集了来自不同研究范式的研究者们，呈现出多元学术传统并存的局面。

传播学的主要学派主要是以美国为代表的经验学派（又称传统学派）和以欧洲为代表的批判学派。20世纪60年代之前，传播学的研究一直是经验学派一统天下，之后，欧洲的批判学派异军突起，打破了这种局面。

经验学派和批判学派有着根本的区别。从学科渊源上讲，传统的经验学派受社会科学影响较大，如社会学、心理学、统计学等；而批判学派则隶属于人文科学，如哲学、历史学、文艺学等，可以说。在传播研究上，经验学派着力探索传播的规律，批判学派主要追求传播的意义。

接下来，我们主要介绍和分析两大学派的主要观点和理论成果。

一、经验学派

经验学派主要是从经验事实出发，采用定量研究的方法，侧重于开展传播效果的研究。在传播学中，经验学派尤其指以美国学者为代表的主流传播学。经验学派既是一个方法论的概念，又在更大程度上代表了一定的传播观。

经验性方法是一种运用可观察、可测量、可量化的经验材料来对社会现象或社会行为进行实证考察的方法，经验性方法论与社会科学中的实证立场是联系在一起的。它出现在19世纪后期，在现代社会科学中有着广泛的应用。

经验性研究方法有三个主要原则：①研究程序应具有客观性和可重复性，用于调查和分析的方法和技术不能随意变更，以便为其他学者提供验证的手段；②社会科学家的首要目标，是收集和提供关于理论假设的无可争议的科学数据和材料；③ 通过公开的学术讨论，建构关于社会现象的一般理论模式或“定理”。①

经验性研究方法反对从观念到观念地对社会现象做纯主观抽象的说明，强调切实可靠的经验材料或客观数据的重要性，从这个意义上说，经验性研究方法也是社会科学中必不可少的重要研究方法。

但是，经验性方法并不是研究社会现象的唯一方法，它本身也存在着严重缺陷，表现在：

第一，社会现象和人的行为无限复杂性，而可观察、可测定、可量化的经验材料是有限的，尤其是作为社会实践主体的人的活动，在很多情况下并不能单纯地用经验材料就能够加以说明。

第二，经验性研究所依赖的程序主要是问卷调查和控制实验。就前者而言，仅仅具有概率上的可能性，并不具备自然科学的严谨和精确。就控制实验法来说，在有限的实验控制条件下得出的结论，往往无法准确反映丰富而复杂的社会现实。同时，经验性方法所依赖的主要是个人或小群体层面上的经验材料，因此，经验性方法在考察社会的历史过程以及宏观社会结构方面缺乏有效的手段 。

第三，尽管实验性方法论主张用“纯客观”的态度来研究社会现象，但是，在现实当中很难做到这一点。每个学者都有自己的文化背景、意识形态和特殊的经验范围，这使得他们的学术立场或多或少具有一定的主观倾向性。

经验学派关注的核心和焦点是传播效果问题。经验学派是西方传播学的主要流派，其中以美国学者拉扎斯菲尔德和霍夫兰为代表。美国的经验学派除了在方法论上坚持经验性实证研究立场以外，还有两个重要特点：一是实用主义的研究目的；二是多元主义的社会观。

实用主义是西方社会广为流行的一种思维方式和哲学流派，这种思维方式认为，判断事物的标准不是思想或语言本身，而是思想所引起的客观行

① 段鹏：《传播学基础：历史、框架与外延》，中国传媒大学出版社 2016 年版，第 71 页。

为。实用主义认为“真理就是效用”，而社会科学研究必须立足于社会现实生活，解决实际问题。

实用主义哲学通过米德、杜威等人深刻地影响了美国的传播学研究。传播学经验学派的主要学者拉斯韦尔和他的宣传研究，拉扎斯菲尔德等人的传播流研究，霍夫兰的说服研究等，无不带有明确的实用目的。他们的着眼点在于考察传播过程的结构与功能，考察人的心理、态度和行为的影响等，这使得传播效果成为经验学派关注的核心和焦点。

经验学派的另一个特点在于它的多元主义的社会观。经验学派并不认为西方资本主义社会是某个阶级支配其他阶级的社会，而认为它是一个多元利益相互竞争、相互制衡的社会。因此，传播学研究的重要任务并非变革现有的社会基本制度，而是要以传播机制的改进来实现更好的社会管理，为现存的社会制度服务。经验学派的这种多元主义意识形态，决定了他们不可能从批判的立场上研究资本主义制度下的大众传播，也不可能触及资本主义社会的基本矛盾。至多，他们只能出于维护现存制度为目的，从“管理”的角度做一些修修补补的工作。20世纪60年代以后，经验学派的这些倾向，受到了来自批判学派的激烈抨击。

经验学派的主要代表人物及研究成果介绍如下：

1. 保罗·拉扎斯菲尔德对探索新的社会科学研究方法颇感兴趣，如通过民意调查和实地研究来了解和解决社会问题。他在到达美国后的几年时间内就已建立起了一个十分活跃并且相当成功的社会研究中心——哥伦比亚大学“应用社会研究中心”。在早期做了大量与媒介有关的研究。最著名的就是1940年拉扎斯菲尔德进行了“伊利县调查”，采用了实地调查的方法，是经验性研究的典范。

2. 霍夫兰在二战期间开展了有关电影说服效果的研究。该项研究揭示了传播效果的形成条件和制约因素。

3. 施拉姆在20世纪五六十年代开展了关于电视对儿童的影响的研究，探讨了电视在儿童的生活、学习以及社会化过程中的影响及效果。

4. 20世纪六七十年代，格伯纳等人进行的关于媒介暴力内容与社会犯罪之间关系的研究，虽然研究结果未能证明二者之间有必然的联系，但是却发现媒体提供的暴力内容对人们形成现实观有重要影响。

从以上不难看出，经验学派的研究兴趣主要集中在传播与人的行为问题上，探索如何通过传播来控制和修正人的行为，这些研究对于社会管理来说具有很高的价值。但是，由于经验学派的方法论和学术立场的倾向性，他们有意或无意回避了传播学研究中的许多重要问题，如传播与上层建筑和经济基础之间的关系，传播制度与社会制度之间的关系等等。包括拉扎斯菲尔德在内的经验学派学者都认识到，批判学派的辩证分析方法和经验性研究方法具有有机统一的可能性。拉扎斯菲尔德就认为，两派的分歧事实上主要是社会观的对立。经验学者认为资本主义社会是多元社会，只要实现多元利益的协调和平衡便能够消除社会矛盾，那么，自然就会把传播看作是控制人的行为和实现社会“科学管理”的重要手段和途径。而批判学派则认为，资本主义制度连同其传播制度本身就是不合理的，大众传播媒介在本质上是少数垄断资本对大多数人实行统治的意识形态工具。

二、批判学派

传播学中的批判学派萌芽于20世纪60年代，70年代开始兴盛，80年代成为传播学研究中的主流之一。批判学派起源于欧洲，但是其影响和发展已覆盖至世界许多国家和地区。

1. 批判学派的形成

批判学派的兴起不是一个孤立的现象，而是有着一定的社会的和学术的背景。 首先，批判学派植根于欧洲悠久的历史和文化传统之中，深受欧洲传统的人文批判思潮的影响。其次，传播研究的批判学派是建立在欧洲独特的传播实践基础之上的。欧洲的历史传统十分强调公共利益，在欧洲大部分国家的传播体制中，公共传媒长期占据主导地位，这种传统导致学术研究对商业传播体制怀有一种天然的警惕。再次，批判学派的兴起还与西方文明整体发展出现的危机有关。资本主义社会发展到20世纪中后期，在实现了工业化并逐步转向信息化社会的背景下，出现了现代性晚期所特有的各种矛盾和危机，诸如环境危机、和平危机、能源危机、人权危机等一系列社会矛盾，引起了人们对资本主义发展现实的反思。在这样的背景下，传播学的批判研究立足于欧洲的批判传统，把矛头对准了资本主义社会中过度商业化和垄断化的传播体制，对其中所隐含的权力关系进行深入研究，对西方信息传播的意识形态属性进行分析与揭露。

一般认为，传播研究的批判学派起源于欧洲重要的西方马克思主义流派法兰克福学派。1923年成立的德国法兰克福大学社会研究所标志着法兰克福学派的诞生。法兰克福学派的主要代表人物有霍克海默、阿多诺、本雅明、马尔库塞以及哈贝马斯等。

早期法兰克福学派的传播观：

霍克海默的大众文化研究。霍克海默对大众文化抱有明显的批判态度，他认为，在现代资本主义社会，文化的大众性不在于艺术生产的具体内容与真理有任何关系，艺术取决于娱乐工业的意志。在专制主义社会中，艺术和文化的发展则被直接或间接从事宣传工作的管理者所控制，这些宣传本质上与真理无关。

阿多诺的文化工业论。阿多诺对现代流行音乐以及艺术进行了批判性的研究。阿多诺认为，文化工业的产品不是艺术品，而是商品，它从一开始就是作为市场上销售的可替代的项目被生产出来，其目的是为了交换和实现商业价值，而不是为了满足人的真正的精神需要。概括而言，文化工业这个概念的批判性含义包括两个层面：其一，文化工业以艺术为名义，兜售的其实是可以获取利润的文化商品，使大众的闲暇时间变为另一种被剥削的劳动。其二，文化工业具有浓厚而隐蔽的资产阶级意识形态，在人们忘乎所以地享受文化快感时，隐蔽地操纵了人们的身心乃至潜意识活动。

本雅明的机械复制艺术论。在《机械复制时代的艺术作品》论文中，本雅明指出，生产技术的变革会对艺术生产和对艺术作品的接受产生巨大影响。本雅明认为，复制技术的扩张导致艺术作品的“灵韵”，即一种包含在作品中的韵味和意境的丧失。而“灵韵”关系到作品的本真性和独特性，这是传统的权威性艺术的重要特征。机械复制艺术的发展代表着艺术的非神圣化进程。但是，与同时代的众多思想家不同，本雅明对机械复制艺术持有一定的积极态度。本雅明认为，机械复制艺术具有一定的解放意义，本雅明的这些观点，对后来的文化理论和通俗文化研究产生重要的影响。

马尔库塞——单向度的人。所谓单向度，是指现代社会无论是经济、政治制度，还是科学、工艺、艺术以及哲学和日常思维，都是单面的，即只有承认和接受现实的一面，却没有否定的和批判性的一面。马尔库塞在虚假需求和真实需求之间做出了区分，他认为在大众传播媒介的引诱下，人们在消费过程中，不断得到一种虚假满足。人已经被现代社会所吞没，丧失了自己的灵魂，但人自身却意识不到这种异化状况。马尔库塞指出，大众传媒及其造就的文化工业在使人成为“单向度”的人的过程中发挥着决定性的影响。

在哈贝马斯之前占据学派主导地位的霍克海默、阿多诺、本雅明、马尔库塞等人构成了第一代法兰克福学派的成员，他们的理论主张构成经典的法兰克福学派的批判理论。这些理论大多对资本主义社会工具理性的肆虐现状进行了无情的批判。但是，除了本雅明之外，早期法兰克福学派的代表人物大多带有强烈的精英倾向，尤其是早期批判理论对现代大众文化的批判，全盘否定了大众文化的积极意义，具有明显的片面性。

哈贝马斯作为法兰克福学派的第二代旗手，是20世纪下半叶以来西方知识界最具影响力的思想家之一。哈贝马斯改良了第一代法兰克福学派学者的激进主义立场和悲观主义态度，以交往行动理论为核心，构建了一个庞大的总体性哲学体系，在批判理论的重建方面产生了世界性的重大影响。

哈贝马斯通过跨学科的研究方法，对不同的思想领域进行深入研究，在此基础上建立了“交往行为理论”。在哈贝马斯的公共领域理论体系中，大众传媒是发挥公共领域作用的重要一环。随着资本主义的发展，传媒的渗透使得公共领域承担起广告和政治灌输的职能，国家和社会不断侵入公共领域，公共领域与私人领域逐渐趋向融合。其后果之一，就是传媒的民主功能的下降。现代大众媒体日益为意识形态所操纵，为资产阶级利益所控制，同时，传媒的不断商业化使得公共领域被广告所“劫持”。这一切都使得公共领域不可避免地走向衰亡的处境。

不难看出，经验学派和批判学派在方法论体系上存在差异。与经验学派在制度内部找解决社会问题的对策的做法相比，批判学派是把资本主义制度本身作为变革对象的。经验学派过于依赖实证材料，批判学派则主要借助文本分析。经验学派和批判学派都关心传播的社会控制作用：经验学派的核心课题是“如何”控制或在“多大程度上”进行控制；而批判学派关心的焦点则是“谁在控制”“为什么存在着支配与控制”以及“为了谁的利益控制”。这种关注意向的不同，是由他们的社会观和意识形态立场决定的。

2. 批判学派的主要流派

由于学者研究课题、分析问题的角度和方法等差异，批判学派中也形成了各种流派。

（1）政治经济学派。其代表是英国累斯特大学大众传播研究中心的G.默多克和P.格尔丁等。该学派依据马克思关于一个阶级是社会上占统治地位的物质力量，同时也是社会上占统治地位的精神力量；支配着物质生产资料的阶级同时也支配着精神资产资料的观点，从经济基础上对上层建筑的决定作用出发来揭示资本主义社会大众传媒支配与控制的现状。政治经济学派关心的一个焦点问题是现代媒介高度集中和垄断的趋势以及带来的社会后果。他们认为，这种高度的独占和集中正是垄断资本的利益、意识形态和统治权力。政治经济学派学者主要从所有制关系和经济结构上来揭示资本主义大众传播的内在矛盾和制度的非合理性，对于传播内容本身没有给予更多的关注。

（2）文化研究 。一般认为，文化研究作为一个新兴学科或研究流派起源于20世纪六七十年代的英国伯明翰大学当代文化研究所的研究方向及其研究成果，即所谓的“伯明翰学派”。其代表人物有理查德·霍加特、雷蒙·威廉斯和斯图亚特·霍尔。霍尔等文化研究学者认为，大众传播之所以能够作为“国家意识形态装置”从事“合意”的生产和再生产，是因为它有一种赋予意义的独特功能，大众传播通过新闻、娱乐和商业信息的选择、加工和结构化活动，时刻在为社会赋予各种意义，但是这种意义并不是中立的，而是有着利益和意识形态的驱动。文化学派立足于大众文化的立场，反对传媒批判理论中的精英主义倾向，围绕着文化研究的权力核心，文化研究的政治性、开放性、参与性三个特征得到了学界的广泛认同。

（3）意识形态霸权理论。这个理论最早由意大利共产党领袖葛兰西在《狱中笔记》中提出来，它把现代国家的形成看作是作为“强制装置”的政治社会和作为“霸权装置”的市民社会的融合，认为市民社会主要是通过“合意”或“同意”的组织化过程而维持统治的社会，随着市民社会的发展，它将吸收整治社会而形成新型的国家。批判学派的学者继承了葛兰西的这个观点，把霸权看作是支配阶级在一定历史时期内为维护自身利益而行使社会主导权和文化主导权的能力，而实现霸权的手段不是通过直接的高压政策，而是通过决定国家的经济、政治和文化方向，使被支配阶级对现有权力结构和社会关系产生认同或从属意识。

（4）女性主义批判理论。最具批判学派思潮特色的是女权主义理论。该理论鲜明地表现出了它对大众传媒中展现出的性别惯例的批判态度，女性主义者们对大众传媒中所表现出的与女性有特殊关系的“文本”加以分析，从中观照出女性在社会中所处的位置，并探寻构成这种文本的内在机制。

批判学派中还有其他一些流派，比如文化帝国主义、结构主义—符号学等，不再一一介绍。总的来说，批判学派都对现行的资本主义制度持否定和批判的态度，注重考查与社会结构和意识形态相关的宏观问题，在方法上主要以思辨为主，反对实证主义态度，当然，批判学派并不排斥量化研究。近年来，思辨分析和实证调查相结合的方法，已经开始为不少批判学者所接受。

第一章

传播的类型

人类传播是一个综合的系统，这个系统是由各种不同类型的传播活动组成的，每种类型的传播同时也是社会传播这个总系统内的一个子系统。传播也是一种社会实践活动。社会实践是丰富多彩的，传播的类型也是多种多样的。本章将对人类传播的一些基本类型进行分析和论述。这些类型既相互区别、具有独自的形态和特点，又作为社会传播总系统的有机组成部分相互衔接和交织，其总体运动构成了社会传播系统的大运行。传播的类型包括人内传播、人际传播、群体传播、组织传播和大众传播。

第一节 人内传播

人内传播又叫内向传播、内在传播、自我传播。人内传播指的是个人接受外部信息并在人体内部进行信息处理的活动。这一传播过程中，传播信息的主体和接受信息的客体是同一个人。有学者认为，人内传播是发生于人体内部的信息交流，因此人内传播应该是心理学研究对象，应被划出传播学范畴之外。然而，如果我们把个人看作是社会传播系统中的个体系统，那么，人内传播便是个体系统内的传播。社会是由作为意识和行为主体的个人组成的，从这个意义上来说，作为个体系统之活动的人内传播也是一切社会传播活动的基础。

一、人内传播的过程与结构

人内传播属于人体内部的传播，但它仍然能通过人的活动表现出来，施拉姆在阐释人的传播行为时，曾引用温德尔·约翰逊对两个人对话的前后过程的一段描述：

一个事件发生了....

这一事件刺激A先生的眼、耳朵或其他感觉器官，造成......

神经搏动到达A先生的大脑，又到他的肌肉和腺线，这样就产生了紧张，未有语言之前的“感觉”等等，

然后，A先生开始按照他惯用的语言表达方式把这些感觉变成字句，而且从“他考虑到的”所有字句中，

他“选择”或者抽象出某些字句，他以某种方式安排这些字句，然后通过声波和光波，A先生对B先生讲话。

B先生的眼和耳分别受到声波和光波的刺激，结果

神经搏动到达B先生的大脑，又从大脑到他的肌肉和腺线，产生紧张（张力）、未讲话之前的“感觉”等等，

接着B先生开始按照他惯用的语言表达方式把这些感觉变成字句，并且从“他考虑过的”所有字句中

他“选择”或抽象出某些词，他以某种方式安排这些字词，然后B先生相应地讲话，或做出行动，从而刺激了A先生——或其他某人——这样，传播过程就继续进行下去……①

在这两个人对话的前后，存在两个人内传播过程，一个是A先生的，一个是B先生的，这两个过程大致相同：A先生或B先生通过他们的感官接受外部世界的信息，在体内尤其是通过大脑来处理这些信息，并把处理的结果转化为信息输出前的预备状态，这些内在的信息活动，就是人内传播。

二、人内传播的特点

温德尔·约翰逊的例子说明，人内传播一般是对外界事物的反应，但这种反应并不单纯是生理层面的刺激和反应；相反，能动的意识和思维活动是人内传播区别于其他动物传播的根本特点。

具体来看，我们可从四个方面理解人内传播的特点：

首先，人内传播虽然是人体内部的信息处理过程，但这个过程并不是孤

① 〔美〕W. 施拉姆：《传播学概论》，新华出版社1984年版，第55页。

立的，它的两端都与外部保持联系，它的输入源是外部环境，输出对象也是外部环境。这里的外部环境既包括自然的，也包括社会的。

其次，人内传播虽然与人的生理机制相关，但在本质上是对社会实践活动的反应，具有鲜明社会性和实践性，离开社会实践，与动物传播没有本质区别。

再次，人内传播不是对外部世界消极被动反应，而是积极主动的反应。这种能动性表现在人的意识和思维活动中具有生产性和创造性，它不是对已有的认识、观念、思想进行简单的复制，而是通过积极的精神劳动，在已知的基础上，不断发现未知，创造新知识、新观念和新思想的活动。

最后，人内传播是其他一切传播活动的基础。任何其他类型传播都伴随着人内传播，人内传播的性质和结果也会对其他类型传播产生影响。

三、作为社会心理过程的人内传播

前文论述过：任何传播都具有双向互动性，那么，人内传播是否具有互动性？

答案是肯定的。人内传播又叫自我传播，而人的自我不是封闭的，相反是在与他人的社会联系中形成的，具有社会性、互动性，因此，人内传播具有鲜明的社会性和明确的互动机制。在人内传播与社会的关系问题上，主要介绍以下几个有关人内传播的理论。

1. 米德的主我与客我理论

美国的社会心理学家米德，最早从传播的角度对人的自我意识及其形成过程进行了系统研究。[①]米德认为人的自我分为两部分：作为意愿和行为主体的主我（I）和作为他人的社会评价和社会期待之代表的客我（me），主我代表着每个人本能的、独特的自然特征，而客我代表着自我的社会性的一面，即内在化了的社会环境要求以及个人对这种要求的领悟。客我是自我意识社

① G.H. 米德（1863-1931），美国社会心理学家，象征互动理论创始人，从传播和社会互动的角度考察人的自我意识的形成过程。主要论著收于《精神、社会与自我》（1934 年出版）一书中。

会关系的体现。自我的发展包含着主我和客我之间的不断对话。

哈姆雷特的“是生还是死”，贾宝玉的“爱林妹妹还是薛姐姐”，这些都体现着主我与客我之间的心理活动。

人的自我意识在主我和客我的辩证互动的过程中形成、发展和变化，也体现着这种互动。米德认为，人可以和自己交往，就像我们跟他人交往一样，人的自我意识是在“主我”和“客我”的互动中形成的，同时又是这种互动关系的体现。主我是形式，客我是内容，客我可促使主我发生新的变化，而主我反过来也可以改变客我，两者互动形成新的自我。在米德看来，人内传播应是人类意识的主要特征。

由此看来，作为自我传播的人内传播的社会性、双向性和互动性也就显而易见了。人内传播是一个“主我”与“客我”之间双向互动的社会过程，而互动的介质是信息，就是米德所谓的“有意义的象征符”。

主	→	有意义的	→	客
我	←	象征符	←	我

在这里，“有意义的象征符”可以是声音的，也可以是形象的。米德认为，“有意义的象征符”不但能够引起他人的反应，而且能够引起使用者自己的反应，人内传播的思考活动，就是通过“有意义的象征符”来进行的。

2. 布鲁默的自我互动理论

现代象征互动理论的集大成者，美国社会学家布鲁默①在其著作《象征互动论》中提出的有关人内传播的重要观点为：人能够与自身进行互动，即自我互动。布鲁默认为，人是拥有自我的社会存在，在认识外界和他人的同时也认识着自身，与自己进行沟通或传播，并对自己采取行动。

他指出，自我互动本质上是与他人的社会互动的内在化，即与他人的社会关系在个人头脑中的反映。自我互动不是这种反映的简单再现，而是具有独立的特点，换句话说，在自我互动中，人脑会出现他人期待的印象，如妻

① H. 布鲁默（1900-1987），美国社会心理学家，象征互动理论的集大成者，代表著作有《象征互动论》（1969 年出版）等。

子期待自己成为好丈夫、孩子期待好父亲、上司期待好部下等，因此，个人会考虑这些期待对自己意味着什么，但也不是原封不动地接受，个人会沿着自己的立场对他人期待进行能动的理解、选择、修改、加工。经过这个过程的期待已不是原来意义上的期待，而是形成了一个新的行为主体。

布鲁默的自我互动理论有助于我们理解社会传播和个人的自我关系，该理论告诉我们，人的传播不仅在个人与社会、他人之间进行，而且在个人与自己本身之间进行，这就是人的自我传播，自我传播与人的其他类型传播一样，具有很强的社会性。通过自我传播，人在与社会、他人联系上认识自己、改造自己、完善自己。

3. 米德的内省式思考

美国的社会心理学家米德认为，内省是人对自己的一种反思活动，也是一种重要的人内传播形式。内省可以分为两种：一种是日常的、长期的自我反思活动，以完善个人品德为目的，如孔子“吾日三省吾身”；一种是短期的、以解决现实问题为目的的自我反思活动，即内省式思考。后者是传播学主要考察的对象。

内省式思考并不是在日常生活的每时每刻都发生的，只有在一个人遇到困难、障碍等新的问题状况，既有的行为方式是否适用难以作出判断之际，才会活跃起来。在面临新问题的情况下，由于个人不知道过去的习惯做法是否合适，所以通常不会立即做出行为反应，在反应滞后、行为停止的期间，内省式思考就会活跃起来，通过人内传播来做出如何解决新问题、适应新情况的决策。①

内省式思考不封闭，它与周围社会环境联系。就是说在内省的过程中，人的头脑会出现他人形象，个人会分析别人是如何考虑的、别人的态度等，只有在与他人的联系上才能形成自己的态度轮廓，考虑自己怎么做，因此，内省式思考是一个社会过程。

① Mead,G.H.,Mind,The Social Self,Journal of Philosophy,1913(10),374-380。

内省式思考不仅是一个横向的社会过程，而且是一个将过去和未来联系起来的纵向发展和创造的过程。也就是在这种活动中，个人会把自己迄今为止有关该问题的社会经验和知识积累全部调动起来，对它们的意义重新进行解释、选择、修改和加工，在此基础上创造出与新的状况相适应的新的意义和行为。由此而言，内省式思考也是超越既有意义开创新意义，超越既有行为方式开创新的行为方式，与人的未来发展密切相关的一种活动。

综上所述，人内传播与人的社会实践紧密相连，本质上，人内传播是人的社会关系和社会实践的反映，这种反映是一种具有独自的特殊规律的能动性、创造性的活动，人内传播反过来会对现实的社会关系和社会实践产生巨大的影响。

第二节　人际传播

关于人际传播的研究成果十分丰富，但比起大众传播来，这方面的研究成果很难取得轰动效应，原因在于：人际传播涉及人的内心世界，无论怎样研究，得出的结论都很难完全而有效地覆盖人际传播，得到全社会的认可；人际传播具有相对的私密性，这方面的研究成果很难直接服务于政治、商业，因而使得学术观点的传播力度有限。然而，这个领域的研究又常常使人产生切身感受对研究结论的理解与自身的体验很容易融合。除了睡觉，谁能摆脱人际传播呢？它随时伴随着我们，它就是我们生活不可分割的一部分。

人际传播是个人与个人之间的信息传播活动。人际传播是至少两人以上参与的传播，其下限明确、上限模糊。只要没有正式组织参与其中，参加者再多也是人际传播。人际传播是社会生活中最直观、最常见、最丰富的传播现象。

一、他人是认识自己的镜子

美国社会学家库利[①]认为，他人是认识自己的一面镜子。一个人的自我观

① C.H. 库利，美国社会学家，提出“初级群体”、“镜中我”概念，主要著作有《社会组织》等。

念是在与其他人的交往中形成的，一个人对自己的认识是其他人关于自己看法的反映。他人对自己的评价，是反映自我的一面镜子，个人透过镜子认识和把握自己。人们总是在想别人对自己的评价之中形成了自我观念。这就是著名的“镜中我”理论。

“我是谁？”对于这个问题我们是通过什么来确定的？不是与大自然的交流，而是通过与人的交流而确定的。当我们与对面走来的人打招呼的时候，其实说什么是次要的，重要的是通过这个行为来确认自己的存在，并通过与他的联系确认自己是谁：我是他的同事、同学、邻居等。因此，人际传播的第一个目的便是确认自己的身份，以及自己在群体中的位置。

马克思曾注意到这个问题：“人起初是以别人来反映自己的。名叫彼得的人把自己当作人，只是由于他把名叫保罗的人看作是和自己相同的。”

我们每个人都有这样的体验，最初，我们通过与母亲的交流，确认自己的身份，也就是确认自己是母亲的子女。来到学校，认识了老师，也就确认了自己的学生身份。长大后，每个人更需要通过每时每刻的人际传播来确认自己是谁，这种确认是不断变化和更新的，人时常把他人给予的评价，把从他人那里看到、听到的“自我”，看作是对自己某种身份、成就的确认。通过知人而知己，这是一种伴随人的一生的，却又是有意无意地人际传播，人不可能与他人分离，否则，他不知道自己是谁，从哪里来，到哪里去，一旦断绝了人际传播，他只能知道自己以前是谁，永远停留在过去与他人交往的时态，难以知道自己现在是谁，以后向何处去。

库利说：“一个人对于自我有了某种明确的想象——即他有了某种想法——涌现在自己心中，一个人所具有的这种自我感觉是由取决于别人思想的、别人对于自己的态度所决定的。这种类型的社会我可以称作反射的自我或曰镜中我”。

库利的镜中我（looking-glass self）概念有三个阶段或曰三重含义：

①我们所想象的我们在别人面前的形象，这是感觉阶段，是我们设想的、他人的感觉。（关于他人如何认识自己的想象）

② 我们所想象的、别人对我们这种形象的评价，这是解释或定义的阶

段，即我们想象的他人的判断。（关于他人如何评价自己的想象）

③ 由上述想象中产生的某种自我感觉，这是自我反映的阶段。（自己对他人的这些认识或评价的情感）

其中，前两项只有在与别人的接触中，透过别人的态度才能获得，库利认为传播特别是人际传播是形成“镜中我”的主要机制，一般来说，这种以“镜中我”为核心的自我认知状况取决于与他人传播的程度，传播越活跃，“镜中我”越清晰，对自我的把握越客观。

二、关系的讯息——理解人际传播

1. 社会关系影响人际传播

社会关系具体表现为现实而具体的人际关系，在这种关系下发生传播，传播中双方或各方显示或暗示的身份和地位（人际关系），相当程度决定了人际传播的内容和方向。人际传播发生于有关系存在的环境里。事实上，通常给关系和人际传播所下的定义是一致的。我们知道某人所以与他人发生关系，是因为他们极有可能彼此交流。而他们进行交流的方式是由关系的约束所决定的。关系还受到彼此怎样看待对方的约束。关系双方的相互行为既基于本人扮演的角色，也基于对方扮演的角色。

当我们开始人际传播的时候，心里已经有了一种“传播理论”在指导行动，它来自我们的文化背景、社会认知、传播实践和对经验的亲证。只要交往发生，交往者都在有意无意地发送两种讯息，一种是实在的、可以感知的内容讯息；一种是“关系的讯息”。关系的讯息通常没有明显的形态，是一种暗示或顾左右而言他，需要由接受者来揣摩。传播的内容通常会受到“关系”的支配。

在实际的人际传播中，关系的讯息不仅通过话语，也通过声调、陈述的节奏、眼神等非语言符号显示出来，还会通过接受者的心理感受更间接地来体会，诸如对方总体上给接受方留下的期待、追究、爱慕、怀疑、忧愁、绝望、躲闪、奚落、犹豫等的心理感受。甚至传播的时间、空间也是一种无声的关系的讯息，例如你在宴会前一天从主人那里接到宴会邀请，如果事先知道别人一星期前接到邀请，这种时间上的差异可能无形中传递出了一种“关系的讯息”，据此你可能产生各种联想：被忽视、主人较为勉强、缺少诚意、本人无关紧要，等等。由这类关系的讯息带来诸多的猜测，也很容易生出对关系的误解，成为传播的障碍。

如果总结一下“关系的讯息”的种类，那么可以归纳出以下几种：

社会角色的讯息。这种讯息在官本位和社会等级较为森严的社会中显得最为强大，而在强调人权意识的法治化国家则较弱。

伦理的讯息。这种讯息有意无意地传播着姓氏的差异、辈分的高低、血缘或亲缘关系的远近、长幼次序，等等。在传统较为厚重的地区，这种关系的讯息背后，还会拥有一定的权力。

礼节的讯息。这种讯息显示的是一种无形的施与报的要求。为了保持和发展某种既定的关系，一旦一方施予（从好话到实际的好处），不用再说什么，它本身就传达了一种礼节性的讯息：另一方至少要对等地给予回报。

2. 从人际关系的密切程度看人际传播

人际传播中“关系的讯息”不止以上的一种分类的理解。换一个角度，还可以从人际传播的三大矛盾来考察另一种分类的“关系的讯息”：

（1）“亲密—距离”。人际传播中，“亲密—距离”也是一种关系，即空间关系。我们常遇到这种情形：既要与他人保持密切关系，又想与他人有所区别。即使在夫妻、血亲之间，也存在这种要求。我们若不想让一种亲密的关系吞噬自我，就需要多少保持一定的距离，而这样又可能会伤害已有的关系，很难协调。例如老年人，来人多了会烦恼，没有人来又会感到孤独，甚至产生一种被伤害感。

（2）“确定—不确定”。这是一种交往认知范围的关系。传播双方确定的关系会给人一种安全感，因为参与交往者可以预见到交往的发展方向。可是长此以往，过多的确定性也会因为习以为常而使交往变得平淡和枯燥。人总是希望关系中带有一定的神秘、未知、猜测、意外，等等。但“不确定”真的来了，也可能潜藏着危险。

（3）“开放—封闭”。这是一种交往者心理空间的关系。每个人在传播中都有对他人“倾诉”和“保持私密”两种分寸的把握，即使在夫妻和密友之间。但对交往的另一方来说，很难出现完全的对应，于是这在传播中又构成一对悖论。

由于存在这样的人际传播矛盾，人际关系通过其张力构成了交往的多样性和多变的特点。关系的亲密不是对距离的否定，人需要交往亲密感，也需要不同的距离感，有时距离感反而产生亲密感；交往中的“不确定”虽然产生了某种约束感，但在找寻确定性的过程中，人也尝到了交往的悲喜。开放的交流使人能够从外部获得能量，而在“满足自我”的需要占上风时，封闭交流也可能带来宁静。

三、“约哈里窗口”及改善人际传播的建议

1955年，美国心理学者约瑟夫和哈里提出了分析人际关系和传播的“约哈里窗口”，说明了人际传播的自我认知功能，他们用四个方格说明人际传播中信息流动的地带和状况（见图1-1）。

	自己了解	自己不了解
他人了解	开放区（扩大） 透明窗格	盲区（缩小） 不透明窗格
他人不了解	封闭域（调整） 隐蔽窗格	无知区（开发） 未知窗格

图1-1 约哈里窗口

第一个方格称为“开放区”，在这里，传播各方的“我”均认为可以公开的信息都集中在这个方格内。包含了自己知道、他人也知道的有关自我的信息，如相貌、年龄、职业等。

第二个方格称为“盲区”，传播各方的“我”不知道的他人评价“我”的信息置于这个方格内。这些信息“我”不知道，但是别人都知道，看得很

清楚。如我们在事件中经常说的旁观者清就是这个道理。

第三个方格称为“封闭区”，传播各方的“我”均认为不能公开的纯私人信息，除了隐私，还包括不愿意暴露的“我”的弱点。有些甚至对至爱亲朋也不能说。

第四个方格称为“无知区”，传播各方都不知晓的信息置于这个方格中。这是指每个人身上尚未开发出来的信息或潜能，遇到新情况或新问题时，这类信息会生成和表现出来，为传播各方的“我”和他人察觉。

在人际传播的互动中，和他人进行交流时都可以画出这样一个窗口，窗口中每个部分的大小是因人而异的，个人和他人情感交流的成分和领域是各不相同的，每个人都可能会获知部分“盲区”的信息，也会暴露部分“封闭区”的信息，同时从“无知区”生成新的信息。人际传播就是这样处于永恒的流动中，人们总是希望探求到更多的对方信息，但总是无法完全达到目的。

理想情况下，自己应绝对多地了解自己，同时将自己的绝大多数自我暴露在他人面前，这样可以形成更大的开放区，在该区域里，冲突是极其轻微的。当然，也应该适当地保持部分自我，但该部分应绝对的最小化，能有多小就有多小。理论上，人是不可能完全认识自我的。但有些自己所未认识的自我会被对方指出，该部分称为盲区，应在双方的努力下向开放区转移，以减少冲突。还有些自己未认识的自我也未被对方指出，这是无知区域，这些就是冲突的最大的来源，应该逐渐向盲区转移，也就是说争取被对方指出来或直接自己发现后向开放区转移。

四、帕洛阿尔托学派与交往传播

帕洛阿尔托学派，又称为交往传播学派，最初由美国帕洛阿尔托地区两个从事交往传播的小组合并发展而来，代表人物有格雷戈里·贝特森、唐·杰克逊。帕洛阿尔托学派重视个体与他人的关系，其关系理论内在地具有人际传播的性质，并将元传播、悖论、双重约束带入了传播学。

1．元传播

格雷戈里·贝特森在1964年3月的第一届梅西基金会会议上获得了传播和元传播的思想。当时，来自芝加哥的伊利诺伊大学医学院的神经生理学家W.麦卡洛克声称，每一个神经细胞的发送都既具有一个“报告”的性质，又具有一个“命令”的方面。贝特森把这个隐喻运用到传播学中。

传播的内容——这种内容传递着讯息（message)中所包含的信息（information)——是报告的层次。传播的关系方面（相当于命令的层次）传递传播过程中的两个或更多的参与者的人际关系。一个讯息的关系深度对于讯息的内容进行分类或予以构造。因此，它是一种元传播。例如，一只猴子开玩笑地咬住另一只猴子，虽然这看上去像是战斗，但两只猴子都明白这是玩笑，这个咬的信息是一个元信息传播讯息。

“元传播”的理论认为，人类的传播包含两种类型：一种是意义明确的言语传播；另一种是意义含蓄的传播，即元传播。元传播是一种抽象水平的传播，依赖于传播双方的关系和对于所传递的信号，通常是意义不明确的隐喻信息的辨识和理解。比如游戏是信息交流和操作的过程，其特征就是元传播。也就是说，游戏过程要以游戏双方能识别对方的游戏意图为前提。上面猴子的例子也是这样的，双方都明白这只是嬉戏而非战争，是意义不明确的隐喻信息的辨识和理解。

2．悖论

当一个陈述似乎将自身包括在它自己的范围内，即从连贯的前提中得出正确的推论的矛盾，即悖论就产生了。诸如“别理这个陈述”“我撒谎”就是悖论。

3．双重约束

当一个个体将两个层次上的讯息传播给另一个人时，双重约束出现了，当这两个层次上的讯息彼此既相互限定又相互冲突时，另一个人将面临一种不可能的境地，他不可能在不触犯其他层次上的禁令的条件下回应这两个层次上的任何一个层次。所以不管他做什么他都是错的。

比如，一个孩子认为妈妈生气了，但妈妈否认她生气了，并坚持要孩子也这么认为，孩子应该相信他自己的感官还是妈妈？如果相信自己，孩子维持了现实感但失去与妈妈的关系；如果相信妈妈，则维持了与妈妈的关系，但歪曲了现实。

帕洛阿尔托学派的观点提醒了人们要意识到模棱两可的传播，理解传播的反常现象。

五、人际传播的动机

首先，个人生活在自然环境和社会环境当中，要保证个人的生存和发展，就必须及时了解环境的变化，并据此不断调节自己的行为以适应新的变化，因此，人际传播的首要动机和目的就是获得信息。

其次，建立与他人的社会协作关系。社会协作是广泛的，既包括一般意义上的角色分担，也包括各种活动中的行动协调，要谋求与他人合作，就必须积极进行说明、解释、协商等各种各样的人际传播或沟通活动。

再次，个人要与他人建立社会协作关系，一个前提就是既要了解自己，又要了解他人，还要让他人了解自己，即自我认知和相互认知。客观的自我认知是使个人能力得到恰当发挥的前提。而自我意识是在与他人的社会交往和传播中形成的，通过人际传播，我们能更好地认识和估量自己。

最后，满足基于人的社会性的精神和心理需求，包括建立和谐的人际关系、拥有自己的社交圈子和娱乐伙伴等等。与周围的人保持融洽的关系，能够使人心情愉快、保持良好的精神状态，有利于人的身心健康。社会心理学的研究成果表明，调节个人的心理状态是人际传播的一个重要功能。

六、人际传播的特点

1. 人际传播传递和接收信息的渠道多、方法灵活

换句话说，传播者不仅可以使用语言，而且能够运用表情、眼神、动作等多种渠道或手段来传达信息；同样，受传者也可以通过多种渠道来接收信

息。在多种手段、多种渠道的配合下，人际传播的信息的意义就更为丰富和复杂，特殊的传播情境往往会产生新的意义。例如“我很难同意你的意见”这句话如果写成文字，其意义是很单一的，但如果换成面对面的谈话，配以柔和的语调和微笑的表情，它的意义就丰富多了。

2. 人际传播的规定性不强、随意性较大

传播过程中，传者和受者的位置在交流过程中可随时互换，传播的内容和方式也可根据现实情境随时做调整和改变。传播关系的成立上具有自发性、自主性、非强制性，在自愿基础上活动，是相对自由和平等的传播。

3. 人际传播双向性强，反馈及时，互动频度高

传播双方的信息传受以一来一往的形式进行，每一方都可以随时根据对方的反应来把握自己的传播效果，并相应地修改、补充传播内容或改变传播方法。在一个完整的传播过程中，传播的参与者都充当着传播者和接受者的双重角色，正是由于这种双重角色使得信息交流不断地进行传播和反馈，但传播双方的双向性并不是说在实际的传播过程中，参与双方在地位上是完全平等的并能够进行完全平等的交流。实际上，传播的信息、传播的能力是不平等的，总会有一方比另一方更加积极主动和强势些，即使如此，也仍不能从本质上否定人际传播双方的双向互动和反馈。因此，人际传播是一种高质量的传播活动，尤其在说服和沟通感情方面，其效果往往要好于其他形式的传播。

4. 人际传播的保密性强

由于人际传播是一种直接交流，除非传受双方中一方或双方公开交流内容，对外界而言信息都不具有公开性。当有秘密指令、重要文件需要传达时，由于人际传播的对象和传播范围可以控制，这种传播方式比其他方式有优势。

5. 人际传播具有较强的情境传播特点

不管参与者是否意识到，人际传播总是发生在一定的社会环境中，总是在特定的时间和地点，一定的物质和时间背景中进行的。所有这些因素都可能在交谈中起作用，由此可见，人际传播并没有一个固定的模式，而是需要根据传播环境的不同，相应地调整自己的传播措施，采取不同的传播方式以适应外界的变化。

此外，人际传播也具有一定的局限性：

首先，人际传播发出的信息往往只在瞬间起作用。传播双方的信息，如果不借助录制设备，就只能留存在对方的记忆中。

其次，人际传播的覆盖面小，复制信息的能力不强。人际传播只限一时一地，不如大众传播可跨越时空的障碍，同时向许多地方传播信息。且大众传媒可大量制作讯息，单位成本低。

最后，人际传播适应面不及大众传播媒体广。大众传播媒体能适应社会的普遍需要，而且十分迅速，其效率之高、适应面之广，是人际传播无可比拟的。

第三节　群体传播

如果把社会信息系统分为微观、中观、宏观系统，人内传播和人际传播属于微观系统，群体传播和组织传播属于中观系统，大众传播属于宏观系统。

日本社会学家岩原勉认为，群体指的是由共同的利益、观念、目标、关心等因素相互联结，存在着相互影响作用关系的个人的社会集合体。①

一、群体的特征及其社会功能

作为群体结合在一起的人群，与由于时间和空间上的某些因素偶然聚

① 〔日〕见田宗介等：《社会学事典》，弘文堂1981年版，第439页。

会在一起的人群是不同的。二者的区别主要在于，群体具有以下这样三个特点：

首先，群体成员之间具有一定的共同目标。并且为了实现这一目标，群体通常会制订一系列规范。长期存在的群体往往还发展起了自己特定的亚文化，有自己的价值观、态度倾向与行动方式。

其次，群体是组织化的人群，具有一定结构。群体内每一个成员，都在群体中占据一定的位置，并扮演着一定的角色，有一定的权利和义务。

最后，群体成员心理上有依存关系和共同感，并存在一定的相互作用与相互影响。如我们经常听到“我们消费者”“我们工薪阶层”等。

现实中，群体是千差万别的，有的有明确目标，有的归属感强，有强烈的“我们”的意识，有的这种意识并不明显。

个人、群体、社会之间有什么关系？群体具有怎样的社会功能？

可以说，群体是将个人和社会相连接的桥梁和中间纽带，我们每个人都从属于很多个不同的群体。

对于社会来说，群体的功能在于：

首先，群体有助于社会秩序的维持，使社会秩序的连续性得到保证。个人从属于某个群体，会自觉遵守该群体的准则，规范自己的行为，从而使得社会得以正常运转。

其次，通过社会分工和协作，群体能够将分散的个人力量集结起来，完成个人不能完成的社会工作，从而成为推动社会发展的重要力量。

对于个人来说，群体的功能在于：

首先，群体是满足个人需求的手段。人的需求仅凭个人力量得不到满足，加入某个群体，通过合作得以实现个人的需求。同时，加入群体，个人在精神上可免于孤独，获得友情，增强自信心和力量感。

其次，群体是个人信息来源和社会安全感的提供者。遇到突发事件时积极参加群体传播活动，一方面，可以获得有关事件信息，弄清事件与自身关系，以协调自己的行动；另一方面，与大家在一起也能够获得安全感。

最后，群体是个人实现自我的场所。孤芳自赏没有满足感，群体是个人表现的手段和场所。

二、群体传播及其内部机制

所谓群体传播就是将群体的共同目标和协作意愿加以连接和实现的过程。这个过程形成群体意识和群体规范。群体传播是群体生存和发展的一条基本的生命线。

在群体传播中，存在以下几种常见的机制：

1. 群体意识

群体意识就是参加群体的成员所共有的意识。它包括以下几个方面的内容：

（1）关于群体目标和群体规范的合意；

（2）群体感情，这里不仅指各成员的密切接触和协作而产生的成员间的个人感情，更指群体成员主观境界的融合（精神上的一体化）所产生的“我们”的感情；

（3）群体归属意识，即群体成员因从群体活动得到某种程度的需求满足而对群体所产生的认同感。

这几个要素越具备，群体意识越强，反之越弱。

群体传播形成群体意识，这种意识一旦形成，也会对群体传播产生重要的影响。群体意识的影响主要体现在对成员个人态度和行为的制约作用上。

2. 群体规范

群体意识的核心内容就是群体规范。群体规范指的是成员个人在群体活动中必须遵守的规则，在广义上也包括群体价值，即群体成员关于是非好坏的判断标准。一般认为，群体规范的功能包括以下几项：

（1）协调成员的活动、规定成员角色和职责以促进群体目标的达成；

（2）通过规范的共有来保证群体的整体合作；

（3）通过提示共同的行为方式以维持群体的自我同一性；

（4）为成员个人提供安全的决策依据。

在群体传播中，群体规范的主要作用在于排除偏离性意见，将群体内的意见分歧和争论限制在一定的范围之内，以保证群体决策和群众活动的效率。群体规范不仅对群体内的传播活动起着制约作用，而且对来自群体外的信息或宣传活动的效果具有重要的影响。群体归属意识越强，对群体忠诚度越高，对与群体规范不相容的宣传越能表现出较强的抵制态度。

3. 群体压力与趋同心理

所谓群体压力，即群体中的多数意见对成员中的个人意见或少数意见所产生的压力。在群体压力下，个人和少数意见一般会对多数意见采取服从态度，进而产生了“个人服从集体、少数服从多数”的群体活动原则。

然而，对多数意见的服从决定并不是在任何情况下都是基于理性判断做出的，在不少场合，群体压力也会带来错误的判断，形成对多数意见的盲目服从。

美国社会心理学家阿什，在1955年曾进行过一项著名的实验。实验中出示甲乙两张卡片，甲卡片上画一条标准线段，乙卡片上画三条线段，其中只有一条与标准线长度相等。实验内容要求被实验人指出乙卡片上的三条线段中，哪条与标准线段等长。

实验设计了没有群体压力（个人独立判断）和有群体压力（与他人一起判断）两种实验环境。本来，阿什的问题很简单，答案一目了然，可是当在有群体压力的情况下，即多数人的选择都一样时，少数人会放弃正确无误的选择，遵从大家的意见。

为什么会出现这种情况？其原因有两个：一是信息压力；二是趋同心理。所谓信息压力，指的是一般人在通常情况下会认为多数人提供的信息，其正确性概率要大于少数人，基于这种信念，个人对多数意见会持较信任的态度。趋同心理，也叫从众，指的是个人希望与群体中多数意见保持一致，避免因孤立而遭受群体制裁的心理。在很多情况下，个人被迫接受多数意见，正是出于这种担忧。

三、集合行为中的传播机制

集合行为指的是在某种刺激条件下发生的非常态社会集合现象。例如火灾、地震后的群众骚乱，出于某种原因的自发集会、游行、种族冲突，物价上涨的流言引起的抢购风潮，等等。集合行为多以群集、恐慌、流言、骚动的形态出现，往往会造成对正常的社会秩序的干扰和破坏。

集合行为是一种非常态的群体行为，集合行为中的传播是非常态的群体传播。集合行为是一种自发的反常现象，它的发生要有三个条件：第一，结构性压力（自然灾害、经济危机、政治动荡，等等）；第二，触发性事件（恐慌、流言、骚动，等等，如在人们普遍对经济萧条感到担忧的社会气氛中，一条某银行可能倒闭的流言可能引起普遍的挤兑风潮）；第三，正常的社会传播系统功能减弱，非常态的传播机制活跃化。这时人们与其相信报纸、电视等大众传播的正式新闻报道，更倾向于相信来路不明的流言。

集合行为的发生与信息传播有直接的关系，只不过信息的传播受特殊传播机制的制约，表现出非理性的特点。特殊的传播机制有以下几种：

1. 群体暗示与群体感染

暗示指的是一种传播方式，即不是通过直接的说服或强制，而是通过间接的示意使人接受某种观点或从事某种行为。集合行为的参加者通常处于亢奋、激动的精神状态，这种状态使他对周围的信息失去理智的分析批判能力，表现为一味地盲信和盲从，易受群体暗示机制的影响。

群体感染指的是某种观念、情绪或行为在暗示机制的作用下以异常的速度在人群中蔓延开来的过程。经过这种群体感染过程，一种情绪、一种观点会迅速支配整个人群，并迅速引发整个人群的激烈行动。如一人大笑，这种行为会感染全场大笑。

2. 群体模仿与“匿名性”

模仿可分为无意识模仿和有意识模仿，前者是个人在不自觉状态下对他人行为的反射性仿效；而后者则是基于一定动机或目的的自觉仿效。集合行为的模仿更多地表现为无意识的、本能的、条件反射的模仿。在集合行为中人们处于互不知道姓名和身份、没有社会约束力的“匿名”状态中，失去了社会责任感和自我控制能力。

3. 集合行为的“信息流”

在集合行为中，信息的流动也呈现出一种异常状态，其主要形式是流言。

流言是一种信源不明、无法得到确认的消息或言论，通常发生在社会环境具有较高的不确定性，而正规的传播渠道（如大众传媒）不畅通或功能减弱的时期。

流言的发生具有两个特点：流言通常是围绕人们关心的问题，涉及切身利益重要问题；来自正式渠道信息不足，暧昧性增加，会促使人们通过其他非常规性手段获取信息。

美国《流言心理学》一书中提出，流言传播的基本法则：

r（流言程度）=i（重要度）× a（暧昧度）

流言与事件的重要程度以及涉及该事件信息的暧昧度有关，暧昧度指信息不足。如果二者分别为零，结果是流言不会生起。如2003年清华北大爆炸事件为什么没有引起恐慌？新华网第一时间发布现场记者采写的消息，人民网、搜狐如实报道，北大校园网在1小时内播发校方公告，宣布2个学校共9人受伤，北大BBS张贴信息，缓解了紧张气氛。信息透明，流言谣言的传播就缺少空间和动力。而西方媒体也没做过多的推测，其报道基本在中国媒体的框架之中，引用中国信源报道，基调与中国媒体一致。

流言可分为非紧急事态下的流言和紧急事态下的流言，集合行为中的流言属于紧急事态下的流言。集合行为中的信息传播受到很多非合理的机制制约，集合行为给正常的社会秩序带来破坏性结果。因此传播学不但要研究常态下的传播现象，也要研究非常态传播现象，从而促进社会健全发展。

第四节　组织传播

组织传播与群体传播的区别在于，组织是一个结构更为严密的社会结合体，有更明确的目标、制度、纪律等，有严格的分工和统一的指挥管理体系，是人们为高效率完成分散的个人或松散的群体所不能承担的生产或社会活动而结合成的协作体。

一、组织的概念与结构特点

什么是组织？组织指的是由许多相互联系、彼此合作的成员，为了达到一定的目标，在一起共同努力工作而形成的一个整体。组织既是社会群体的一种，又与一般的松散群体有明显的不同。这种区别是多方面的，一般来说，辨认一个群体是否属于组织，主要看这个群体中是否有一个统一的指挥或管理系统，用马克斯·韦伯的话来说，即是否存在一个“管理主体”。在这个分类标准下，凡是具有中枢指挥或管理系统的群体，如政党、军队、政府机构、企业、社团，等等，都属于组织的范畴。

组织是为了实现一定的组织目标而设置或成立的。与一般社会群体的目标相比，组织目标更明确、更系统，它的实现需要严格的制度化措施的保证。这一点决定了有组织具有以下结构特点：

首先，组织具有专业化的部门分工。组织目标大多是复杂的系统工程，需要执行不同功能的专业化部门的协同作业。组织的部门，一般可分成决策部门、管理部门和职能部门等。

其次，组织具有职务分工和岗位责任制。职务是按照组织目标的需要而设定并由成员个人承担的角色位置，通常称为岗位。职务或岗位伴随着一定的权限和责任，其内容并不因担任职务的人的变动而改变，具有固定性和形式性。

最后，组织系统具有阶层性或等级制。这为了保障组织的统一目标、统一意志得到贯彻和实施而设立的指挥管理制度。如组织的部门有上级和下级部门，而职务也有上司、部下之分。

二、组织传播及功能

组织生活离不开传播，组织成员之间由于工作关系或出于私人感情需要，不断地和其他组织成员发生传播关系，构成组织生活的一个重要部分，可以说，组织形成的过程就是传播的过程。

组织传播是指组织成员之间或组织与组织之间的信息交流行为。组织传播的目的就在于稳定、密切组织成员之间的关系，协调行动，减少摩擦，维持和发展组织的生命力，疏通组织内外渠道，应付外部环境的变化，维持组织生命。

组织传播是组织所从事的信息活动。它包括两个方面，一是组织内传播；二是组织外传播，这两个方面都是组织生存和发展必不可少的保障。

组织内传播是组织传播的重要组成部分，组织内成员在组织中占据一定的职位，扮演一定的角色，承担相应的责任与义务，信息沿着这些关系网络流动，形成传播的组织网络，组织内传播的过程也是维护组织内部统一、稳定和整体协调运作的过程。

组织外传播同样是组织不可或缺的部分，通过组织间的交流达到缓和各组织之间的矛盾和冲突，建立合作关系。同时组织的对外传播目的也是为了塑造和维护组织的社会形象，对组织在社会上的发展起重要作用。

具体说来，组织传播的功能可分为以下几个方面：

1. 确保组织内部协调活动的发生

组织中的各部门、各岗位都由一定的信息渠道相连接，每个部门和岗位同时也执行着一定的信息处理职能，是组织传播的一个环节。这些环节通过信息的传达和反馈相互衔接，使各部门和岗位成为既各司职，又在统一目标下协同作业的整体。

2. 促进组织内部指挥管理的实行

在一个组织中，从具体任务指令的下达、实施、监督、检查、总结，到组织活动规章制度的贯彻和日常管理，都体现为一定的信息活动，都是在一定的信息互动的机制下进行的。

3. 确保组织与外部环境之间建立联系，与外部环境相适应

组织是一个永远处于运动和变化之中的有机体，它不断面临组织内部和外部出现的新情况和新问题。适应新情况、解决新问题的过程就是决策应变的过程，这个过程本身就是建立在信息的收集、整理、分析、判断的基础之上的。

4. 通过组织内部情感交流，增强组织凝聚力

一个组织要保持高度的凝聚力和战斗力，必须围绕一系列重要问题如组织目标和宗旨、组织规则、组织方针和政策等等，在组织成员中形成普遍的共识。共识的形成本身就是一个组织内的传播互动活动，必然伴随着围绕特定问题的信息传达、说明、解释、讨论等各种形式的传播活动。

三、组织内传播的机制

组织内传播的正式渠道，指的是信息沿着一定组织关系（部门、职务、岗位及其隶属或平行关系）环节在组织内流通的过程。其传播形式可分为两种，即横向传播和纵向传播。根据信息的流向，纵向传播又分为自上而下传播、自下而上传播和水平传播。

自上而下传播，这是在大多数组织内占主导地位的传播方向，指的是信息由高一级向低一级的流动，即有关组织目标、任务、方针、政策的信息，自上而下得到传达贯彻的过程。

自下而上传播，即信息由系统低级向高级流动，是上级部门获取下级部门反馈的重要途径，指的是下级部门向上级部门或部下向上司汇报情况，提出建议、愿望与要求的信息传达活动。

水平传播，这是在组织内部具有相近或相似权力和地位者之间的一种横向的信息交流，指的是组织内同级部门或成员之间互通情况、交流信息的活动，其目的是为了相互之间的协调和配合。

在组织传播中，除了以上三种方向的信息流动外，还有大量的非正式的信息流动渠道，即组织内存在的非正式群体的信息传播活动。组织内传播的非正式渠道指的是制度性组织关系以外的信息传播渠道。

非正式渠道中的传播主要有两种形式，一是组织内的人际传播，如组织成员工作之余的交谈、单位内外的各种私人交往等；二是非正式的小群体传播，如各种自发的革新小组、兴趣小组或联谊会中的信息交流等等。组织内传播的非正式渠道的传播是一种摆脱了组织的制度性结构压力的传播活动，因此，可交流的信息广泛；交流具有双向平等性；传播内容和形式都具有较大的随意性；并且由于摆脱了制度压力，本意交流和感情交流的成分更多些。

第五节　大众传播

大众传播是几百年来，对人类社会影响力最大的传播形式，又是最具时代特性的传播形式。造纸和印刷对于世界传播史的作用是巨大的，各种信息连续不断地涌向接受者，大众交流的工具，如报纸、广播、电视等在我们的生活中广泛存在，并改变着世界。大众传播的发展使其在人类社会传播体系中的位置十分重要，传播学研究的许多发现和成果都是建立在大众传播基础上的。

一、大众传播的含义及特征

确切地说，近代大众传播的起点，应该以19世纪30年代大众报刊的出现为标志。 然而需要注意的是大众传播只是一个相对的概念，是相对于以前已经存在的传播形式而言的、一种更大范围、更具影响力的人类社会的传播行为，而它的出现是与传播技术的发展和新的传播工具的出现联系在一起的。对大众传播时代的到来做出一个具体的时间点上的确定，这其实并不是一件很重要的事情。而且这种研究问题的方法和视角也未必正确，因为任何事物的出现都是一个过程，而不是一个具体时间点上的一蹴而就。因此，我们这里考察大众传播，主要是从相对于其他类型的传播而言所具有的特点这个角度来说明的。

相较于人内传播、人际传播、群体传播和组织传播，大众传播具有如下几个特征：

1. 大众传播中的传播者是职业化的传播者，是专业化的媒介组织，如报社、电台、电视台等

这些人大多受过专门的职业教育，以传播为职业，他们是专门收集、制作、传播和管理各种信息的人。这个特点说明，大众传播是有组织的传播活动，是在特定的组织目标和方针指导下的传播活动。

2. 大众传播是运用先进的传播技术和产业化手段，大量生产、复制和传播信息的活动，大众传播要依靠机械大量复制信息

大众传播的这个特点影响到了信息传送的方式，印刷媒介主要以文字为传播手段，因而，印刷媒介不适用于文盲或语文水平较低者。电子媒介信息传播速度快，范围广。现场直播以实时逼真的画面效果，对受众产生极大的视觉冲击力，同时，电子媒介的信息不能保存、转瞬即逝、漏收不补。

3. 大众传播受众广泛，成分复杂

大众传播的受众是社会上所有的一般人，无论性别、职业、文化层次，只要接受大众传播的信息，就是受众的一员。受众的广泛性，意味着大众传播是以满足社会上大多数人的信息需求为目的的大面积传播活动，也意味着它具有跨阶层、跨群体的广泛社会影响。

4. 大众传播的信息既具有商品属性，又具有文化属性

大众传播是一种商业性的经营活动。在大众传播中，信息成为一种供人

们买卖交换的商品传播成为获取利润的手段。在世界上的许多国家，大众传播已经成为众多产业中收入名列前茅的支柱产业。大众传播的信息虽然具有商品属性，但它又不同于一般的商品，信息生产属于与社会的上层建筑直接相关的精神生产，每种社会信息产品中都不可避免地包含着特定的观念、价值和意识形态，对社会意识和社会行为有着重要的引导和控制作用。

5. 大众传播的信息流动基本上是单向的，从传播过程的性质来看，大众传播属于单向性很强的传播活动

受众反馈是在传播活动结束后进行的，是事后反馈、延迟性反馈。由于信息通过媒介传送，传播者和受传者之间并不直接见面，因此就不可能及时地、直接地收到反馈信息。

二、大众传播的功能

大众传播给整个社会带来了巨大影响，从早期的报纸，再到广播、电视、互联网等新兴媒体的出现使传播活动的范围越来越大，传播水平越来越高，活力越来越足。大众传播承载着越来越多的社会功能。

传播的功能研究源于西方社会学的结构功能主义学派，他们主张从理论角度研究整个社会，重点研究社会的结构及其各组成部分之间在功能上的差异和相互关系。其中的代表人物默顿提出功能分析方法，主张通过将社会或文化现象置于更为广阔的背景之中去研究它们在社会中的功能以及它们之间的相互关系。

关于传播功能的研究，主要是研究传播对社会的作用和影响，侧重于研究大众传播的作用和影响。以下介绍的是传播学研究中在这方面比较有代表性的理论和观点。

1. 拉斯韦尔的“三功能说”

美国政治学家拉斯韦尔在1948年发表的博士论文《社会传播的结构和功能》，对社会传播，尤其是大众传播给予关注，他认为，研究世界上任何国

家的传播过程，就会发现三类不同的专家从事传播工作。第一类专家研究整个国家的政治环境；第二类有专家研究国家对在外部环境的反应；第三类专家研究如何把老一代的某些反应方式传递给青年。

这样，传播学的先驱哈罗德·拉斯韦尔指出传播有三个社会功能——传播的“三功能说”：

（1）环境监视。自然和环境是不断变化的，人类只有了解这类变化才能生存，从而调整自己的行为，传播通过提供信息起着瞭望哨、社会雷达的作用，通过新闻不断向整个社会及时报告环境的变动。

（2）使社会各个部分相关联以适应环境。社会是建立在分工合作基础上的有机体，只有实现社会各个有机组成部分之间的协调和统一，才能有效适应环境的变化。传播提供评论和解释，帮助理解支离破碎的碎片以形成一致的意见，联络、沟通和协调社会关系。比如新闻评论或社论就是通过观点的传播来协调社会成员的行动，从而维护社会统一体的稳定和发展。

（3）使社会遗产代代相传。人类社会的发展是建立在继承和创新的基础上的，只有将前人的知识、智慧、经验加以记录、积累、保存并传给后代，后人才能在此基础上进一步发展、完善和创造，传播使社会遗产代代相传。

拉斯韦尔认为，有三种专家在实现这些功能方面是非常重要的。“外交官、使馆官员和驻外记者是专门研究环境的代表性人物；编辑、新闻工作者和演说家是内部反应起关联作用的人；家庭和学校里的教育者传送社会遗产。”

可以看出拉斯韦尔的“三功能说”只谈传播的实用功能，忽略了其消遣功能，这也是拉斯韦尔的兴趣偏爱使然，他偏重政治、宣传的研究。所以其本意是概括人际传播、组织传播、大众传播的共同规律，排除了人内传播。

2. 赖特的“四功能说”

1957年，查尔斯·赖特在《大众传播：功能的探讨》一书中从社会学的角度勾画对传播的看法时，在拉斯韦尔的三个范畴之外又增加了第四个功能——娱乐功能，从而形成了“四功能说”。

（1）环境监视。

（2）解释和规定。传播不是单纯的告知活动，还伴随对事件的解释，并提示人们该采取什么样的行为反应。新闻信息告诉人们发生了什么，社论和评论是有明确说服和动员目的的活动。这点与拉斯韦尔的社会协调功能是一致的。

（3）社会化功能。现代人的社会化过程既是在家庭学校等群体中进行的，也是在大众传播环境中进行的。这称之为大众传播的教育功能。

（4）提供娱乐。借助娱乐使整个社会获得休息以保持活力。

3. 施拉姆对大众传播社会功能的概括

施拉姆根据拉斯韦尔和赖特的论述，在他1982年出版的《传播学概论》中，从政治、经济和一般社会功能三方面进行了总结，其重要贡献就是明确提出传播的经济功能，他指出，大众传播通过经济信息的收集、提供和解释能够开创经济行为。

传播起什么作用		
政治功能	经济功能	一般社会功能
监视（收集情报）	关于资源以及买和卖的机会的信息	关于社会规范作用等的信息；接受或拒绝它们
协调（解释情报；制定、传播和执行政策）	解释这种信息；制定经济政策；活跃和管理市场	协调公众的了解和意愿；行使社会控制
社会遗产、法律和习俗的传递	开创经济行为	向社会新成员传递社会规范和作用的规定 娱乐（消遣活动，摆脱工作和现实问题，附带的学习和社会化）

大众传播的社会功能[①]

① 郭庆光：《传播学教程》，中国人民大学出版社1999年版，第115页。

4. 保罗·拉扎斯菲尔德和默顿的功能观

在1948年拉斯韦尔提出“三功能说”的同一年，另外两位颇具影响力的社会学家保罗·拉扎斯菲尔德和默顿对传播的功能做出如下阐释：

（1）社会地位赋予功能(知名度)。得到大众传媒的广泛报道，会成为社会瞩目的焦点，获得很高的知名度和社会地位。大众媒介授予社会问题、个人、团体以及社会事件以地位，使个人和集体的地位合法化，给他们以声望并提高他们的权威性。无论个人、组织、事件，一旦上“报”或登“台”，即名扬天下。事实上，这是一种互为因果的“以相互颂扬为特征”的社会关系，如果你是一个真正重要的人物，那么你就会成为大众注意的中心；如果你处于大众注意的中心，那么你当然就是一个真正重要的人物。

（2）社会规范强制功能（舆论）。大众传媒通过将偏离社会规范的行为公布于世，能唤起普遍的社会谴责，将违反者置于强大的社会压力下，起到强制遵守社会规范的作用。媒介可以通过“揭露”某些背离公共道德的行为，以发起有组织的社会行动，大众媒介可以通过“揭露”某些背离公共道德的行为发起有组织的社会行动，重申社会准则。凡违背社会规范并坚持不改的“越轨”行为，一旦被媒介“曝光”，就可得到迅速有效的制止。这样，大众传媒通过突显某些偏离社会规范的偏差行为，迫使人们接受并采取立场；人们被迫在违背规范及遵守规范中做出选择。

（3）作为负功能的“麻醉作用”。大众传媒每天向大众传送大量的媒介刺激，但对事件的报道却停留在肤浅且表面的层次，久而久之，大众反而会对社会现象产生漠不关心的态度，甚至缺乏应有的应变能力。一个对有争议问题抱有兴趣并有所了解的人可以因自己在这方面的知识而自诩，但他事实上既没有做出任何决断也没有采取任何行动。他与现实生活只有间接的联系，他只是阅读、收听和思考，却以为这样就可以代替决断和行动。他逐渐地误以为对当代的种种问题作些了解也就是为这些问题采取某种行动。他以为自己的社会良心是清白无瑕的，自己是关心社会、了解社会的。他还有关于“怎么办”的种种见解。但是，当他进完晚餐、听完他最喜爱的广播节目、并看完当天的第二份报纸以后，上床睡觉的时间也该到了。如此，大众媒介变成一种最特殊且有效的“社会毒药”，而随着药量的增加，人们主动参与社会的能力便会丧失殆尽，变得只会被动接收信息。大众传媒将人们淹没在表层信息和通俗娱乐的洪水中，降低人们积极参与社会实践的热情。

拉扎斯菲尔德和默顿的功能观最为重要的是，他们明确提出了传播具有负面功能。 除此之外，拉扎斯菲尔德和默顿还论及媒介的以下几点负面表现：

①持续不懈的媒介宣传使人们丧失辨别能力而不假思索地顺从现状。拉扎斯菲尔德和默顿从美国大众媒介的所有权和经营结构出发，深刻地指出大众媒介造成了“社会顺从主义”。媒介由大企业支持，大企业又和现存社会经济制度有着密切的联系，所以媒介必定为维护这种制度服务。这种作用不仅反映在媒介为广告客户大做宣传，更体现在媒介始终不渝地宣扬现存制度的合理性。久而久之，人们便会觉得这个制度只有好与更好的区别，不存在不好的一面，除了义无反顾地接受、顺从它，别无选择。这种负面功能的实现，除了依靠反复传播某些内容外，还有赖于对另一些内容的故意视而不见。正如拉扎斯菲尔德和默顿所言，美国的大众媒介不仅不断肯定现状，而且始终不触及与社会结构有关的实质性问题。因此，商业性大众媒介一方面使听众、观众及读者顺从现状；另一方面又很少为人们对社会作批判性的评价提供根据，这也就间接地、但是有效地限制了人们对社会做出真正中肯的批判。

②媒介内容是使大众的审美鉴赏力退化和文化水平下降的重要原因。这一直是大众传播学者所热衷的话题，它确实构成了媒介的一大弊端。绝大多数广播电视节目、电影、杂志和相当一部分书籍及报纸以“消遣”为目的，公式化的电视剧、低劣的恐怖电影、庸俗搞笑的电视娱乐节目、黄色低级的地摊小报，像洪水一样泛滥成灾，这些大量复制的通俗产品无疑拉低了大众的审美力和知识鉴赏力。拉扎斯菲尔德和默顿指出，过去文学艺术属于上流社会和知识精英，他们养成了高雅精致的审美口味，而适合于他们欣赏的艺术品，自然也超凡脱俗。随着大众媒介的兴起，具体地说，随着书报杂志的大量流行和广播电视的广泛普及，文学艺术的市场大为拓展，音乐、舞蹈、绘画、小说越来越成为社会大众的共同的精神食粮。俗话说，曲高和寡，一

份报纸如果不登通俗的侦探小说、廉价的爱情故事，而整日谈论莎士比亚、托尔斯泰，必将失去大批读者；要投合大众的口味，媒介不得不降低艺术品位，这又反过来使人们的审美能力日趋退化，形成恶性循环。

③媒介以低廉的代价占用、剥夺人们宝贵的自由时间资源。拉扎斯菲尔德和默顿论述道，以往人们为生计所迫，整日操劳，很少有闲暇时间。随着机械化程度和文明的提高，可供人们自由支配的闲暇时间越来越多。然而，正当人们打算利用通过几代人的辛苦努力所赢得的宝贵时间做更有意义的事情时，媒介却以它诱人的通俗货色大量地占用人们的时间。对此，拉扎斯菲尔德和默顿不无讽刺地写道："现在人们的休息时间比过去多些了，他们显然可以有更多机会接触文化遗产了。他们将如何利用这些辛苦争取到的归他们自己支配的时间呢?他们听广播、看电影。但是这些大众媒介似乎从改良者手里骗取了他们的胜利成果。人们为争取休息自由、大众教育和社会安定而进行斗争，原来希望自己一旦摆脱了种种束缚之后，就可以享受我们社会伟大的文化之果，如莎士比亚、贝多芬甚至康德的作品。相反，他们现在却转向费思·鲍德温、约翰尼·默塞尔或埃德加·格斯特。许多人觉得他们被骗取了胜利成果。这跟处于初恋困难时期的小伙子所尝到的滋味十分相像。姑娘爱情的魅力使他神魂颠倒，他接连几个星期省吃俭用，将积攒起来的钱用来买了一幅漂亮的手镯送她。姑娘发现这副手镯'简直好极了'。于是她当即和另一个小伙子约会，并向他炫耀新饰物。我们的社会斗争也产生了类似的结局。多少代以来，人们为了争取更多的自由时间而进行斗争，但现在他们在自由时间里是跟哥伦比亚广播公司的节目打交道，而不是跟哥伦比亚大学打交道。"

总之，大众传播的发展使人们日益生活在一个由媒介为我们构建的信息社会中，大众媒介的发展也日益使整个世界变成了地球村。技术的进步，尤其是以互联网为基础的大众传播技术的革命性变化，改变了传统的大众传播的形式或角色，以网络为代表的新媒体所带来的变化和影响，人们可能还需要较长一段时间去认识。大众传播对社会具有传播信息、引导舆论、教育大众等作用和功能，同时，媒介所处的国家的政治、经济、文化等方方面面都会对大众传播功能的发挥造成一定影响。

第二章

传播的过程模式

第一节　传播的线性模式

人类的传播是一个过程，它不应被理解为任何图像、符号、文字、节目或文章本身，而是一个有规律的信息流动过程。传播既然是一个过程，它就可以被分解为一系列环节，人们就可以找出影响和涉及这一过程的各个要素。

20世纪60年代，美国传播学家戴维·伯洛提出，可以通过传播过程对传播现象进行考察，这一观点对传播学的影响至为深远。

传播是信息流动的过程，是一个动态的过程。研究传播过程最常见的有两种视角：一种是历时性考察，即按时间序列考察传播活动发生和发展的历史演化；另一种是共时性考察，即对传播活动的结构，环节和要素进行分析。前者属于纵向过程的研究，后者属于横向过程研究；我们对传播过程的考察是从第二种视角出发，对传播的基本过程及特点做一个简述。

传播过程：即传播现象（内部和外部）的结构、要素（或者说环节）和各个要素（环节）之间的关系。

美国学者戴维·伯洛透彻地分析了传播过程，其主要论点是：

第一，传播是一个动态的过程，无始无终，没有界限；

第二，传播过程是一组复杂的结构，应将其中的多元关系作为研究的基本单位；

第三，传播过程的本质是变动，即各种关系的相互影响和变化。

总之，传播是由多要素及其相互关系组成的动态的有结构的信息流动过程。

一、什么是模式？

传播过程是一个多要素互动的动态过程。因此，对其进行认识与研究就存在着相当的难度。为了方便起见，不少学者采用建构模式的方法，对传播过程的结构和性质做了各种各样的说明。麦奎尔和温德尔在他们所著的《大众传播模式论》中解释道，模式是“用图像形式对某一事项或实体进行的一种有意简化的描述。”

（1）模式与现实事物具有对应关系，但又不是对现实事物的单纯描述，而具有某种程度的抽象化和定理化性质；（2）模式与一定的理论相对应，又不等于理论本身，而是对理论的一种解释或素描，因此，一种理论可以有多种模式与之相对应。模式虽然具有不完全性，但它是人们理解事物、探讨理论的一种有效方法。正因为如此，在传播学研究中，模式的使用也是很普遍的。

二、模式的功能

构造功能——揭示各系统之间的次序及其相互关系，为各种不同的特殊状态提供一个一般的图景；

解释功能——用简洁的方式提供如果改用其他方法则可能相当复杂或含糊的信息；

启发功能——能引导学生或研究者关注某一过程或系统的核心环节；

预测功能——对事件的进程或结果进行预测，便于研究假说的建立。

传播是社会关系内部的一种黏聚力，它同时又是无法窥见的，没有明确和永久的形式。传播行为又是动态的，包含着某些过程或变动的要素。模式的引人之处在于能够“画”一些“线条”来表示我们已知确实存在但又无法看到的联系，为清楚地说明传播理论提供简明、直观、有效的辅助工具。也就是说，模式可以简洁地体现和表达各种传播理论，使人们不至于陷入纷繁的细部，而能够清晰观察到传播现象的本质、深层部分。

正如麦奎尔和温德尔所指出的，模式不可避免地具有不完整、过分简单以及含有某些未被阐明的假设等缺陷，适用于一切目的和一切分析层次的模式无疑是不存在的。实际上，模式是一种再现现实的具有理论性的简化形式。如果说，“理论”是对客观事物规律的概括，则“模式”就是一种简洁地表现“理论”的手段或方法。

采用模式对传播现象进行描述和解释，是传播学研究的一大特色。继20世纪40年代末的传统线性模式提出之后，50年代进入了模式建立的鼎盛时期。在20世纪六十到七十年代，传播研究及有关模式建立的兴趣焦点，已从寻求对整个大众传播过程的一般理解逐渐转向研究这个过程的各个具体方面：长期的社会、文化和意识形态效果；媒介组织及其同社会和受众的关系；受众的选择和反应的社会基础和心理基础；特有的内容形式的构造，等等。这些课题还将在以后的章节中加以论述。

三、传播过程的线性模式

1. 拉斯韦尔5W模式

美国政治学家拉斯韦尔在其1948年发表的《传播在社会中的结构与功能》一文中，最早以建立模式的方法对人类社会的传播活动进行了分析，这便是著名的5W模式。5W模式界定了传播学的研究范围和基本内容，影响极为深远。

图2-1 拉斯韦尔5W模式

“谁”就是传播者，在传播过程中担负着信息的收集、加工和传递的任务。传播者既可以是单个的人，也可以是集体或专门的机构。

“说什么”是指传播的讯息内容，它是由一组有意义的符号组成的信息组合。符号包括语言符号和非语言符号。

“通过什么渠道”，是信息传递所必须经过的中介或借助的物质载体。它可以是诸如信件、电话等人与人之间的媒介，也可以是报纸、广播、电视等大众传播媒介。

“给谁”，就是受传者或受众。受众是所有受传者如读者、听众、观众等的总称，它是传播的最终对象和目的地。

“取得什么效果”，是信息到达受众后在其认知、情感、行为各层面所引起的反应。它是检验传播活动是否成功的重要尺度。

拉斯韦尔模式的提出在传播学史上具有重要意义。首先，这个模式第一次将人们每天从事却阐释不清的传播活动明确表述为由五个环节和要素构成的过程，为人们理解传播过程的结构和特性提供出发点。其次，该模式第一次明确界定传播学的五大研究领域——控制研究、内容分析、媒介分析、受众分析和效果分析，搭建了传播学的脚手架，第一次为传播学搭建一个比较完整全面的理论构架，从而使传播学的最终确立成为可能。他的5W模式为传播学提供一张蓝图，因此，拉斯韦尔当之无愧成为传播学鼻祖。

当然，作为早期的传播过程模式，拉斯韦尔模式不可避免地具有某些方面的局限：

首先，拉斯韦尔虽然考虑到了受传者的反应（产生了什么效果），却忽视了对受传者反应的表达渠道的描述，因而，这个模式将传播局限于单向直线运动，他把传播表述为一个直线型、单向型的过程，从传者开始，到效果结束，期间看不到受者的反馈，也看不到其他各个要素之间相互作用，虽然考虑受传者的反应（效果）但没有提供一条反馈渠道，没考虑到传播双向和互动的性质，即缺少反馈。

其次，这个模式具有孤立性的缺陷。这个模式忽略了传播过程中外部环境的影响，它丝毫不涉及传播过程和社会过程的联系，这显然不符合实际，任何传播都不可能脱离社会在真空中孤立进行。

正是在上述批评基础上，5W被后人称作典型传播的线性模式。

拉斯韦尔模式显示了早期传播模式的典型特性：它或多或少想当然地认为传播者具有某种打算影响接收者的意图，因此应该把传播看作是一种劝服性过程。这一模式还假定任何讯息总是有效果的。这种类型的模式无疑助长了过高估计传播（尤其是大众传播）效果的倾向。另外，就模式引导传播学者关注各种不同研究领域的角度而言，布雷多克强调，拉斯韦尔模式很容易使人误解，因为事实上这些研究领域彼此间是紧密联系的，不能将它们孤立看待。人们还批评拉斯韦尔模式忽略了反馈要素。

然而，所有的批评都不能掩盖这一事实：甚至时至今日，拉斯韦尔模式仍是引导人们研究传播过程的一种方便的综合性方法。

2. 布雷多克7W模式

有些学者觉得拉斯韦尔模式虽然很有用（最主要的用途是用于组织和构造关于传播的理论），但毕竟太简单了，因此他们进一步发展了这个模式。布雷多克在1958年增加了传递讯息的具体环境（情境）和传播者发送讯息的意图（动机）这两方面内容，把5W模式变成7W模式。

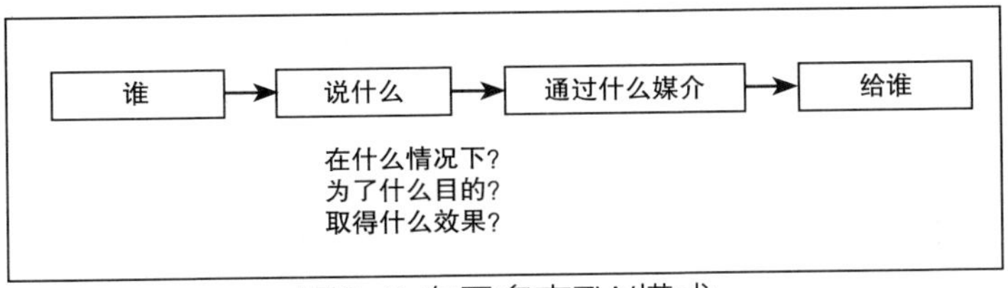

图2-2 布雷多克7W模式

7W模式仍是一个线性模式，没有大的突破。

3. 香农-韦弗的数学模式

在拉斯韦尔提出5W模式第二年，1949年，数学家香农（信息论的创始人）及其合作者韦弗，从信息理论的角度提出图解模式。该模式最初是用于描述电子通讯过程的，后来许多研究社会传播现象的学者也从中受到很多启发，认为该模式在许多情况下有广泛的适应性。在这个模式中，传播被描述为一个直线性的单向过程，具有五个要素的正功能和一个负功能因素（即噪音）：

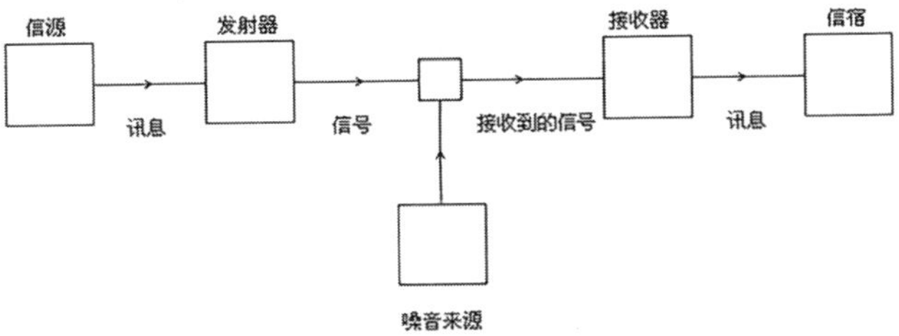

图2-3 香农—韦弗的数学模式[①]

① 根据香农和韦弗1949年著作绘制。

香农在《传播的数学理论》中解释说："'信源'在一系列可能的讯息中选择一个称心的'讯息'……'发射器'将这个'讯息'改变成'信号'，后者实际上是通过'传播信道'被从发射器送到'接收器'……'接收器'是一种相反的发射器，将被发射的信号重新变成一个讯息，并将这个讯息传递到信宿……在被发射的过程中，不幸的特征是：某些东西被加到了信号上面，它们在信源的意图之外……被发射的信号中的所有这些变化就被称为'噪音来源'。"

上述过程的第一个环节是信源，它发出一个或一组讯息，由发射器转换为信号，信号经过适当的信道通向接收器，再由接收器将信号还原为讯息，最后抵达信宿。在这个传播过程中，信号可能受到噪音干扰，因而造成讯息的失真。也就是说，由信源发出的讯息与由接收器还原并送达信宿的讯息含义可能不一样。

数学模式带给我们的启发是：

首先，在这里，媒介被一分为三，这里的发射器、信道和接收器相当于媒介，即媒介被细分为三种，我们只要想想电视台、电波、电视的区别就不得不承认科学家思维的精密。

其次，讯息分为发出的和收到的。这里的讯息相当于5W中的讯息，但有所不同，一是增加了一个要素：信号（符号），讯息本身是不是符号？如何理解？原来这里反映了一种常见的两次或多次符号转换现象，如发电报，就是把信息变成文字，再变成电码的过程，又如几种外语转译也是如此。二是讯息也好，信号也好，都不是一个，而变成了两个——发出的和收到的，申农指出，它们往往不一致，传播的难点就在于这种不一致性。如印度有一则寓言：一个老翁和一个小孩、一头驴同行，老翁避免坐驴，旁人责备虐待小孩；小孩坐驴，众人责备亏待老人；两人都坐，别人嘲笑虐待动物，两人都步行，人们笑话有驴不骑是傻瓜。这则寓言揭露的矛盾在于传受双方理解讯息的不一致性。在生活中多得是这方面的误解，"有1000个读者就有1000个哈姆雷特。"说得也是这种不一致性。传播效果研究就是要设法消除这种不一致性。

最后，也是香农—韦弗模式的最大贡献，就是引入了噪音的概念，表明了传播不是在封闭的真空环境中进行了，传播过程内外的各种障碍因素都会对信息造成干扰。如报纸排印错误，电视图像失真，人际谈话中的机器轰鸣，人声喧哗等各种干扰。

该模式的意义在于：

（1）引入了噪音的概念。这个模式导入噪音的概念，表明传播不是在封闭的真空中进行，过程内外的各种障碍因素会对讯息形成干扰，这对传播过程来说是不可忽略的重要因素。

（2）提高传播学者对信息科技在传播过程中的作用的认识，这种作用在信息社会中越来越明显，为文理结合考察传播打下了基础。

数学模式虽然为传播学研究带来了一种全新的视角，但它未能在模式中更多地涉及人的因素和社会的因素，因此并不完全适用于人类社会的传播过程。它与拉斯韦尔的5W模式一样，仍然是个直线单向模式，缺少反馈，忽视了人类传播的互动性质。同时也将传者受者角色固定化，忽视了人类传播过程中二者的相互转化，所以不适用于人类传播。这些缺点同时也是直线模式所共有的。

总的来看，以5W模式和香农—韦弗模式为代表的传播过程线性模式给传播学的研究启发很大，但同时，线性模式也具有明显的缺陷，表现在：一方面，线性模式把传播者和受传者的角色、关系固定化，一方只能是传播者，另一方只能是受传者，不发生角色的转换，而在人际传播中，这种转换是常见的；另一方面，直线模式都缺乏反馈的要素和环节，也看不到其他各个要素之间的相互作用，不能体现人类传播的互动性质。

第二节　传播的循环模式

我们前面提到的模式都是直线性的，这些模式把传播看作是一方向另一方发送某种信息的过程，期间缺少任何形式的反馈，这也是直线模式共同的局限性和缺陷。事实上，传播活动往往是动态相互交流的。反馈在传播过程中可以发挥巨大的作用，从传播者一方看，反馈可以检验传播的效果，从而使传播者根据反馈来调整后续的传播行为；从受众一方看，反馈是受众意见、需要等信息的流通方式，受众可以通过反馈主动介入传播过程，发挥更积极的作用。正式基于对反馈作用的认识，一些传播学者开发出了传播过程的循环模式。

一、奥斯古德–施拉姆的循环模式

1954年，施拉姆在《传播是怎样运行的》一文中提出了一个新的过程模式，即奥斯古德—施拉姆模式。这个模式是由心理学家奥斯古德首创，由传播学者施拉姆于1954年提出。这是一个高度循环的模式，在这个传播过程中，传播者既是符号的编码者，解释者，也是符号的还原者，受传者也是如此。

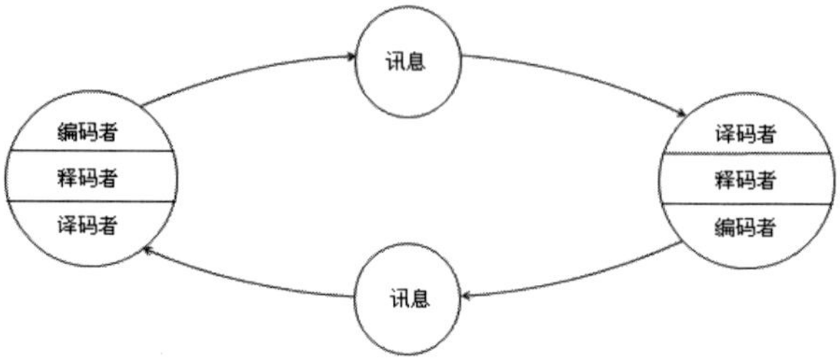

图2-4 奥斯古德—施拉姆模式①

在这个模式中，一方将讯息进行编码，然后发出讯息，另一方收到讯息后进行译码，再经过解释理解，接收了讯息，同时他又将自己的讯息经过编码发给对方，对方同样经过译码、释码而接收讯息。

该模式的特点在于：

1.传播双方都是传播行为的主体

这样，传播双方不再机械地划分为发送者和接收者。双方都是发送者，

① 根据施拉姆1954年的文章《大众传播的过程及影响》绘制。

同时又都是接收者，他们的传播行为是主动的和对等的，行使着相同的功能，都在从事编码、译码和释码。编码可以理解为认知—表述过程：把听、看、想到的意思转化为符号；译码可以理解为表述—理解过程：把符号还原为意思。编码功能类似于发射，译码功能类似于接收。讯息在两个传播主体之间循环流动，传播，尤其是人际传播，得到维持和发展。如果把5W和香农模式说成是直线性模式，那么我们可以说奥斯古德—施拉姆模式是一个高度循环形的模式。

2.与直线模式相比，循环模式另一个区别是

香农的兴趣主要在于发送者和接收者之间的传递渠道，而施拉姆和奥斯古德则主要讨论传播过程中各主要行动者的行为和角色。该模式重点不在分析传播渠道中的各个环节，而在解析传播双方的角色功能。参加传播过程的每一方都在依次扮演编码、译码和释码三种角色并交替角色。

奥斯古德—施拉姆模式比线性模式更进了一步，它特别适用于人际传播，强调社会传播的互动性特点，变直线、单向型思维为循环、双向型思路。但是，该模式的缺陷在于，它认为传受双方地位完全对等，这与社会传播现实不符。现实生活中，传播双方由于经济、文化地位不平等，在传播能力方面存在差异。此外，这个模式能体现人际传播的特点，却不适用于大众传播的过程。

二、施拉姆的大众传播模式

奥斯古德—施拉姆模式的出现，意味着与传统的直线性单向传播模式的决裂。这个模式在描述人际传播时特别有用，但是对于没有反馈或者反馈很少的传播却不那么合适。大众传播就是一例。因此，施拉姆本身意识到这些问题，后来修正了这个模式，使之适用于描述大众传播。

这是施拉姆对奥斯古德—施拉姆模式的发展，充分体现了大众传播的特点。模式的中心是媒介组织，它执行着奥斯古德—施拉姆模式中所描述的编码、释码和译码的功能。施拉姆认为受众是由个体组成的，是分属各个基本

群体的，媒介的讯息可能通过个体接收者传递给周围的成员。由于大众传播工具具有大量复制信息的能力，“许多相同的信息”传递给“大众受众”，获得“延迟的推测性反馈”。例如，电视台播出新的节目，将“许多相同的信息”传播给大量的受众，而电视台的负责人需要等上至少一天才能知道新节目的收视率，即便如此，收视率也只能说明有多少人转到某台某节目，而不能说明人们对该节目的喜好。因此，只能“推测”应该如何改善节目。

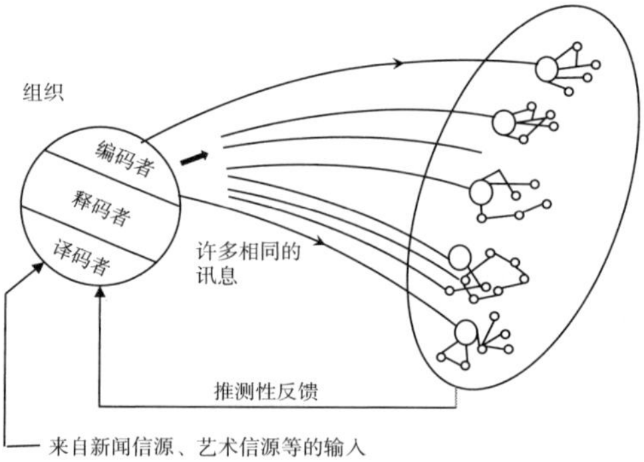

“大众受众”——许多接收者，各自进行译码。
译码和释码——各个接收者从属于某一群体，在此群体内对讯息进行再解释，并经常据此行动。

图2-5 施拉姆的大众传播模式[①]

该模式揭示了社会传播过程的联结性和交织性，初步具备系统模式的特点。对于施拉姆的大众传播模式，麦奎尔评论说，“人们把施拉姆的大众传播模式视为模式发展史上的一个部分，它说明了一般传播模式走向大众传播模式的趋势，以及把大众传播看作为社会的一个结合部分的趋向。施拉姆把大众媒介的受众成员描绘成与其他人及群体相互影响，对大众媒介的讯息进行讨论并做出反应。这一看法，可以说是与大众社会的现象相反的。在大众社会里，个人之间的联系非常松散，大众传播讯息是逐一递达，影响并操纵受众成员的。”

① 根据施拉姆1954年的文章《大众传播的过程及影响》绘制。

三、韦斯特利—麦克莱恩模式

在施拉姆大众传播模式提出之后，1957年，美国传播学者韦斯特利和麦克莱恩整理当时已有的研究成果，提出了一个适用于大众传播研究的系统模式。

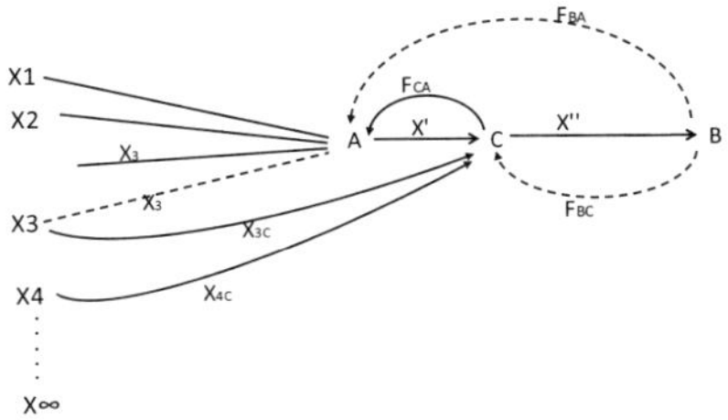

图2-6 韦斯特利—麦克莱恩模式①

这个模式包括几个要素：

X：代表社会环境中的任何事件或事物，传播这些事件或事物的信息要借助大众媒介。

A：有意图的传播者，如政治家、广告客户、新闻来源等，是“鼓吹者”角色。

C：指媒介组织或其中的个人，也“称把关人”，他们既可以在数量众多的A中依据自己所设想的受众需要和兴趣选择信息，也可以直接在X中进行这种选择。C为B充当信息选择代理人的角色，同时也在一定程度上服务于A。

B：指受众或“行为”角色，可以是个人，也可以是群体，还可以是一个社会系统，他们因生活的需要而必须获取和应用来自C的信息。

X'：指传播者为进入信息渠道而做出的选择。

X"：指媒介组织向受众传递的加工过的信息。

F:表示反馈。

Fba：指受众B向原始信源A的反馈。

Fbc：指受众通过直接接触向传播组织的反馈。

Fca：指传播者C流向鼓吹者A的反馈。这种反馈可能会鼓励、改变乃至

① 根据韦斯特利和麦克莱恩1957年文章绘制。

抵制A的意图。

这个模式对于认识大众传播过程意义重大，它的特点在于：

第一，提出信息选择具有多样性：传播来源可以在各种事件中进行选择，大众传播媒介可以在各种信息来源中选择，同时大众媒介也可以在各种事件中直接进行选择。

第二，指出传播系统具有自动调节性。这种特性来源于C角色的多样化，社会上数量众多的大众媒介间存在着激烈的竞争，在这种竞争的过程中，它们也互相取长补短、自动调节，以适应社会优胜劣汰的发展机制。

第三，强调信息反馈具有重要性。只有反馈才能真正保证传播过程中所有要素间关系的系统性。

韦斯特利—麦克莱恩模式的特殊重要性在于强调了大众传播组织在调整和控制社会信源与一般公众之间的沟通渠道中所起到的作用。

该模式旨在说明：没有任何一个C的角色可以垄断X或A与B之间的联结，B可能具有与A直接联系的其他方法（如通过成为某一组织的成员），也可能会对X有直接经历（如价格上涨，天气变化）。根据这种观点，受众的需要在部分程度上成了传播者意图的替代物。该传播模式的优点在于提出了传播可以是有目的，也可以是无目的，反馈可以是有目的，也可以是无目的。

然而，该模式也有不足：

首先，它包含有一种假设：这样的一个关系体系的整个系统是自我调节的，而且对所有的参与者是互惠互利的。实际上，传播过程中三个参与者是很少平衡的。

其次，它夸大了大众传播过程的一体化程度。现实中，每一方都会追求各自不同的目标和利益。

最后，它过分强调传播者对于社会的独立性。

四、德弗勒的互动过程模式

1966年，传播学者德弗勒在论述发出讯息的含义和接收讯息的含义之间的一致性时，发展了香农—韦弗模式。在香农—韦弗模式基础上发展而来的。但该模式克服了前者单向直线的缺点，明确补充了反馈的要素和环节，使传播过程更符合人类传播互动的特点。德弗勒描述道：在传播过程中，人们将“含义”变换为“信息”，发射器又将信息转化为信号传送，接收器收到信号后再还原为信息，信息被信宿(人)接收又内化为含义。他接着说：在这种情况下，如果发出的信息与接收的信息在含义上是一致的，那么就是传播。相反，若两者的含义截然不同，即等于没有传播。然而，含义上的差异性是常见的，而完全的一致性却是罕见的。

德弗勒在香农—韦弗模式中又增加了另一组要素，以显示信息是如何获得反馈的，而反馈有可能使自己的传播方式更有效地适应信宿。这样发出讯息的含义和接收讯息的含义之间达到一致的可能性就会有所增加。应该指出的是，在大众传播中，信源（传播者）只能从受众处获得有限的或间接的反馈，同样，信宿（受众）也很难获得信源的反馈。

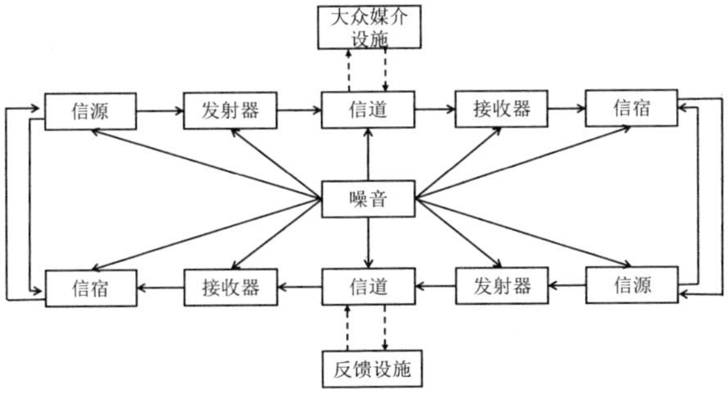

图2-7 德弗勒的互动过程模式①

总体来看，德弗勒的互动过程模式的意义在于：

第一，该模式是在申农—韦弗模式基础上发展而来的，但克服了前者单向直线的缺点，明确补充了反馈的要素和环节，使传播过程更符合人类传播互动的特点。

第二，拓展了噪音的概念，认为噪音不仅对讯息而且对传达和反馈过程任何一个环节和要素都会发生影响，这一点加深了我们对于噪音所起作用的

① 根据德弗勒1970年著作绘制。

认识。

不仅如此，这个模式的适用范围也比较普遍，包括大众传播在内的各种类型的社会传播过程，都可以通过这个模式得到一定程度的说明。

当然，德弗勒模式也不是十全十美的，在这个模式中，唯一提到的外部因素就是噪音，但是影响传播过程的外部条件和环境因素的复杂性，并不是一个简单的噪音就能说明的，所以，该模式还是从过程本身说明过程范畴，没考虑到外部条件和外部环境的制约和影响。

总的来说，传播的循环模式是对单向传播模式的一种超越，一种进步，由于引入了反馈的机制，从而使传播过程由单向变成了双向交流的过程。但是，它们同样避免不了具有一种理想化、简单化的倾向，对人类传播，特别是对报纸、广播、电视大众传播构成要素的众多性和复杂性反映不够，不能用来分析和解释人类的全部传播现象；对人类传播的新媒介（卫星电视、订阅电视、图文电视等）和新技术（网络传播）未给予足够重视，甚至“往往有低估新的传播技术的效果的倾向”。事实表明：传播媒介和新技术，不仅会将人类带入一个“我们已知的各个传播时期大不相同”的信息社会，而且会因此“可能使信息由点对面的流动变为点对点之间的流动。这就要求对媒介的系统进行重新审议”，以及时提出或抽象出能反映这种变动的新的传播模式。

第三节　传播的系统模式

传播的直线模式揭示了传播过程中最表象的元素，传播的循环模式指出了传播的双向、互动的特点，但它们都还是在传播过程系统内部的探索和解释，揭示的都是其中的微观环节及要素。

在系统观形成的背景下，不少传播学者开始关注传播过程内部微观环节的同时，开始转而研究传播过程外部的宏观因素，更多地认识到传播过程是整个社会运行系统的一个组成部分。从整体社会环境系统研究传播过程的模式称为传播的系统模式。

一、赖利夫妇的系统模式

1959年，赖利夫妇从社会学角度提出，大众传播是各个社会系统中的一个子系统，他们最早提出了在社会系统框架中的传播系统模式。同时，他们对传播系统与社会系统之间的互动关系也进行了考察，他们的这种系统模式将大众传播研究带入了一个新的时代。

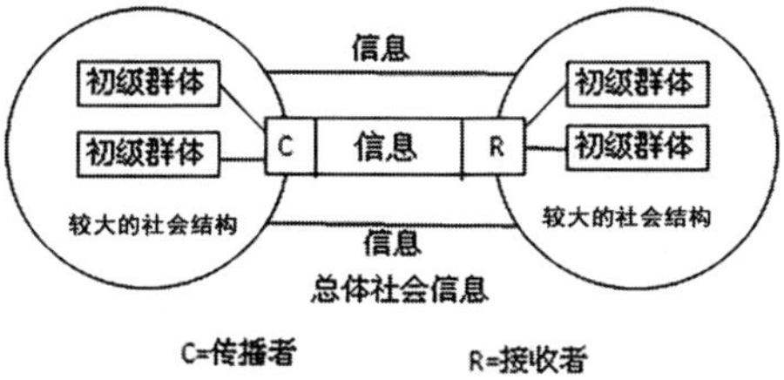

图2-8 赖利夫妇的系统模式[①]

这里的初级群体指家庭、邻里、伙伴等；较大的社会结构指的是关系比较松散的群体如工作单位、学校等；社会总系统指民族、国家等群体。传播过程中，个人无不受到上述群体的影响，如印度的老翁的寓言，为什么他感觉无所适从，就因为他不能断然拒绝群体、社会的影响。

该模式的基本观点是，传播系统既与社会中其他系统相联系，又具有自身相对独立性。这个模式告诉我们，传播过程是处于社会系统中，并受其影响的一个子系统，所有的传播过程都可以看作是一个系统的活动，而多重结构是社会传播系统的特点。赖利夫妇系统模式的特点在于：

（1）传授双方都是一个个体系统；即人内传播；

（2）个体系统与其他个体系统联系形成人际传播；

（3）个体系统分属于不同群体系统，形成群体传播；

（4）群体系统与社会政治，文化等大环境相互作用。

（5）个体、群体又是社会的组成部分，他们总是在社会中运行，因而又

① 根据赖利夫妇1959年的著作绘制。

与总的社会系统有着互动关系。

这个模式解决了传播的条件（外部结构）问题，较早把传播过程明确描述为社会过程之一。其基本观点是，传播过程是处于社会系统中并受其影响的一个子系统，从这个模式中，我们可以看到，社会传播各种类型，包括微观、中观和宏观系统既具有相对独立性，又与其他系统处于普遍联系中，每种传播活动除了受到内部机制制约外，还受到外部环境影响，社会传播是一个复杂有机的综合系统。

传播的线性、循环模式探讨的是传播过程系统内部的微观环节，而赖利夫妇开始着眼于传播过程的宏观社会环境，将传播过程放到整个社会系统运行的大框架中把握，这是赖利夫妇的一大创举，他们将传播过程看作是庞大的社会系统的一个子系统，同时对传播系统与社会系统之间的互动关系进行了考察，他们的这种模式将大众传播研究带入了一个新的时代。

二、马莱兹克的系统模式

1963年，德国学者马莱兹克提出了自己的大众传播过程模式，成为马莱兹克模式。他从社会心理学角度研究大众传播，将大众传播过程细分为由众多因素构成的复杂的社会过程。

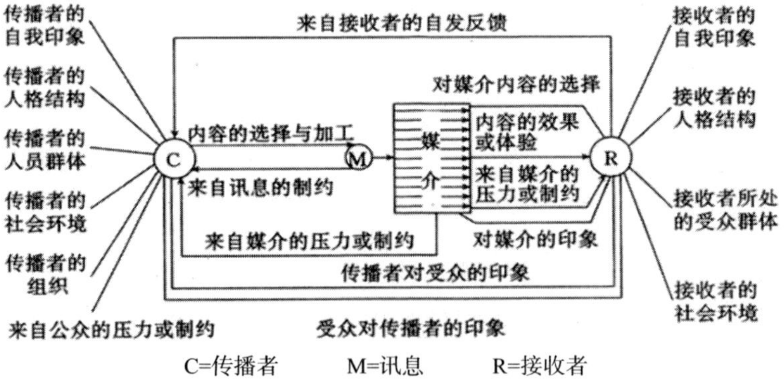

图2-9 马莱兹克的系统模式[①]

① 根据马莱兹克1963年的著作绘制。

该模式的意义在于，从社会心理学角度切入，将社会系统与传播系统中各因素及其关系进一步细化，将大众传播看作是包括社会心理因素在内的各种社会影响力交互作用的“场”。这个系统的主要环节都是这些因素或影响力的集结点，包括：

影响和制约传播者的因素——传播者的自我印象（忠实的时代记录者、积极的社会活动家还是平凡雇用者）、传播者的人格结构（活泼、开放、保守、现实、浪漫）、传播者的同僚群体、传播者的社会环境（如违反法律的不能发表）、传播者所处的组织、媒介内容的公共性所产生的约束力（如某些内容不适于公开，西方电影分级就是在社会压力下形成的）、受众的自发反馈所产生的约束力、来自讯息本身（根据内容决定形式，新闻、评论、照片、漫画）以及媒介性质的压力或约束力等。

影响和制约受传者的因素——受传者的自我印象（拒绝接受有悖于价值观念的信息，如爱国者拒绝敌方宣传）、受传者的人格结构（有人积极接触，有人轻信，有人相反）、作为群体一员的受传者（受众群体对个人的影响）、受传者所处的社会环境、讯息内容的效果或影响、来自媒介的约束力，等等。

影响和制约媒介与讯息的因素——主要来自两个方面：一方面是传播者对讯息内容的选择和加工，这种选择和加工也可以说是传播背后的许多因素起作用的结果；另一方面是受传者对媒介内容的接触选择，这种选择当然也是基于受传者本身的社会背景和社会需求做出的。此外，制约媒介的一个重要因素是受传者对媒介的印象，而这种印象是基于平时的媒体接触经验形成的。

综上所述，马莱兹克的系统模式说明，社会传播是一个极其复杂的过程，是一个变量众多的社会互动过程，这种互动并不仅仅是有形的变量——社会作用力之间的互动，而且也是无形的变量——社会心理因素之间的互动，这样的视角使社会传播系统研究得到进一步拓展，因此，评价任何一种传播活动，解释任何一个传播过程即便是单一过程的结果，都不能简单地下结论，而必须对涉及该活动或过程的各种因素和影响力进行全面的、系统的分析。

关于社会传播的系统模式还有许多，虽着眼点不同，但思路基本一致。我们应该看到，目前传播学系统研究还处于起步阶段，表现为理论模式较多，应用模式开发较少。即便理论模式也有缺陷，如马莱兹克的系统模式虽然列举了各种影响因素，但没对这些因素强度和影响力大小差异进行分析。大众传播者和受传者对媒体内容都有影响，但二者影响性质和大小不同，相比较而言，大众传播者对媒体内容生产起的作用往往要大于受传者对内容的影响。不对这些进行区别，考察大众传播过程时很难抓住主要矛盾。社会传播系统研究有待于深化完善。

三、德弗勒的社会系统模式

1966年，德弗勒从更为广大的社会环境出发，研究社会中的传播过程，提出了美国大众媒介的体系模式。这个模式表述了在自由市场经济条件下，社会中政治、经济力量的变化与传播过程的关系。德弗勒社会系统模式的基本观点是：大众传播是构成社会系统的一个有机组成部分。

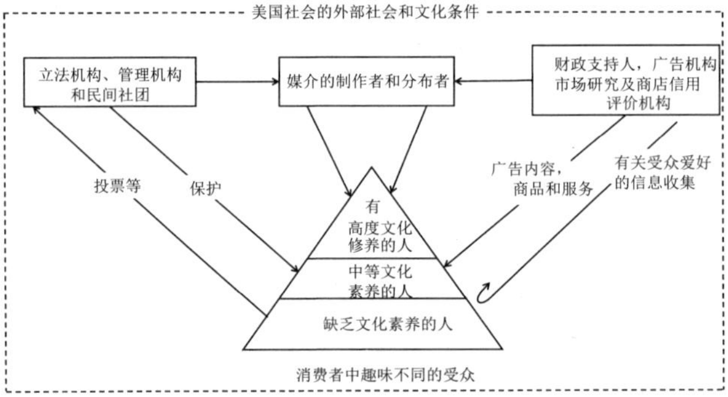

图2-10 德弗勒的社会系统模式①

这个模式由以下要素组成：

受众：分为不同层次；

① 根据德弗勒1970年的著作绘制。

政府及管理机构、民间社团：政治、法律力量；

金融、商业机构：经济力量；

媒介制作和分发组织：均为私人公司。

支撑这个体系运行的是媒介的“低级趣味”内容，它是满足这个体系运转的首要财政条件的主要途径，这是自由市场原则支配下的大众传播体系。

德弗勒模式表明：

受受是不同的，对某种信息的兴趣有不同的层次；

财政支持者往往是商业或金融机构，其主要目的是为了得到受传者信息，如公众的偏爱、购买力和购买习惯；

媒介制作和传送机构常常是一些私人公司；

政府的和社会民间的某些机构对传播起着法规约束和控制作用，如通过政治体系接收输入信息和反馈信息，用意识形态影响传播者，对媒介内容作出规定，以及通过财政和技术方面进行控制。

德弗勒是从社会学角度切入对大众传播体系进行整体观照，并采用系统科学的方法进行分析后得出这一模式的。该模式最为明显的优点是突出了整体与部分、部分与部分之间的有机联系。就传播来说，社会是整体，而传播组织、政府机构、文化环境、利益团体等是部分，作为一个组成部分，传播组织的活动必然要受到社会整体及其他各部分的影响。

从这一观点出发，组成社会系统的政治、经济、文化等各部分都必然会成为影响大众传播过程的因素，大众传播过程作为一个多变量的系统而存在。

德弗勒的这一模式主要的描述目标是美国的大众传播系统，其目的是要揭示大众传播与社会系统各组成部分之间的联系。大众传播必然会受到社会中此消彼长的各种力量的影响，这些力量之间对比平衡的保持或打破，都会对大众传播构成影响。

电脑及互联网的出现给传播开创了崭新的渠道，电子邮件的一对一式传播，电子公告牌、聊天室等形式代表着一种特殊的传播形式，在那里，多人对多人交流，这在传统的传播媒介中并没有类似物。互联网的出现创造了一种不同类型的大众传播模式，也促使大众传播学者不得不重新审视和思考大众传播的种类，同时，也使描述大众传播的新模式成为必需。在这样的大环境变化趋势下，传播学也适时出现了很多新型的用来描述互联网的传播模式，这里不再一一作以介绍。

需要指出的是，任何“模式都不可避免地具有不完整、过分简单的及含有某些未被阐明的假设等缺陷。适用于一切目的和一切分析层次的模式无疑是不存在的。”因为，模式也是不断发展、逐步完善，并且似乎是没有极限的，这就像人的认识不会永远停留在原有的水平上一样。

纵观传播学研究的历史，尽管有关传播模式的研究和探索越来越多，模式也多种多样，而这在美国甚至已经有些过多过滥，其中部分成果确实丰富了我们的知识，改变了原来的成见，但至今人们并没有探索到一个卓有成效的获得众多学者认同的普遍性的传播模式。

当然，传播研究的角度和层面不一样是十分必要的，应该完全尊重学者的自由，也应该允许百花齐放、百家争鸣。为了既有利于探讨真理和发现真理，又有益于传播学的学科建设，我们必须针对传播模式的研究和应用提出一些基本的原则。

1．审查批判的原则

在传播学研究中，面对众多的传播模式，有的甚至是优良的模式，不假思索地全盘照搬或一概排斥，都不是科学的态度。在学科的建设上，对严重谬误论见的揭露，其价值不亚于创造性的发现。因此，只有对已有的各种传播模式进行仔细推敲、严格审查和理性评判，才可以在尊重前人劳动成果的基础上，决定接受什么、摒弃什么，从哪些方面予以修改和完善。

2．服从事实的原则

审查与批判必须以服从事实为依本，充分尊重事物的本来面目，努力使自己的意见和愿望符合客观证据，避免“主观愿望”在不知不觉中释放能量。服从事实，尊重事实，反映事实，这是对一切理论研究的起码要求。遵循这一原则，就是要衡量模式的现实性，或者我们可以在多大程度上用它来表明和呈现某种传播活动的实际情况。

3．有用有利的原则

无用的传播模式常常比没有模式更糟，不利的传播模式则引人误入歧途，耗时费力而往往一无所获。优秀的传播模式不但能再现事物的本来面目，有利于人们更全面地认识它，而且内蕴事物的内在机制，有利于人们更深刻地揭示它。依照这一原则，主要是推断某些模式应用研究中是否有助于发现新的关系和事实，是否有助于提出新的观点和见解，对该学科的发展是否有重要的意义，通常，优秀的模式应该是既有用又有利的。

任何事物都是不断变化、发展着的，都是变动不定的。作为人的认识反映的传播模式，也必然要随着认识对象的变化而变化，要随着人的认识的不断深入而不断完善，甚至更换。人的认识必然有一个由表及里、由浅入深的过程，不可能一步到位。因此，任何优秀的传播模式都不可避免地留有时代的印记，同时存在着某种残缺性、暂时性、模糊性和简单化等缺点。即适用于一切目的和一切分析层次的、永恒不变的传播模式是不存在的。

第三章

大众传播的社会影响

大众传播的产生和发展对人类和社会带来什么性质的影响，很久以来一直是社会科学家们争论的焦点问题，围绕这个问题，西方早期大致有两种不同的观点，一种是基于乐观主义期待的肯定态度；另一种是怀疑主义的忧虑态度，这两种态度一直延续到今天的传播学研究当中①。

早期的乐观主义观点以美国政治学家J.布莱士为代表，他在1889年出版的《美利坚民主国》一书中围绕报刊在舆论形成中的作用问题，探讨了大众传播与民主进程的关系。认为报刊推动舆论的形成，而舆论是民主政治的基础。现实的舆论是一个由分散的，具有情绪性和偏颇性的个人印象或观点，经过传播而结晶为合理的公众意见（舆论）的过程，而在这一过程中，报刊作为核心的传播媒介起着重要的作用。

20世纪初，法国学者G.塔尔德在《舆论与群集》一书中认为，报刊对社会的一个最主要贡献就是造就了现代舆论的主体——公众。他分析，报刊出现以前，社会群体的活动状态在本质上是保持肉体接触的集群，这种群体通常聚集于同一的物理空间中，容易受到模仿、暗示和感染机制的制约，具有情绪性和激动性，往往形成非理智的群体行为。报纸导致了公众的诞生，公众与集群不同，他们是纯粹的精神上的集合体，有理性、有教养、有知识，他们各自坐在家中，阅读同一份报纸，关注同一个事件，并能公正、冷静地思考。他认为，唯有作为公众意见的舆论才具有政治上的正当性和合理性，随着报刊的普及，社会由受“习惯和传统”支配的时代前进到以“流行和革新”为主流的时代。

美国社会学家C.H.库利在《社会组织》一书指出：“印刷意味着民主”，而民主只有在舆论获得某种组织性之际才能成为现实。在库利看来，舆论实质上是组织化的群体意识和公共意识，这些意识的成长与电信、报纸

① 〔日〕儿岛和人：《大众传播受容理论的展开》东京大学出版会1993年版，第8页。

和邮政直接联系，他认为，这些传播媒介的发达不仅扩大了人类的交流和沟通，而且促进了各国、各民族各阶层间共通的人性和道德的发展。

从以上几位学者观点看，在大众传播发展和普及的早期阶段，人们对他寄予了厚望。但是，历史进程并没有按照这些学者的愿望发展。进入20世纪后，在西方资本主义国家，大众传播不但没有成为一般公众参与政治的手段，反而越来越成为垄断资本和少数特权人物操作舆论的工具，因此人们对大众传播社会影响的评价逐渐有了怀疑和否定的性质。第一次世界大战大众传播成了帝国主义列强进行大规模的宣传战和心理战的新型武器；第二次世界大战德、意、日侵略势力利用大众传播煽动民族仇恨，进行全民法西斯战争动员。两次战争后，对大众传播社会影响的评价逐渐带有了怀疑和否定的性质，“二战”后媒介内容的煽情化、低俗化倾向加剧，进一步招致学者对大众传媒的批评。

我们不能幼稚地认为大众传播必然会给人类带来民主和自由，同样也不能简单地断定它必然会导致法西斯专制或独裁；既不能断言它肯定会促进人性和道德的发展，也不能断言它只能导致人性的退化或堕落。大众传播是伴随着传播科技的发展而出现的一种强有力的大型社会信息系统，这种信息系统发挥什么性质的影响，关键在于使用和管理它的人，以及它所处的社会制度和这些制度赋予它的使命。因此，脱离开具体的历史和社会条件，单纯地讨论大众传播的“善”与“恶”问题是没有意义的。

本章主要从两个方面论述大众传播的社会影响，分别是大众传播对人的影响和大众传播对外部环境的隐性影响。

第一节　大众传播对人的作用

大众传播对现代人的有用性，意味着大众传播提供的并不仅仅是服务，它还作为一种改造的力量，对现代人的意识和行为产生着重要的影响。媒介的发明和使用是人类进化发展的必然产物，媒介最初是人类为解决生存过程中的问题和困难而创造的，后来逐步成为满足人类在物质和精神生活等方面需求的一种手段和技术。因而，媒介从出现开始，就是同人类的生活紧密相关。媒介的发明离不开人，媒介的使用与进步也离不开人，媒介作用的真正发挥，同样需要人的配合。

人对于媒介的作用是不言而喻的，当媒介真正成为一种可发挥重要作用的社会力量后，反过来又对人和人类的生活产生极大的影响和作用。现代生活中，更是没有人能够逃离无所不在的媒介的影响。

一、大众传播与人的社会化

人的社会化是指人接受社会文化的过程，即指自然人成长为社会人的过程。每个人必须经过这个过程才能顺利的融入社会，进行正常的社会生活。社会化的目的不仅是使人学习和接受社会文化、适应社会，而且使人能继承和发展文化遗产、维持代际关系，在适应社会的基础上改造社会，把社会不断推向前进。

一个人的社会化受到许多因素的影响，如家庭、学校等，其中大众媒体对人的社会化意义重大，不可或缺。在现代社会，大众传媒已经成为社会成员获取信息和社会生存资源的重要途径，大众媒体传播社会的目标、信仰、价值、行为规范等，并监督着这些规范的实行。

在传播学研究中，很多学者一直以来都很重视大众传播在人的社会化过程的作用。拉斯韦尔在大众传播的“三功能说”中提出，大众传播具有社会遗产传承的功能，他认为，人类社会的发展是建立在继承和创新的基础之上的，只有将前人的经验、智慧、知识加以记录、积累、保存并传给后代，后人才能在前人的基础上做进一步的完善、发展和创造。赖特的四功能说第三点认为传播具有社会化功能——大众传播在传播知识、价值以及行为规范方面具有重要的作用，也称之为大众传播的教育功能，与拉斯韦尔的“社会遗产传承”功能相对应。

大众传播在人们社会化方面的影响日益重要，这种影响表现出以下几个特点：

首先，大众传播的特点决定着它在个人社会化过程中具有特殊优势和作用。大众传媒形式多样，传递迅速、纷繁复杂、具体形象、信息量大、覆盖面广、导向性强，几乎渗透到世界的每个角落，把各种各样的价值观念、生活方式、文化类型展现在人们面前。这些都是其他社会化载体所不具备的。因此，大众传播对社会化的影响就表现出形式上的多样性、内容上的丰富性，受众的广泛性和影响的巨大性，对人们的价值观念具有导向作用，对人们的行为活动具有暗示作用。

其次，大众媒体对社会化影响具有长期性和潜在性。现代意义的社会化是一种终身社会化，即在人从出生到终老的任何阶段，都伴随着社会化的进程，社会化是人一生的任务和活动。在社会化的各种载体中，只有大众媒体在人的社会化过程中是贯穿始终的。另外，大众传播的这种关于观念、价值观、道德等的影响是潜移默化的，是一步步渗透到人的成长中的。并且在这种影响中受众、传媒和社会相互作用，彼此独立而又统一、相互制约和促进着对方的发展。

正因为大众传播在人的社会化过程中起重要作用，我们才更应该关注和规避大众媒体的负面影响，如媒介日益商业化、庸俗化、娱乐化倾向对人也产生了消极作用和影响。大众媒体是把双刃剑，在虑到个体具有主体能动性的基础上，我们应该加强媒体的社会责任感，同时加强受众的媒介素养教育，充分发挥大众媒体的积极作用促进个体的成功社会化。

二、新媒介催生了新阶级

新媒介的出现不仅改变了大众传播媒介的面貌，而且改变了社会群体的成分，信息社会的“文化人”在新媒介的催生下出现，他们具有传统媒体时代影响下的文化人阶层不同的特点。

信息社会中的“文化人”不仅是拥有很多知识的群体，更重要的是他们具备高度的创新能力、熟练驾驭现代化信息处理手段的能力，全方位收集最新信息的能力等。他们不再把媒体只作为接收信息的被动的工具，而是能够主动掌握数字化信息传播、加工手段，作为生产者的身份使用媒介，并对媒介进行现代化的改造，这种能力在未来将尤为重要。未来，无论是传统的生产活动还是现代的生产活动，都将最大限度实现数字化，信息的运用和处理比传统的生产力更为重要，这就是“信息力”。

借助于现代化媒介，信息社会的“知识阶级”应该清醒地认识到自己是互联网上的一个“节点”，他们的生产活动是全球生产程序中的一个环节，离开了网络和全球化，自己的生产和经销过程将举步维艰。这就要求人们对生产过程和产品要有所创新，对市场前景、产品定位等因素要在掌握各种信息的基础上有预见性强的决策，才不至于在日益变化的市场经济条件下失去竞争的主动权。

同样引人瞩目的是，美国北卡罗来纳大学的马克·普伦斯基把21世纪人类社会中高度依赖数字媒体生存的人群，称为“信息原住民”。这群人完全在数字化媒体环境中形成，这导致了社会成员的重新分层，他们的主要成分是年龄在14—35岁之间的人，这些在数字化环境中成长起来的一代人，由于信息获取的渠道、所获取信息的内容、信息处理的手段及信息使用方式不同于此前在传统媒介环境中长大的几代人，从而造成了生活方式、消费方式、价值观念和生活理想等许多方面的不同。类似于“代沟”的“数字鸿沟”机制在其中发挥着重要作用。

当然，面对强大的媒介，作为社会主体的个人也并非只能被动地受其影响，无论媒介工具的作用威力多么巨大，工具的掌握和改造归根结底是由人来完成的。随着媒介的进化和发展，我们更需要提高全社会的文化素质和科学水平，从而更加科学、冷静地处理媒介带来的各种问题，真正做到媒介为我所用。

第二节　大众传播与社会环境的关系

一、大众传播、信息环境与人的行为

现代社会，大众传播对人的行为和社会实践都有重要影响，那么它的影响力来自何处？回答这个问题，我们必须考察大传对人的行为的特殊作用机

制，而要考察这种机制，首先从人的行为与环境的关系谈起。

1. 媒介环境的生成

人的行为是在特定的自然环境和社会环境中进行的，人为了求得自身的生存和发展，必须及时了解环境的动向和变化，认识和把握环境以协调自己的行为，不断与变化的环境保持和谐和平衡的关系。因此，人与环境的关系包含着四个基本要素：一是客观环境本身；二是人对环境的认知；三是人的行为；四是人的行为对客观环境的反馈或影响。在这里，人的行为决策是建立在环境认知的基础上的。

但是，对于不同时代、不同社会发展阶段的人类来说，环境的规模不同，环境认知的方式也不同。在传统社会中，由于受社会生产力水平和落后的传播媒介的制约，人们的交往范围和规模十分有限，环境的范围并不很大，也并不那么复杂。人直接面对客观世界，对客观世界的认知以通过面对面的人际传播获取的“第一手的直接信息”为基础，人与自然、与社会环境的互动关系简约而单一。例如，在一个村落社会里，人们相互认识，对村里的事务也都保持着亲身经验的接触。在这个阶段，人们对环境的认识和把握（环境认知）还是建立在“第一手信息”的基础之上的。我们可以用下图来表示这个阶段的人与环境的互动关系。

客观环境→环境认知→人的行为
↑______________________|

图3-1 传统社会中人与环境的互动关系

但是，近代以来的工业革命以及19世纪的“交往革命”的发生，迅速地改变了这个互动关系模式。大工业生产和全球贸易的发展，使整个世界变为一个巨大的市场，各种交往手段的发展无限地扩大了人们的活动空间。早在1855年，马克思就描述了这个巨大的变化：“电报已经把整个欧洲变成了一个证券交易所；铁路和轮船已经把交通和交换扩大了一百倍。”随着大工业和交往手段的发达，人类的环境不但越来越巨大化，而且越来越复杂。到了这个阶段，人对环境的认知活动发生了根本性的变化。如果说在传统社会里人们还能够凭借“第一手信息”来认识环境，那么现代社会的巨大而复杂的环境已经远远超出了人们的感性经验的范围，我们必须通过一种新的大型媒介系统才能去把握它，这种新的大型媒介系统，就是伴随着人类交往革命所诞生的大众传播。

大众传播是以传达信息，提示外部环境变化为基本职能的社会信息系统，任何大众传播媒介不可能将所有的信息都纳入自己的传播范围，对客观世界作“全息”式地反映。而是有选择地进行传播，有选择必然倾向，即使面对选择来的事实，传播者也不可能是纯机械式的反映，不可能是镜子式的再现，而是或多或少、或强或弱、或明或暗地渗透着自己的主观倾向。因此，大众传播媒介所呈现的环境并不等同于客观的现实环境，而是充满了主观色彩的“媒介环境”，或称之为“虚拟环境”“拟态环境”“信息环境”。与此同时，客观世界十分广阔，世界上发生的事情，人们无法逐一了解、感知或亲身体验，必须借助大众传播媒介作为认知外部世界的重要通道。

这样，在大众传播时代，人类与客观环境之间不再是直接的认知关系，而是插入了大众传播媒介这样一个“中介物”，单凭自然感知获取“第一手直接信息”来认知世界、协调环境已不可能，而不得不更多地依赖大众传播媒介所呈现的“媒介环境”来认识和把握外部环境的变动。人类与环境的互动关系发生了前所未有的根本性变化。这样，在大众传播时代，人与环境的互动关系实际上就发生了如下图所示的重大变化：

客观环境→信息环境→环境认知→人的行为

图3-2 大众传播时代人与环境的互动关系

这个变化是意味深长的，它给人的环境认知和环境协调活动带来了前所未有的新课题。

2. 大众传播与现代信息环境

由上图可以看出，在现代社会，人与环境的互动过程中增加了一个重要环节，这就是信息环境，那么什么是信息环境？所谓信息环境，指的是一个社会中由个人或群体接触可能的信息及其传播活动的总体构成的环境。

信息环境具有以下特点：它不能简单地等同客观环境本身，而是环境的再现；它主要是通过非人际关系向社会提示的环境；大部分讯息传达的不仅仅是消息或知识，而且包含一定观念和价值，它们不仅仅是告知性的，而且是指示性的，因而对人的行为有制约作用；当某类信息的传播达到一定规模时便形成该时期和该社会信息环境的特色和潮流。因此，信息环境具有社会控制的功能，是制约人的行为的重要因素。

严格地说，信息环境在传统社会也是存在的，不过在这个阶段，由于社会交往空间狭小，信息环境与客观环境还处于重合状态，人们感受信息环境也就是感受客观环境本身，但是在交往无限扩大的现代社会，由于媒介系统的发达，信息环境与客观环境发生分离，具有独立性，在人与环境互动中有了特殊意义。

在现代社会中，大众传播是信息环境的主要营造者，大众传播在形成信息环境方面的优势主要体现在两个方面：第一，大众传播通过信息的大量生产、复制和大面积传播，能够在短时间内将同类信息传遍整个社会，造成普遍的信息声势；第二，这种优势，还与它所传达的信息特性有关系，大众传播的信息具有公开性、权威性、显著性等，它可以在社会上广泛流通，它可以通过各种表现手法突出某些信息，使其成为社会瞩目的焦点，并能得到人们的信赖。这些特点使得大众传播在信息环境的形成过程中，拥有其他类型的传播不可比拟的强大力量。

3. 李普曼“拟态环境”理论

关于大众传播与信息环境的思考并不是今天才开始的。最早对“媒介环境”问题进行深入思考和研究的是美国著名政治学家沃尔特•李普曼（Walter Lippmann）。与拉斯韦尔一样，李普曼对宣传和舆论感兴趣。早期他受到马克思的影响，成为一个社会主义者，他为《华盛顿邮报》写了专栏文章，是20世纪美国最有才华、最有影响的政治记者。

1920年代初，李普曼与同事一同研究了自1917年俄国十月革命以来美国《纽约时报》等报刊有关苏维埃的报道。在当时的美国，这些报道被认为是国际事务方面最权威、最可信的文章。但是，李普曼等人的研究结果却显示："有关俄国的情况不是实际所发生的新闻，而是人们期望看到的新闻。"也就是说，《纽约时报》等美国主流媒体对苏维埃的报道，并不是苏维埃当时状况的真实写照，而是有选择、有偏见甚至是道听途说的歪曲性报道。基于这一研究，李普曼于1922年撰写出版了后来被誉为舆论学开山之作的《舆论》一书，提出了著名的"拟态环境"理论。

李普曼以"外在世界和我们头脑中的图像"一章作为其1922年的著作《舆论》一书的开头。他描述了1914年的北海中的一个岛屿，岛上居住着英国人、法国人和德国人。一艘邮船每两个月来一次，它是与广袤世界的唯一联系。1914年9月，岛上的居民"得知他们的英国人与他们的法国人为了神圣的同盟与他们的德国人开战已经六个星期了。在这不可思议的六个星期中，他们相处得还像是朋友似的，而实际上他们已经是敌人了"。"头脑中的图像"——它在这六个星期中指导他们的行为——与"外在世界"不相符合。一旦岛上的居民阅读了由邮船送来的报纸，报纸中所提示的外在世界的情况就影响了他们头脑中的图像。这里，我们看到关于大众媒体所起效果的一个引人注目的例子。

按照李普曼的观点，人类生活在两个环境里：一个是"身外世界"的现实环境；另一个是"脑海图景"中的虚拟环境。现实环境是独立于人的意识之外，不以人的主观意志为转移的客观世界；虚拟环境则是渗透了人的意识，被人所体验过的主观世界。

李普曼认为，我们的"身外世界"，即现实环境越来越广阔、复杂而又稍纵即逝，人们已很难直接地去亲身体验它、理解它，诸如关税、贸易、财政预算、战争与和平等众多人们必须面对的问题，都远远超出人们直接接触、亲身感受的范围。现实环境已成为“不可触、不可见、不可思议的”环境。

然而人们毕竟得面对这个世界，毕竟得与它保持联系，因为人们就生活在其中。那么就需要构建一个可供感受、适合体验的间接环境，这就是所谓的“脑海图景”。“脑海图景”是一个经过简化的拟态环境，其作用在于把臆想的秩序及联系加诸庞杂混乱、无所适从的身外世界，变无序为有序，从而为自身提供一个“可触可见可思议”的环境。即人通过各种大众传媒去了解现实。

这样，人类行动所依据的不再是客观环境及其变化，而是大众传播媒介所“再现”的“媒介环境”。要得到关于现实环境的真实图景是枉费心机，人们只是生活在“脑海图景”中，而这个“脑海图景”是由大众传播媒介为我们创造出来的“虚拟环境”，是被大众传播媒介解释过的环境，而并非现实环境本身。也就是说，在人类与现实世界之间插入了一个由传播媒介创造的虚拟的“媒介环境”。

二、现代社会的“信息环境环境化”

李普曼提出了现代人“与客观信息的隔绝”的问题。他认为，现代社会越来越巨大化和复杂化，人们由于实际活动范围、精力和注意力有限，不可能对与他们有关的整个外部环境和众多的事物都保持经验性接触，在超出自己亲身感知以外的事物，人们只能通过各种“新闻供给机构”去了解。这样，人的行为已经不再是对客观环境及其变化的反应，而成了对新闻机构提示的某种“拟态环境”的反应。

正如李普曼所言，人们对世界的了解，大部分并非来自直接的经验，然而，这个外在世界的真实图景对我们绝大多数的人来说是摸不着，看不见和难以想象的，虽然我们头脑中的世界是被媒体选择和解释过的世界，但是“我们主要通过媒介来了解外在的客观世界，从而在我们的头脑中形成一个关于外在世界的想象图景”。“在我们观察世界之前，已经有人告诉我们是什么样的了，对于大多数事物，我们是事先想象他们，然后经历他们。”“不管我们是否相信那就是真实的图像，我们似乎都已经习惯于将它当作真实本身”，并由此决定我们要做的事以及我们的努力、感情和希望。

因此，我们凭借的只是一些虚构的现实，并且通常也协助创造这些虚构的真实。在许多情况下，“拟态环境”把人们与真实隔开，因此我们了解到的并非环境本身，而是虚构的假环境。如果我们对拟态环境做出行动反应，则这些反应又成为真实环境的一部分。“人有什么样的世界观取决于假环境的刺激”，而这些世界观将导致他们会有什么样的行动决策。形形色色的宣传即在试图改变我们脑海中的图像。人们脑中的图像又经常误导人们对世界应该有的正确做法。

所谓“拟态环境”也就是我们所说的信息环境，它并不是现实环境的“镜子”式的再现，而是传播媒介通过对象征性事件或信息进行选择和加工、重新加以结构化以后向人们提示的环境。然而，由于这种加工、选择和结构化活动是在一般人看不见的地方（媒介内部）进行的，所以人们通常意识不到这一点，而往往把“拟态环境”作为客观环境本身来看待。李普曼指出：“我们必须特别注意到一个共同的因素，这就是在人与他的环境之间插入了一个拟态环境，他的行为是对拟态环境的反应。但是，正因为这种反映是实际的行为，所以它的结果并不作用于刺激引发了行为的拟态环境，而是作用于行为实际发生的现实环境。”

李普曼的这段话提出了一个重要的观点：大众传播形成的拟态环境，不仅制约人的认知和行为，而且通过制约人的认识和行为来对客观的现实环境产生影响。这样一种机制，使得现代环境不仅越来越信息化，而且信息环境也越来越环境化。也就是说，大众传播提示的信息环境，越来越有了演化为现实环境的趋势。媒介不仅影响着人们头脑中的世界，而且人们所处的环境也已名副其实地变为“媒介化的世界”了。

大众传播媒介在“现实环境”和“媒介环境”之间充当“中介”角色，反映了传播媒介对社会发生功用的内在机制。媒介的基本社会功能就是监视环境，即持续不断地、及时地注视环境的变化，向社会公众报道新闻、提供信息。从某种意义上说，大众媒介履行监视环境功能的基本途径就是为受众塑造“媒介环境”。正如美国传播学者德弗勒所指出的：“传播媒介能产生强大的效果，是因为它发出的信息建构了一个社会现实，向人们提供了一种世界观；人们根据媒介提供的‘参考架构’来阐释社会现象与现实。”

然而，可悲或危险的是，在媒介化的社会里，人类已习惯于在“媒介环境”中生活，甚至已习惯于把“媒介环境”视为“现实环境”。这种对媒介的依赖性往往导致人类认知的偏差，甚至造成悲剧性的后果。由于媒介选择和报道事实的倾向性，导致“媒介环境”与“现实环境”之间存在距离，或“媒介环境”有意无意地成了“歪曲环境”，人们以此作为“现实环境”而采取实际行动，悲剧就在所难免。例如，“二战”时期，德国纳粹利用大众传播媒介大肆鼓动，宣扬侵略战争的“正义性”，让数以万计的热血民众心甘情愿地充当了战争的牺牲品。因此，大众传播媒介“再现”客观世界的“媒介环境”，应视为大众传媒的一种“隐性”的负面功能，其社会负面影响不容忽视。

日本传播学者藤竹晓在李普曼观点基础上，明确提出“拟态环境”的环境化问题①，他指出，许许多多的“拟态事件”，包括语言、观念、价值、生活或行为方式，等等，最初并不见得有代表性或普遍性，但一旦进入了大众传播渠道，很快就会演化为社会流行现象，变成随处可见的社会现实。大众传播虽然提示的是“拟态环境”，与现实环境之间有很大的距离，但由于人们是根据媒介提供的信息来认识环境和采取行动适应环境的，这些行动作用于现实环境，便使得现实环境越来越带有了“拟态环境”的特点，以至于人们已经很难在两者之间做出明确的区分。

总之，大众传播媒介具有塑造“媒介环境”的功能，这一功能体现了大众传播发挥社会影响力的内在机制，深刻地改变了人类与自然互动方式。在传统社会，人际传播是主体，人类对环境的认知建立在以亲身感知获取的“第一手信息资料”的基础上，人与环境的交往表现为“直接互动”。进入

① 〔日〕藤竹晓：《现代大众传播理论》，日本，放送出版社1968年版，第5-15页。

大众传播时代，大众传播媒介在延伸了人的感知功能的同时，也“间接化”了人与环境的交往。由于大众传播媒介的“插入”，人与环境的关系演变为“间接互动”。借助大众传媒，人类极大地拓展了自己的视野，但也不得不极大地依赖大众传媒作为认知客观世界的“中介”。从这个意义上说，在大众传播时代，人类的视野是一种“虚拟”的视野，人类所认知的环境是一种“拟态”的环境；加之“拟态环境的环境化”趋势，人类往往因此付出沉重的代价。

三、拟态环境与刻板印象形成的内在机制

我们头脑中的图像往往与实际现实不相吻合，因为我们需要像“刻板模式”那样的简单的规范，以便为闹哄哄的、模糊不清的混乱世界提供解释。

“刻板模式”(stereotype) 指的是人们对另一群体成员所持有的简单化看法，一种与其所代表的真实情况不相符或不完全相符的固定印象，它通常伴随着对另一群体的价值评价和好恶感情。例如，宠坏了的大学生、有天赋的黑人运动员、暴力城管和成功的亚洲商人。美国的一项研究表明，在美国人眼中，德国人“有科学头脑”、犹太人“精明”，黑人“迷信”“懒惰”。这就是美国人对另一（国家）群体成员的“刻板印象”。“刻板印象”一旦形成，即在人们头脑中产生了某种认知模式和固定看法，就具有一定的稳定性，很难随现实的变化而变化。

在“媒介化”的社会中，大众传播媒介是人们间接形成“刻板印象”的最重要的途径。人们通过接受媒介内容中对各种社会群体的描述，形成对各社会群体简单、固定、概括的看法，即“刻板印象”。媒介形成“刻板印象”，其根源在于媒介具有塑造“媒介环境”和“意义构成”的功能，在于人们认知过程的“拟态环境的环境化”趋向。

媒介中的“刻板印象”，其突出的社会负面影响往往集中表现在民族、性别、宗教、年龄等方面。它既是各种社会偏见和社会歧视（如性别歧视、老年人歧视、种族歧视、宗教歧视、残疾人歧视、同性恋歧视等）的传播渠道，也是这些社会偏见和社会歧视得以形成的重要途径。这使得媒介中的

“刻板印象”成为一个广泛涉及伦理、道德、人权、政治等领域的问题，成为传播学、社会学、政治学等学科十分关注的重点课题，产生了一系列有影响的研究成果。

在性别方面，媒介中男性出现的概率远大于女性，且女性多是柔弱、迷人、性感、情绪化的依赖男人的角色，而男性则多是具有坚强、勇敢、智慧、理性等特征的重要的社会角色。大多数国家的印刷和电子媒体的主要问题是：没有以平衡的方式描绘妇女在当今世界中的不同的生活和对社会的贡献；传播传统的女性定性角色；制作暴力和有辱人格的色情产品；将妇女身体商业化等。这些问题的实质是从男权中心文化的立场来塑造女性形象，是一种性别歧视，因此，促进媒体传播非刻板印象的性别角色，就成为国际社会促进性别平等的战略目标之一。

在种族（国家）方面，媒介对“刻板印象”的形成作用非常显著。早在20世纪二三十年代，著名的美国佩恩研究就着重分析了电影对年轻人的社会态度的影响。一项实验研究结果表明，被试者在观看肯定中国人的影片《神之子》之后，持亲华态度的百分比显著提高了；在观看一部否定黑人的影片《国家的诞生》后，被试者对黑人持肯定态度的比例显著降低。20世纪70年代一项针对英国、联邦德国、匈牙利和加拿大青少年电视观众心目中的外国人形象的调查显示，青少年对外国人的印象主要来自电视，而且充满了“刻板印象”。例如，加拿大青少年认为美国气候温暖，生活充满了乐趣；苏联爱好战争；德国人是纳粹；非洲人住在茅棚里；墨西哥人很懒惰；中国人口众多并且爱好打仗等。研究者指出，这些观点非常片面，而且早已过时。

在年龄方面，媒介中老年人的负面形象远远多于正面形象。美国传播学者格伯纳等曾就电视剧中人物的年龄差异进行统计研究，结果发现，在1969—1978年黄金时段电视剧9000多个人物中，年龄为25—45岁的中青年所占的比例远高于实际比例；而65岁以上的老年人的比例只有3.7%。并且，老年人通常表现为口出恶言、坏脾气、丑陋、无助、顽固、愚蠢，性格古怪、不受尊敬。同时，研究还发现，越是长时间接触电视的人，越是倾向于对老年人持否定的评价。

总体而言，大众传媒是形成、传播刻板印象的重要途径和渠道，媒介与社会刻板印象有着密切的联系。

四、学会媒介化生存

我们在认识到媒介的负面影响，批判媒介的同时，也应该看到媒介具有带给人类自由与文明的潜能，技术具有推动社会发展的进步力量。更重要的是，人类具有不断前行的力量和动力，所以在保持批判意识的同时，更要有建构的信心，要拥有悲观的智力，乐观的意志。

提高媒介素养是学会解读大众传播的必由之路，媒介素养即获取、分析、评价与传播各种形式的信息的能力：

分析能力：判断媒介信息是否符合事实及信息中的因果是否合乎逻辑，辨别媒介的意图和观点，认识信息产生的政治、经济和历史语境及媒介发展与社会进程之间的互动关系。

评价能力：对信息进行一种价值观上的分析与判断，所提供的信息在何种立场，代表哪一种倾向，维护哪个阶层的利益，隐含怎样的世界观。

传播能力：这是媒介素养中更高的要求，指的是向受众发布信息、言论和发表作品，与他人交流沟通的能力。

关于媒介素养，有个比方：媒介传播效果对人的影响就像天气对人的影响一样，无处不在，人们虽然很难精确预测、控制天气形势，但个人能有效控制气候对自身的影响，如携带雨具，躲在室内回避等。在媒介化世界里，媒介的影响摆脱不了，但具有媒介素养的人能对产生媒介影响的各种因素进行分析，从而提高抵御媒介不良影响和正确使用媒介的能力，有了这种能力便有了控制媒介影响的能力，才能来躲避风雨，拥抱阳光。

第四章

传播的控制分析

如前所述，拉斯韦尔在《传播在社会中的结构与功能》中提出的传播过程的5W模式，奠定了传播学研究的五大领域——控制研究、内容研究、媒介研究、受众研究和效果研究，这五种研究已经构成了传播学这门学科的核心框架，现代传播学研究基本都是围绕着这五大领域进行的。从本章开始，我们主要从这五大块来考察传播现象及基本问题。

传播者处于信息传播链条的第一个环节，是传播活动的发起人，也是传播内容的发出者。因此，传播者不仅决定着传播活动的存在和发展，而且决定着信息内容的质量和数量、流量和流向，还决定对人类社会的作用和影响。传播者控制传播的内容，但他们又受到所在的社会基本制度对他们的控制，所以在传播学研究中，把对传播者的研究称为控制研究，控制研究包括两个方面——考察外部制度对传媒机构及活动的控制；考察传媒机构内部制度对信息生产和传播的制约。控制研究专门考察传播者的活动特征，解释传播者与所处的环境之间的相互关系，分析传播者的施控与受控等。

我们从小中大三个层面分析传播者：个人层面上的个体传播者；组织层面上的大众传播媒介；社会层面上的大众传播制度。

第一节　作为个人的传播者

一、传播者的类型和特色

传播的定义的界定，决定了凡是能够发出信息和接收信息的人都是传播者。从这个意义上说，每个人都是传播者，但是同样是传播者，却有职业的和非职业的之分。普通角色不专司传播，不以传播谋生，无须进行专门训练，其实施传播活动不受约束和管制。职业角色则专司传播，以传播谋生，接受专门的训练，传播活动受行业约束。在今天，可以有资格称为“职业传播者”

的职业群体多种多样，其组织形式也很多。记者、编辑、导播、播音、演员、节目主持人、作家、撰稿人、教师、学者，等等，都是职业传播者。

在各种职业传播者中，大众传播者是最重要的，这是由大众传播的对象、范围、性质等因素决定的。其中，从事新闻传播的记者往往比其他传播者更引人瞩目，给公众的印象较好，其职业受人羡慕的程度也比较高。本节主要是以大众传播者作为论述对象，以下出现的传播者，均指大众传播者。

任何职业的从业人员都具有自己的特征，这是由他们所从事的职业决定的，大众传播这种专门从事信息生产、制作和传播的特殊职业，决定了它的从业人员及传播者具有如下特征：

1. 代表性

日常生活中的记者，只是普通大众中的一员。但是，他一旦从事职业传播，便具有一定的代表性，即代表一定的传播部门、传播组织、政党和阶级进行新闻传播活动。如新华社和人民日报的记者发表的评论文章就代表了党和政府的声音和主张。

2. 自主性

虽然代表性的特点意味着传播者的言行有一定的受控性和约束性，但他们仍有很大的自由驰骋的天地，有较大的传播权利和传播自主性。传播者是活生生的人，他不是机械地发布信息的机器，而是具有能动性和自主性的主体，传播者这一角色带有很强的主观能动色彩。制作什么样的信息，选择什么样的信息传递给受众，以及以何种方式处理信息等，都取决于传播者。面对同一新闻事实，记者可以自主地采用他认为适当的形式和手段来写作和传播；即使是已经定稿的文字新闻，播音员和导播在播报和处理时，在语调、语气、语速、音量、表情和先后次序等方面仍有一定的自主性。

3. 专业性

大众传播者通常具有较高的受教育程度，大都经过新闻传播教育的特殊训练，拥有一定的知识和技能，方有从事新闻工作的资格。以播音员为例，播音员必须接受专业的播音训练并达到一定的水准才能从事播音工作。主持人、摄影记者、摄像以及其他专业性较强的传播者也是如此。时代的发展对传播者提出了更高的职业要求，特别是大量的高科技手段被运用到传播领域后，对传播者的要求更高。另外，传播者的这个特点也指专门从事新闻工作并以此谋生的职业特点，同时还指新闻传播者拥有同医生、律师、工程师等专业人员同等的社会地位。

4. 政治倾向性

任何传播都是从属于一定阶级的，当然也是为自己所属的阶级利益服务的，因此传播者不可避免地具有自己的政治倾向性。在大众传播实践中，传播者是自己所属阶级的传播理论的执行者，在这个过程中，或鲜明或隐蔽地表现出自己的政治倾向性，从而起到为自己所属阶级利益服务的作用。

5. 影响力大

大众传播的对象多、传播范围广，这决定了大众传播的从业人员即传播者具有较大的影响力。著名的记者、主持人等传播者能引起人们的普遍关注，他们的言论能对成千上万的大众产生种种影响。

二、传播者的权利与义务

任何职业的从业人员都享有一定的权利，并承担一定的义务。传播者也是如此。传播者的权利是由他们担任的职责决定的，但是任何权利都不是无条件的，而是必须承担一定的义务，只有这样才能保证享有权利的正确行使。可见，权利是履行职责的保证，承担一定义务又是享有一定权利的先决条件。大众传播者的权利有：

1. 采访权

采访是指为采集新闻而进行的调查或访问活动，而采访权则是指记者可以通过一切正当的手段自由地采访新闻的权利。这一权利意味着记者有权采访一切人，有权采访一切事，有权出入各种场合，有权运用各种采访技术和采访手段。但不能为了达到目的不择手段，如偷拍和隐性采访的滥用会侵犯公民的隐私权，进而会危害国家的安全，损害公民利益。

2. 报道权

报道既是采访新闻和搜集信息的继续和延伸，也是真正传播活动的实施与展开。报道权是指记者有报道公众所关心的消息情报的权利。但值得注意的是跟采访权一样，记者要慎重对待自己拥有的这种权利，不能以损害别人的自由与权利为前提来行使自己的权利。

3. 批评权

这一权利意味着记者拥有对报道对象的言行进行议论和批评的权利。适度的善意的批评有助于铲除社会弊端，打击贪官污吏，纠正错误行为，消解社会怨恨，缓和社会矛盾。但是，我们认为，让敌对的媒介和好斗的记者完全处于免于制衡的地位，任意批评，这既不公平，也十分危险。

4. 专业保密权

又叫新闻来源守密权，是指记者和新闻媒介有对新闻提供者的情况（姓名、单位、职务、住宅以及提供的文件、资料）实行保密的权利。专业保密既是一种权利，又是一种义务。保密的目的在于保护新闻人员和新闻自由，使他们便于接触提供情报的人士而又不辜负公众的信赖；同时，有助于新闻媒介不断得到可靠的真实的和丰富充足的消息情报，从而可以更好地发挥批评、监督的作用。

5. 安全保护权

在世界范围内，新闻记者被认为是仅次于工兵、警察之后的最危险职业。自1977年以来，全世界每年有100多名记者死于战火或被谋杀。国际传播问题研究委员会的文件规定：各国都要把新闻工作者视为平民百姓，并加以特殊保护。随军战地记者则被给予特殊身份，但当他们落入敌手时，则被认为是战俘。在非国际性武装冲突范围内，对所有非战斗人员包括记者，都将给予保护，并保证记者有进行本职工作的最好条件。虽然有个别记者利用安全保护权从事危害国家安全的活动，也有人认为特殊保护会削弱新闻报道的独立性，但人们还是普遍认为：维护新闻传播者的安全保护权，是十分重要的。在安全不能得到保证的情况下，传播者显然不可能行使上述权利，当然也就不可能履行其职责。

在不同国家，社会责任的内涵也不一样，纵观中西方国家不同的社会制度对大众传播从业者社会责任的要求，大致有以下几方面内容：

（1）契约性责任。这是新闻传播者对自己服务的新闻媒介以及在内部组织中所应承担的类似于合同性质的一系列责任。在新闻传播中的责任主要有：采集信息、鉴别信息、选择信息、加工信息、传播信息、搜集反馈等。大众传播者的首要使命，就是告诉公众正在发生的事情的真相，传播者就是要使社会的信息传播保持畅通，使社会信息公开，透明。

（2）社会性责任。新闻传播者不仅要对新闻媒介的崇高威望和自己的崇高称号负责，而且要对信息公开传播后在社会上所产生的结果负责。因为他们发出的信息并不是个人观点的表达，而是代表所在媒体的利益，是政府和执政党意见的反映。因此，传播者要对自己所发出去的信息在社会上产生的影响的结果负责。提倡什么、反对什么都必须符合社会的道德规范，只有这样才能坚持正确的舆论导向，引导积极的社会风气。新闻传播媒介是社会“公器”，首先应“切忌损伤”，即不应对公众或社会产生危害。同时，记者应尊重不同地区、不同民族的文化传统、风俗习惯和道德准则。

（3）法规性责任。新闻传播者的专业性权利是同他们必须承担相应的法律责任、争取达到宪法规范、履行维护国家和人民利益等义务紧密地联系在一起的。世界上没有完全不受约束和规范的传播自由。法律在保护新闻传播者权利的同时，也规定了他们应尽的责任和义务。例如，几乎所有国家的法律都规定记者不得从事危害国家安全、污蔑社会制度、煽动民族仇恨、鼓动社会动乱的传播活动；不得泄露国家的政治、经济、外交、军事机密；不得向外国人提供情报资料；不得公布假的或未经证实的消息情报；不得公布未经正式许可的关于法庭秘密开庭情况的消息；不得攻击、歧视、侮辱正当的宗教活动及信教人员，等等。为了防范信息污染和道德败坏的现象，法律禁止制作和散布淫秽作品，禁止传播教唆犯罪的材料，反对传播为达到广告目的的新闻。为了保障公民的个人权利，法律禁止侵犯个人的隐私，禁止用不体面的方式粗暴地贬低个人的名誉和尊严，也不允许通过造谣中伤来破坏个人在社会上的威信，以及无中生有的对公民的行为加以公开指责。

（4）国际性责任。今天的大众传播实际上成为越过国界的跨国传播，这就要求新闻传播者必须承担一系列国际性责任。在1938年和1947年，国际联盟曾针对广播宣传通过一些决议和公约。决议和公约指出，广播不应损害国际和睦，而应促进各国人民之间的相互了解；不得对对象国作失实和歪曲性的报道；不允许怂恿对象国居民采取与该国秩序相抵触的行动。同时，谴责传播那种能够制造或强化对和平的威胁和危害的消息，谴责某些以侵犯别国主权、干涉别国内政为目的的宣传。在1967年和1972年，联合国又分别通过了关于卫星电视直播问题的公约和决议。其主要原则是：电视直播应该建立在尊重国家主权、不干涉别国内政、平等相处、合作和互利的基础之上；不允许进行战争宣传和种族不平等宣传；不允许播出唆使性节目、道德败坏和暴力的节目；电视应该是巩固和平与促进各国人民友好相处的舞台，而不应变成国际冲突和民族纠纷的根源。在1978年的联合国关于大众媒介的基本原则宣言中，在1984年和1987年的不结盟国家的致大众媒介的两封呼吁书中，除了对上述国际性责任再次强调之外，还提出传媒有对促进人权与反对种族主义、种族隔离和鼓动战争方面做出贡献的责任，有促进自由与均衡的信息流通、反对信息侵略和为建立国际信息和交流新秩序而斗争的责任。虽然这些国际性责任不一定会在媒介强国的传播者中受到认真对待和切实履行，但遵守国际法准则和履行大众传播中的国际性责任，毕竟是个不可阻挡的趋势。

第二节　作为社会组织的大众传媒

作为社会组织的传播者就是指媒介组织，媒介组织是传播者的组织，是组织化了的传播者个人。大众传媒作为专业的媒介组织，其效率远远高于一般个人或非正式组织。大众媒介的信息更加可靠，真实。大众传媒在其长期发展中形成了一整套行业规范和职业道德，并在此基础上形成了一套吸引和联系受众的有效机制。作为社会组织的大众传媒在传播过程中控制着讯息的流通，在传播过程中负责搜集、整理、选择、加工、处理和传播信息，因此，被称为信息的“把关人”。

一、把关人理论

大众传媒是现代社会主要信息提供者，但它提供哪些信息？它们是怎么提供信息的？对这个问题的回答涉及传播学的“把关人”理论。

1. 卢因的把关概念

“把关人”理论是由美国社会心理学家、传播学四大先驱之一的卢因率先提出的。他在1947年《群体生活的渠道》一文中，首先提出“把关”（gatekeeping）一词。

“二战”期间，美国为节省战争开支，开展号召人们食用牛下水的宣传活动，卢因对这场宣传活动过程进行研究发现：除非家庭主妇接受宣传活动，把牛下水买回家，并做成菜肴摆在餐桌，否则他们的丈夫和孩子很难有机会接触并接受这种不习惯的食品，在这个过程中，家庭主妇实际上起“把关人”的作用。从而，卢因认为在群体传播中存在一些“把关人”，只有符合“把关人”价值标准的信息才会进入传播渠道。

自从“把关”的概念提出后，许多传播研究者受其启发，也得出了颇具启发性的理论。

2. 怀特的把关研究

卢因的学生怀特在《守门人：新闻选择的事例研究》(1950年)一文中，对一家报纸的电讯编辑的工作进行研究时，验证和扩充了卢因的理论，揭开了“把关人”研究的序幕。怀特对该报电讯编辑接收到的通讯社(美联社、合众社、国际社)一周内的稿件选用情况的研究表明：（1）只有10%的电讯稿被选用；（2）电讯稿在内容上比例失衡，国际性政治新闻、全国性政治新闻和人情味、趣味性新闻占总用量的2/3；（3）收进电讯稿比率和实际采用的比率大致接近。

那么，电讯稿中有90%被舍弃、淘汰，其原因又是什么呢？怀特询问值班编辑得知有两大理由：（1）不值得登(占被舍弃稿的40%)；（2）已选登其他稿件(占被舍弃稿的60%)。在“不值得登”的具体理由中，有许多为主观理由，即编辑个人认为不该登就不登，选择新闻的标准很大程度上是个人的喜好和情绪。

1950年，传播学者怀特将社会学中的这个概念引入新闻传播，发现在大众传播的新闻报道中，传媒组织成为实际中的“把关人”，由他们对新闻信息进行取舍，决定哪些内容最后与受众见面，明确提出新闻筛选过程的“把关”模式。

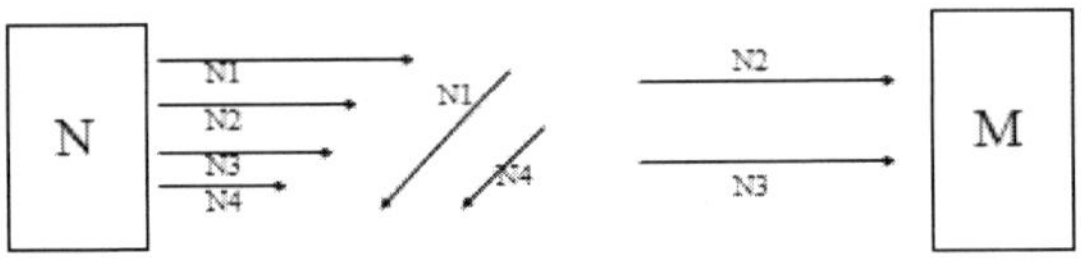

N=新闻来源 M=受众

N1234=新闻 N1N4=被舍弃的新闻 N2N3=入选的新闻

图4-1 怀特模式

怀特的研究模式里的N代表新闻来源如通讯社，它发出一系列不同的信息N1、N2、N3等，这些信息在到达“把关人”的门区时，有的被舍弃如N1、N4，有的被放行如N2、N3。

根据这个模式，“把关人”理论认为：社会上存在大量素材，大众传媒的新闻报道并不是有闻必录，而是一个取舍选择的过程，在这个过程中，传媒组织形成了一道关口，通过这道关口传到大众那里的新闻只是众多新闻素材中的少数，大众传媒在新闻与信息的生产与传播过程中起着重要的控制作用。通讯社决定发布的新闻，只占已经发生的新闻的一小部分；读者最后从报纸上读到的新闻，又只占通讯社发布的新闻的一小部分，因此，让受众知道什么、不知道什么，媒介起决定性作用。

作为最早的一项“把关”研究，怀特的理论难免会有不足之处，其中最明显的缺陷就是，怀特的“把关”模式只显示了一个“把关人”，将“把关人”当作一个孤立的因素来考察，过分强调“把关人”的独立权限，而忽略同“把关人”相联系的社会因素对“把关”活动的制约，从怀特的“把关”模式上，人们容易产生这种错觉，那就是“把关人”对信息的传播可以为所欲为。这里，“把关”完全被当作一项个人的行为，显然不符合实际。怀特在提出这个模式是并没有意识到“把关”是一种组织行为，他认为“把关”主要是新闻编辑基于个人主观判断的取舍选择活动，并只强调了编辑的“把关”作用。

3. 麦克内利的把关模式

如前所述，怀特的“把关”模式上，只有一道关口，一个“把关人”，即报社编辑，显然，这不符合实际。麦克内利的“把关”模式正是基于这样的一种事实而提出的，它是对怀特模式的修正与发展。

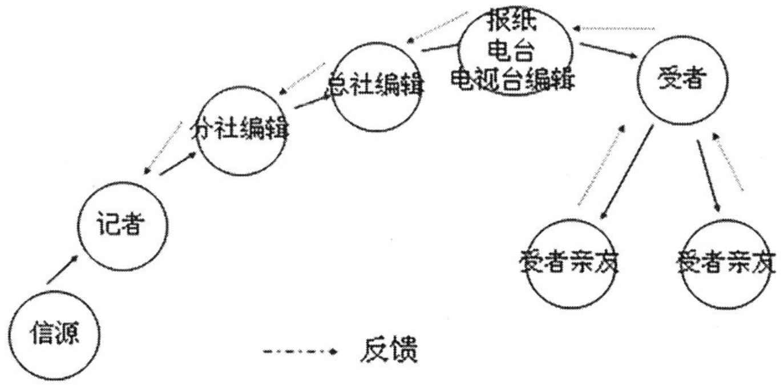

图4-2 麦克内利的把关模式

麦克内利模式描述了在新闻事件与最终接受者之间存在的各种中介传播者。该模式所代表的过程，可以用一个虚构的外国事件来加以说明。某驻外新闻通讯社的记者获悉一个具有新闻价值的事件，将它写成一篇报道，首先发往该社的海外分社，在那里，报道可能经过删改后又被发往总社，在总社，它可能与从别处发来的有关报道合并，然后被送往国内的全国或地区新闻社，在全国或地区新闻社，报道可能再经过删节，以便传送给报纸或电视台的编辑，在那里它被进一步删节，然后送达读者或听众，后者又做了进一步的选择，这个新闻报道或者被忽视，或者经过口头传播而被连续不断地传送给别人。整个过程中还出现了各种形式的反馈，反馈会指导以后的传播行为。

麦克内利的把关模式纠正了怀特“把关”模式的单一化缺陷，揭示了在整个信息流通过程中存在着一条由许多关口组成的把关链，这是它的长处所在。该模式强调的重点是：

首先，最重要的“把关”过程可能早在报纸的电讯编辑收到新闻之前就已经完成，特别是在国外新闻领域，其中全球性新闻都是由大通讯社的主要分社决定的。

其次，“把关”行为远不止选择或拒绝，因为中介传播者经常修改新闻报道的形式和内容，使之能在运转过程中被保留下来。

最后，“把关”过程并不止于新闻媒体，因为最早的接收人经常会担任其他的“把关人”。

4. 巴斯新闻流动内部对双重行动模式

麦克内利模式的不足之处是，它对于各个环节的作用看成是一样的，事实上，这些环节是有主次之分的，巴斯对上述“把关人”理论进行修正时，做了一个简单而又重要的深化，他麦克内利“把关”模式的批评主要是它没有说明不同“把关人”角色之间有何区别，并且没有表明何为最重要的选择点。

巴斯认为重要的“把关”行为发生在新闻组织内部，而且此“把关”的过程应该分为新闻采集和加工两个阶段。在第一个阶段中，新闻采集者将新闻原料制成新闻稿，这里的主要“把关人”是记者，而在第二个阶段中，新闻加工者对新闻进行修改并把它们整合为最终产品以传送给受众，这里的“把关人”以编辑为代表，传播媒介输出的所有信息，不论是新闻还是其他信息内容取舍，不论是版面设计还是标题制作，都要经过编辑的“把关”，而且，这个阶段的“把关”活动比第一个阶段更有决定性作用。该模式有助于把两部分人分开，一部分是最接近信源的人；另一部分是真正意义上的“把关人”，即那些对流入的内容进行挑选修改或剔除的人。

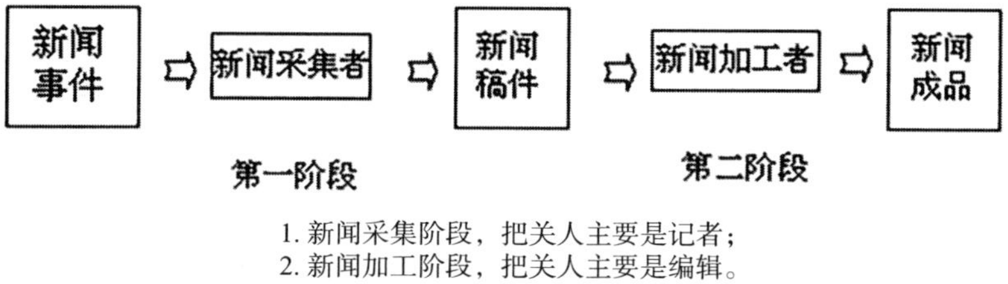

图4-3 巴斯新闻流动内部双重行为模式

从此，新闻选择的“把关人”理论从人们的不自觉行为成为大众传媒组织的有意操作，在更大范围和程度上或明或暗地影响新闻实践。经怀特、麦克内利、巴斯等众多学者的深入挖掘研究，最终成为传播学控制分析领域最具科学性的理论之一。

在传播者与受众之间，“把关人”起着决定继续或中止信息传递的作用。“把关人”可以是个人，也可以是集体。从整个社会的角度来看，传播媒介是全社会信息流通的“把关人”；从传媒内部来看，不同的媒介具有不同的“把关人”，从报纸、广播、电视等传统大众媒介来看，在新闻信息的提供、采集、写作、编辑和报道的全过程中存在着许多的“把关人”，其中编辑对新闻信息的取舍是最重要的。

“把关人”的“把关”行为可以分为抑制与疏导。前者是指“把关人”准予某些新闻信息流通的行为；后者则是指禁止一些新闻信息流通或将其暂时搁置的行为。

盖尔顿和鲁奇在《国外新闻的结构》(1965)论文中打破了别人的思维定式，着重分析新闻内容或社会事件具有怎样的特点和因素就有可能被守门人选中并送入传播媒介与受众见面。他们认为，守门人在决定选择或拒绝新闻内容时是有一定的标准的，而且并非完全主观的，而是有一定的客观依据和系统性的，因而在一定程度上这也是可以解释和可以预测的。他们列举的新闻因素共九个：时间性，重要性，明晰性，文化接近性，一致性，新奇性，连续性，构成平衡性，社会文化价值观念。据此提出的假设是：上述新闻因素越多，这一事件就越有可能成为新闻；某一因素偏低，但其他因素偏高，也可以成为新闻；一个在所有因素上都偏低的事件，将不能成为新闻。

总之，"把关人""把关"的标准主要是来自于传播者作为自身原有经验、看法、兴趣等的总和的预存立场。同时，也受到周围环境如上级、同僚以及受众反馈等的影响。"把关人"是根据自己对受众需要与兴趣的理解在众多的新闻信息中加以选择的。任何一个传播过程中都存在着"把关人"的"把关"行为，不管这些行为是自觉的还是不自觉的。

具体说来，媒介的新闻选择的标准包括：（1）新闻信息的客观属性；（2）专业标准和市场标准（新闻价值和新闻要素）；（3）媒介组织的立场和方针。

"把关人"理论实际上也揭示出"把关"过程的本质意义：

首先，大众传媒的新闻报道与信息传播并不具有纯粹的"客观中立性"，而是根据传媒的立场、方针和价值而进行的取舍选择和加工活动；

其次，新闻和信息的选择受到媒体的经营目标、受众需求以及社会文化等多种要素的制约，但与媒介方针和利益一致或相符的内容更容易优先入选，优先得到传播；

最后，媒介的"把关"是一个多环节、有组织的过程，其中虽有记者、编辑个人的活动，但"把关"的结果在总体上是传媒组织的立场和方针的体现。

张隆栋先生认为，媒介守门论虽然承认大众传播有重重关卡，但承认的只是一些表面现象，政府、垄断资本、老板等最大守门人并未触及，而这正是问题的实质。此外，如果可以将驻外记者、新闻采集者看作媒介的守门人，那么消息提供者、事件目击者、发射设备操作者等又何尝不可以作为守门人看待，这似乎有将守门行为无限延伸和日益复杂化的趋势，应该引起注意。

二、大众传媒的组织目标与制约因素

大众传媒作为社会组织，其活动也要受到其所处的国家、社会等因素制约。

1. 传媒的经营目标

大众传播组织必须从事经营活动，这是维持组织自身生存和发展的前提，传媒需要支付工资，需要购买昂贵的技术和设备，需要保障信息生产和传播正常进行的流动资金，这些客观需要使得传媒组织必须把经营活动放在重要的地位，换句话说，传媒必须面对市场，必须把自己的信息产品或服务作为商品在市场上销售出去。媒介收益来源于：广告和产品的销售——发行量和收视率。这意味着传媒面对市场的压力同样来自于两方面：广告主和消费者，二者相互联系相互区别。一方面受众越欢迎，发行量越大或收视率越高，媒介的广告价值也就越高；另一方面，受众的利益和广告主的利益并不是一回事，而且两者之间往往存在对立关系。

1976年10月粉碎“四人帮”反党集团以后，为了推动中国经济社会的发展，开展了大量的、艰难的拨乱反正工作。在这种大环境条件下，传媒领域也进行了反思。在这个时期，传媒界做了两件有利于我国传媒经济发展和传媒经济研究的工作：一是传媒理论界开始反思国家发展传媒业的目的；二是传媒实业界开始寻找传媒业发展的路径，比较有代表性的工作就是1978年国家财政部批准了《人民日报》等八家在京新闻单位可试行“事业单位，企业化管理”的办报模式，为解决当时我国传媒系统内部的经济短缺问题起到了重要作用。因此，企业的经营活动是维持传媒组织的自身生存和发展的前提。

2. 传媒的宣传目标

传媒在从事经营活动的同时，也对某种思想进行宣传，灌输某种意识形态，提倡某种信念。信息生产属于社会的上层建筑直接相关的精神生产，每种社会信息产品中都不可避免的包含着特定的观念、价值和意识形态，对社会意识和社会行为有着重要的引导和控制作用。因此各种利益集团和政党都把传媒当成自己的发挥影响力，维护自身利益的工具。

传媒宣传目标的实现途径：

言论活动——具有直接的宣传功能，传媒组织可以通过社论，评论等形式直接宣扬某种思想。

报道活动——具有间接的宣传功能，主要是在信息的选择，加工和刊载上贯彻传媒的方针和意图，达到潜移默化的宣传效果。

3. 传媒的公共性和公益性

传媒是现代社会必不可少的信息生产者和提供者，在满足社会的普遍信息需求方面起着一种公共服务的作用。大众传媒的信息生产和传播活动对社会的政治、经济、文化道德具有广泛而强大的影响力。这种影响力涉及普遍的社会秩序和社会公共生活。传媒是某些稀有资源（如电波）的使用者，作为公共资源的使用人，必须对社会和公众承担相应的义务和责任。

如前所述，传媒组织的活动受到它们的经营目标和宣传目标的制约，同时又受到公共性和公益性的制约，但是，在现实的和不同形态的媒介组织中，以上各种因素的制约程度是不同的。一般说来，国有或公营媒介的活动受宣传目标和公共性公益性制约的程度高，其主要目的是追求社会效益。不过，随着信息化社会的发展，不少国家都将大众传播定位为信息产业的组成部分，国有或公共媒介也都大幅度加强了经营活动，如BBC、NHK等，我国的传媒组织也出现了产业化，集团化的趋势，经营在传媒活动中的地位越来越重要。

第三节　社会制度与媒介控制

传播离不开社会环境，特定的历史环境和社会环境因素会对传播产生重要的制约与影响。大众传播是在特定的社会制度下进行的，同时，大众传播是一个具有巨大影响力的社会信息系统，任何一个国家都把它纳入社会制度的轨道，从这个角度说，大众传播是一种制度化的传播。传播制度对大众传播活动直接或间接起着制约和控制作用。传播学控制研究的其中一个方面就是考察外部制度对传媒机构及活动的控制。传播学关于“控制分析”最有影响的就是施拉姆等人的著作《报刊的四种理论》一书中对四种大众传播制度理论所做的论述。本节主要从不同的社会制度出发来分析不同的传播制度理论。

一、极权主义制度下的媒介规范理论

极权主义也称权威主义。这是一种在对社会事物进行评价和判断时，不是从事物本身的内在价值，而是从与外部权力或权威的关系上考虑问题的认知态度和思维方式。极权主义者主张社会事物必须一切以权力或权威为转移，强调社会等级秩序和上下之间的绝对支配与服从关系。

极权主义理论是维护专制统治的理论，极权主义制度下的传播制度理论同样体现了这一特点，一切以权力的意识为转移，一切为统治者服务。其理论的主要内容为：报刊必须对当权者负责，维护国王和专制国家的利益；报刊必须绝对服从于权力或权威，不得批判占统治地位的道德和政治价值；政府有权对出版物事先进行检查，这种检查是合法的；对当权者或当局制度的批判属于犯罪行为，给予严厉的法律制裁。

大众传播发轫之初，从15世纪中叶近代印刷技术发明到近代报刊的产生，到文艺复兴，欧洲出现反对封建专制、宣传新兴资产阶级革命思想的书籍和报刊，封建王朝视这些出版物为对自己统治地位的巨大威胁，害怕它们威胁到自己的统治地位，因此，对大众传播活动往往采取压制和管制措施。

历史上第一个禁书法案就诞生在英国，英国国王亨利八世于1529年公布第一个禁书法案，1530年建立第一个出版特许制度。英国都铎王朝在1586年发布《星法院法令》形成完整出版管制制度。 17、18世纪在法国，德国，俄国都有漫长的极权主义统治。

我国在封建时代和半殖民地半封建时代，采取的传播制度与西方的极权主义传播制度相比尤甚，从秦代“焚书坑儒”，汉时“罢黜百家”到清朝文字狱，都体现了这种媒介压制的残酷。到了现代史上，也出现过极权主义传播制度。“二战”中的纳粹德国、日本和意大利等法西斯国家的传播体制就是一种现代极权主义，它们通过强制性措施使媒体称为国家的宣传机器和战争的宣传机器。虽然极权主义在今天早已式微，但是我们仍然应该警惕其再次改头换面和复辟，为此，我们有必要关注和研究它赖以生存的社会根本制度及传播制度。

二、资本主义制度下的媒介规范理论

在资本主义社会制度建立的过程中，资本主义的传播制度也经历了复杂的变化，出现了多种对其产生影响的传播制度理论，包括早期的自由主义媒介规范理论发展到后来强调社会责任的传播制度，再到一直在其中起到牵制作用的民主参与理论。

1. 自由主义媒介规范理论

自由主义媒介规范理论，也称报刊的自由主义理论，其核心反映了资产阶级自由主义的观点，即认为报刊应该是“观点的自由市场”，是实行自律的自由企业。主要理论内容为：任何人都拥有出版自由而不必经过政府当局的特别许可； 除人身攻击以外，报刊有权批评政府和官吏，这种批评是正当合法的；新闻出版不应该接受第三者的事先检查，出版内容不能受到任何强制；在涉及观点、意见和信念问题上，真理和“谬误”的传播必须同样得到保证。

自由主义传播制度理论产生于十七八世纪资产阶级革命时期，是在同极权主义制度及其规范理论斗争中形成的。英国政治家、诗人弥尔顿在1664年发表的《论出版自由》中，提出言论自由和出版自由是天赋人权的一部分，这种思想产生了重要影响。美国独立战争时期思想家和革命家托马斯·潘恩和杰弗逊在《独立宣言》中强调了自由表达的重要性，将包括言论出版自由、宗教信仰自由以及集会、结社、请愿等权利内容以宪法修正案的形式正式写入了美国宪法，这就是著名的《宪法第一修正案》。

早期的自由主义理论对打破极权主义专制制度，确立自由、平等和民权的思想起到了重大作用，但是，自由主义理论的根本是与资本主义的政治和经济制度结合在一起，这种制度保障的并不是全体社会成员的利益，而是私有资本的利益。以后的历史发展证明，自由主义理论没有也不可能实现它最初设想的社会理想。随着资本主义发展到垄断阶段，自由主义理论本身也发生了蜕变，成了维护垄断资本利益的理论；在全球信息化的今天，则进一步演变成了个别传播大国推行文化帝国主义的理论。

2. 社会责任理论

社会责任论，顾名思义，强调大众传播媒介对社会和公众应该承担一定的责任和义务，是对自由主义理论的一种修正。该理论主张的媒介自由不是绝对的，“自由伴随着一定的义务，享受着政府赋予的特权地位的报刊，有义务对社会承担一定的责任，这就是作为现代社会的公众通信工具而执行一定的基本功能。”

进入20世纪以后，传播媒介的垄断程度越来越高，传播资源越来越集中在少数人的手中，所谓“观点的公开市场”的理念与实际的社会现状发生了尖锐的矛盾。自由主义理论强调的是传播者的权利，而没有涉及作为公众的受传者的权利。媒介集中和垄断的加剧使媒介越来越被少数人控制，而大多数人失去表达意见的手段和机会。同时，私有媒介传播内容在营利动机驱动下，越来越浅薄化、煽情化，严重危害了健康的社会道德规范，并带来很多社会问题，这种状况，引起人们对自由主义的强烈不满。

社会责任论主要内容为：大众传播具有很强公共性，因而媒介机构必须对社会和公众承担和履行一定责任和义务；媒介的新闻报道和信息传播应该符合真实性、正确性、客观性、公正性等专业标准；媒介必须在现存法律和制度的范围内进行自我约束，不能煽动社会犯罪，不能传播宗教或种族歧视的内容；受众有权要求媒介从事高品位的传播活动，这种干预是正当的。

虽然从一定意义上讲，社会责任论是历史的进步，但是在垄断竞争，利润至上的资本主义私有制条件下，传播业根本无法摆脱追逐利润和承担社会责任之间的矛盾，社会责任论还是未能完全被实践所接受。

3. 民主参与理论

民主参与理论也称受众参与理论，是在20世纪70年代以后随着社会信息化的发展和媒介集中垄断程度达到新的高度，在美国和欧洲、日本等一些发达国家出现的一种新的媒介规范理论。

随着社会信息化的发展和媒介集中垄断程度达到新的高度，信息与传播的问题在社会政治、经济、文化生活中的作用显得越来越重要，并与每个人发生着越来越直接的联系。然而，现实中，一般民众直接使用媒介的机会却越来越少。民主参与理论正是在一般民众要求自主利用媒介的意识不断提高，而现实中又缺乏可以利用的传播资源的矛盾状态下出现的。

民主参与理论要求大众传播媒介向一般民众开放，允许民众个人和群体自主参与。其主要理论内容简介：任何民众个人和弱小社会群体都拥有知晓权、传播权、对媒介的接近和使用权、接受媒介服务的权利；媒介应主要为受众而存在，而不应主要为媒介组织、职业宣传家或广告赞助人而存在；社会各群体、组织、社区都应该拥有自己的媒介；与大规模的、单向的、垄断性的巨大媒介相比，小规模的、双向的、参与性的媒介更合乎社会理想。

民主参与理论的核心价值是多元性、小规模性、双向互动性、传播关系的横向性和平等性。

民主参与理论反映了一般民众对社会责任理论的失望心理，因为社会责任论并没有改变少数人垄断媒介的现状。在西方资本主义国家，民主参与理论属于一种体制外的规范理论，但由于它是社会公众的呼声，其力量也是不可忽视的，特别是在公共性较强的广播、电视、有线电视以及社区媒介领域，民主参与理论产生了广泛的影响。但是即便如此，它仍然只不过作为民众的要求在体制外起着一种牵制作用。

三、社会主义制度下的媒介规范理论

社会主义传播制度与资本主义的传播制度有着不同的理论渊源和社会背景。社会主义传播制度是在无产阶级革命理论和实践的基础上产生的。真正的社会主义传播制度是在无产阶级取得革命的胜利，在无产阶级报刊的基础上走上历史舞台的。俄国十月革命获得胜利，建立世界上第一个社会主义国家。俄国十月革命获得胜利，建立世界上第一个社会主义国家。根据无产阶级革命的既定目标，苏联党和政府对资产阶级新闻事业进行了彻底的改造，并建立了一套全新的传播制度。1918年，第五次全俄苏维埃代表大会通过了第一步苏联宪法，其中第14条规定："为保障劳动者享有真正表达自己意见的自由，俄罗斯社会主义联邦苏维埃共和国消灭出版事业对资本的从属关系，技术与物质手段一律交归工人阶级与农民掌握并保障此等印刷品在全国自由的传播。"①

社会主义苏联在对报刊和出版领域旧的制度进行改造的同时，还创办自己的通讯社、广播、电影，建立了一套全新的传播制度。社会主义传播制度是为保障劳动者享有真正的表达自己言论的自由。

社会主义传播制度建立在社会主义传播理论上，与社会主义社会制度有关，概括起来，社会主义传播理论基本观点有以下几个：传播媒介和传播资源是国家的公有财产，不允许私人占有；传播媒介必须为工人阶级服务，须接受工人阶级先锋队——共产党的思想和组织领导；媒介必须按照马列主义原理、社会主义意识形态和价值体系来传播信息，宣传、动员、组织和教育群众；在服务于社会总体目标的同时，媒介应该满足广大群众愿望和需求；国家有权监督和管理出版物，取缔反社会的传播内容。

社会主义传播制度为消灭阶级剥削和阶级压迫实现普遍的社会主义、平

① 张隆栋、傅显明：《外国新闻事业史简编》，中国人民大学出版社1988年版，第462页。

等和自由提供了可能性。它的基本特征是由社会主义的经济基础和政治基础决定的，在社会主义制度下，生产资料归人民所有，新闻传播事业是无产阶级政党的喉舌，是政府的喉舌，也是人民的喉舌。

我国目前正处于社会主义初级阶段，建设高度的物质文明和精神文明是我国社会发展的首要任务。我国的新闻传播事业实行社会主义公有制，这是防止私人和资本垄断、保障传播媒介和传播资源掌握在全体人民手中的根本制度，也是实行社会主义新闻自由的重要基础；我国社会主义新闻传播事业是中国共产党领导下的事业，必须坚持党性原则；社会主义新闻传播事业执行报道新闻、传递信息、引导舆论、提供娱乐等多方面社会职能；社会主义新闻传播事业具有重要的经济功能。

应该指出的是，我国的社会主义传播制度及其规范体系还处在不断的改革、发展和完善过程中。我们也只能在实践中不断摸索和完善符合中国国情的，具有中国特色的社会主义传播制度。

四、发展中国家的传播制度与媒介规范理论

20世纪70年代以来，发展中国家在国际事务中起着越来越多的作用，这些国家的传播制度也引起了很多学者的关注。发展中国家的社会制度是多种多样的。就国家发展的状况和条件来说有不少相同的特点，例如，经济比较落后，发展经济是国家的主要目标；政局相对不稳定，有些国家甚至经常面临内战、政变或外来势力颠覆的威胁；从大众传播的状况而言，由于资金和技术的限制，在硬件和软件两个方面对西方发达国家的依赖程度都很高。发展中国家的传播制度和理论从整体上反映了这种现实情况。

发展中国家的传播制度理论归纳起来有以下几个方面：大众传播活动必须与国家政策保持统一轨道，以推动国家发展为基本任务；媒介的自由伴随着相应的责任，这种自由必须在经济优先的原则和满足社会需求的原则下接受一定限制；在传播内容上要优先传播本国文化，优先使用本民族语言；在新闻和信息的交流合作领域，应优先发展与地理、政治和文化比较接近的其他发展中国家的合作关系；在事关国家发展和社会稳定的利害关系上，国家

有权对传播媒介进行检查、干预、限制乃至实行直接管制。①

从总体上看，发展中国家采用的传播制度是符合自己国情和条件的。在跨国传播和全球信息化的今天，西方国家的文化产品也纷纷涌入发展中国家，造成发展中国家传统文化危机。在这种情况下，为了抵御来自少数大国的文化侵略，不少发展中国家从制度上采取了保护和发展本国民族文化的措施，并加强了对外来信息的自主管理。

总之，传播制度作为社会制度的反映，其内容十分复杂，它体现了社会制度在各个方面对传播媒介的制约和影响。一般来说，对传播活动起到控制作用的不外乎以下几个方面的外部力量和因素：来自国家和政府的政治控制；利益群体和经济势力的控制；受众对媒介活动进行社会监督控制等。显然，以上几个方面在对传播活动进行控制时，其具体的表现方式和力度是不尽相同的，在这里不做详述。

---

① McQuail，Denis，Mass Communication Theroy:An Introduction,Sage Publications,London,1983, pp.245.

第五章

传播内容

在传播学中，传播内容是最重要的环节之一，对传播内容的研究构成传播学重要的研究领域之一，即内容分析。一般来说，内容分析包含两层含义，一是对传播内容进行研究和分析，在这一层面，传播内容指的是以符号为载体，通过媒介传播给受众的信息；内容分析的另一层含义指的是进行内容分析的研究方法，即如何进行内容分析。

传播从本质上说就是信息的流动，信息是传播的内容，是构成传播的基本资料，而信息自身是看不见的，信息要想得到传播，必须借助一定的符号，因此，符号是信息的载体。

第一节　信息

一、信息的含义和特征

1. 什么是信息

人类传播是一种交流和交换信息的行为。信息是传播的材料。我们所说的信息究竟指什么呢？香农和韦弗在他们撰写有关信息理论和控制论的文章时认为，凡是在一种情况下能减少不确定性的任何事物都叫作信息。即：信息就是不确定性的消除。这个关于信息的定义曾风靡一时，是一个流行的狭义的对信息的定义。它特指新的消息、知识、情报等，从而排除了一切旧的信息。

例如，一个人总穿旧衣服，大家习以为常，这叫没有“不确定性”，当他有一天突然穿起了新衣服，就有了“不确定性”，为什么？譬如说他过生日了，谈恋爱了……——这些能消除不确定性的消息，就成为狭义的信息。

再如，一个感到难为情的男孩子跟姑娘提出约会的请求。假如那个姑娘说“我现在很忙，明天再说吧”，这样的话，他所得到的信息比那个姑娘说是或否的回答所得到的信息少，因为这样的回答仍然是不确定的，但是比他发问之前得到的信息多。如果那个姑娘说“我现在很忙，但是一个小时以后再来”，那就减少了他的不确定性，他可以完全肯定，她并非只是把他打发走。

以上我们从自然科学的理论角度出发解释了信息是什么？信息就是不确定性的消除。但如果我们从哲学角度上探讨信息的定义，又会得到不一样的启发。

20世纪60年代以来，许多哲学家对信息的本质问题争论不休，争论的焦点主要集中在，信息究竟是物质的还是精神的范畴，或仅仅是信息自身的问题，如维纳提出“信息就是信息，不是物质也不是能量”的论断，信息是主客体之间，精神和物质之间的联系和中介，它是物质载体和含义内容的统一体。这一论断使信息与物质、能量划清了界限，表明信息有其独立的科学范畴和研究领域，信息与物质和能量并列，从而成为构成世界三大要素之一。但这也并没有说清楚信息的本质是什么。尽管从哲学意义上探讨信息的本源是必要的，但由于专业限制，我们在此不做详细探讨。基本上可以说，到目前为止，哲学范畴的信息概念和理论还没有成熟。

综合来看，我们可以把信息分为广义和狭义信息。广义的信息包含了所有与信息有关的内容，认为信息就是事物发出的，对于接受者来说是预先不知道的消息、情报等。广义的信息论对信息与信息的载体不做区分。狭义的信息主要指脱离载体的内容，它能降低人们对事物认知过程中的不确定状态。传播学中所说到的信息，尤其是大众传播媒介中的信息，通常是指狭义的信息。

2. 信息的特征

由于信息有广义和狭义之分，所以，我们分别从广义和狭义两个层面阐述信息的特征。广义的信息包括所有与信息有关的内容，所以，它的特征往往是抽象的、一般性的特征。

第一，信息具有客观性和普遍性。信息是事物的特征和变化的客观反映。由于事物的特征和变化是不以人们意志为转移的客观存在，所以反映这种客观存在的信息，同样带有客观性。信息存在是普遍的，从自然界到人类社会到人的思维，信息是无所不在的，当然信息的普遍性是由它所显示的客观事物的普遍性所决定和赋予的。

第二，信息具有无限性。人类生活所接触到的一切空间，都不断产生着信息，秘书写的文章是信息，宇宙天体传来的光波也是信息。随着时间的推移，信息又在无限地发展，客观世界是无限的，因而信息也是无限的。

第三，信息具有可传递性。传输是信息的一个要素，也是信息的明显特征，没有传递就没有信息，就失去了信息的有效性。同样，传递的快慢，对信息的效用影响极大。伴随传播技术的发展，今天的信息传播呈现出高效率、高质量的特点。

第四，信息具有可开发性。从信息作为一种资源看，由于它取之不尽，用之不竭，因而可以不断探索和开掘。从信息所载的内容看，由于客观事物的复杂性和事物之间的相互关联性，反映事物本质和非本质的信息常常交织在一起，加上它们难免受到历史的和人们认识能力的局限，因而需要开发；从信息的价值看，在一定条件下，利用信息可以延伸物质资源，科技是第一生产力，信息科学的发展对社会的发展起到巨大的推动作用。如今，在传统的农业、工业以及服务业中，已经出现了新的可取代其部分功能的信息产业。

传播学中所说的信息通常就是狭义的信息。通常指的是大众传播信息。大众传播信息既具有一般信息所固有的特征，同时也具有自身的特征。大众传播信息的主要特征主要有以下几个方面：

第一，时效性。人们获取信息的目的在于利用，而只有那些及时传递出来并适合需求者的信息才能利用。大众传播的信息，尤其是新闻，时过境迁就往往失去价值。所以，信息必须具有新内容、新知识。随着大众传播科技的发展，人们对信息时效性的要求会越来越高，信息传播与接收也将越来越快。

第二，娱乐性。1967年，威廉·斯蒂芬森在《传播的游戏理论》中提出，传播的目的不是完成任何事情而只是一种满足感和快乐感的部分。他的见解以游戏和工作之间的鲜明区别为基础："工作是对付现实，是谋生，是有产品的相反，游戏基本上是没有产品的，除非是为了提供自我满足。"与此相应的是两种传播行为。一种行为是两人之间的似乎没有明显目的的谈话：两人谁都不想说服或压制另一人，也不想从另一人嘴里套出什么东西；他们除了谈话，彼此并不希望得到什么东西。但是，他们对这种经历感到高兴。用斯蒂芬森的话说，其结果是传播——愉快。完全不同的是目的要导致某些行动的传播——一句命令，喊人帮忙，说服和要求。斯蒂芬森称这种传播为传播——不愉快，传播——痛苦。他认为，工作是所有社会机构的职能，但是大众媒介的关注中心不是工作，而是传播——愉快：使人们能把自己从社会控制中解放出来回到玩耍的土地上去。随着人类工作时间变短，闲暇时间增长的趋势，娱乐性将成为大众传播信息的越来越鲜明的一个特征。

第三，知识性。大众传播历来担负着传播知识、传承文化遗产的任务。书籍主要记载已经成型的知识，杂志主要刊登正在形成的知识，新闻媒介（报纸、广播、电视）主要传播正在发生或即将发生的知识。大众传播的知识在人的社会化过程中起着非常重要的作用。现代社会中的人们获得知识的主要途径除了家庭和学校之外，大众传播媒介是尤为重要的渠道。

第四，真实性。这里所说的真实性，是指媒介传播的信息要公正客观，准确地描述事物的状态和方式。当社会中的事物处于复杂的运动状态时，大众媒介应从不同的角度、不同的层面、不同的视野对事物的全貌做出反映和表述，真实、客观地表达，使受众对事物本质有更深刻的认识。

二、信息的分类

信息广泛存在于自然界和人类社会。信息是多种多样的，我们可以从不同的角度对信息进行分类，了解信息的类型不仅有助于我们加深对信息的内涵及特征的认识，也有助于我们加深对传播中信息的传递方式、特性等认识。从传播学看，大众传播媒介中的内容十分庞杂，不论采取哪种内容分析的方法，都首先要确定适当的范围，从而，也就有必要先划分信息的类型。

以下我们重点介绍几种信息分类的方法。

1. 按信息的发出者划分，信息分为人类社会信息和非人类社会信息

人类社会信息包括所有被人发送出来的信息；非人类社会信息则指所有未被人认识或制作的信息，即人类未参与流动过程的信息，比如自然界、生物界信息中，没有人类参与的那部分信息，都是非人类社会信息。

2. 按信息存在形式划分，有内储信息和外化信息

内储信息是经过人脑处理之后暂时或长久保存在人们大脑中的信息，包括人的人内传播的信息。由于个人的生活环境、思维方式、价值观形态等千差万别，决定了构成人们内储信息的基本材料也不同。外化信息是人们用各种符号记录、表达出来的信息，是人的精神世界的物化形式，包括文字材料、图像材料、音视频材料等。

3. 按人对信息的感知方式划分，信息分为直接信息和间接信息

直接信息是直接由事物中获得的信息，是人们感受最深刻的事物的抽象形态。对于现代传播活动而言，直接信息由于真实可靠，因而，最能够打动受传者。间接信息是由直接信息之中产生出来的信息，即经过人加工制作而成的信息，是借助其他传播者而得到的有关事物变化的信息。比如，受众收看电视新闻、阅读报纸杂志等，都算作间接信息。由于世界的广袤性，个体无法做到与世界上的每件事物，每个事件都保持亲身的接触和经历，在超出人的亲身经验范围之外的世界，个体必须借助一定传播途径来了解和认识。因此，间接信息成了现代人类社会传播信息的主导。

4. 按信息的符号表现形式划分，信息分为语言信息和非语言信息

语言信息是运用人类语言所表达的信息，也是人类社会中最重要、数量最多的基本信息。语言可以表达抽象的、复杂的意义，因此，语言信息是使用最广泛的一种信息，人类的传播很大程度上要依靠语言来实现。非语言信

息主要指语气、表情、动作等，除语言信息之外的其他各种信息。非语言信息是语言信息的重要补充，它所能表达的意义有时超过了语言信息。

5. 按信息的基本社会功能划分，有新闻信息、教育信息、商业信息、娱乐信息等

其中新闻信息具有客观、公正、真实、快速等特点，能为人们提供行为的依据，是现代社会重要的信息类型。教育信息的主体是人类积累的知识，用来传播和继承文明和文化。商业信息用来协调和促进人们物质生产和物质生活的信息。娱乐信息的传播过程轻松愉快，是为人们提供享受，排遣人们日常生活中的烦恼和压力的信息。

第二节　符号

上一节我们介绍了信息的内涵、特点及分类。那么传播、信息、符号之间有什么关系？看看我们日常生活中的一个案例：衣服不仅意味着实际作用，更重要的是，衣服意味着视觉交流。男人系领带参加面试，这条领带不具备任何实际功能，它的功能完全是符号意义的，领带表示这次面试是严肃的，认真的，尊重的。但仅系领带还不够，领带的颜色、图案等表明了这个男人的性格和喜好等，传达了各种各样的信息。

在这里，什么是传播、信息、符号、意义？

传播是信息的流通，信息凭借符号才能流通，信息首先表现为一种符号，或者说信息的外在形式就是符号，符号是信息的外在形式或物质载体，二者是外壳和内核的关系，信息本身是看不见，摸不着的无形的意思，必须寄载于有形的符号来表现，如声音、图像等。意义则是信息的内容，信息是符号和意义的统一体，如果说传播是运输，信息是货物，则符号就是运输工具，而意义则是信息的精神内容。在社会传播中，任何信息都携带意义，而任何信息也都必须通过符号才能得到表达和传播。

传播离不开符号，那么什么是符号？符号在人类信息传播活动中发挥什

么作用？本节将重点阐述这些问题。

一、符号的属性

符号是任何可以作为某种事物（意义）标志的替代物。符号是人类传播的要素，单独存在于传播关系的参加者之间——这些要素在一方的思想中代表某个意思，如果被另一方接受，也就在另一方的思想中代表了这个意思。有些学者喜欢称之为记号，还有些人称之为有意义的记号。不管叫作什么，它们都是传播中可以还原成“意思”的要素。

所以，符号总是代表着某种意思。符号在各种特定的场合或者特定的社会集团，有许多特别的意思。符号可以像旗帜那样被用来表示传令的或军事的标志；它可以表示一个星座；它可以表示一个重大的事件，古人常常以为他们看到表示某个高兴或者生气的“符号”；它可以指足迹或者痕迹（例如，居住的痕迹）；它可以是指示狩猎的方向（熊的记号）；在数字上，它用来表示正数或负数（加减符号）；在神学上，它有时指某种精神的或者超自然的现象。总之，符号代表“一种思想”“一种想法……命令或愿望”“一种概念”、一些非它不能传达的信息，符号代表了某个东西。

从本质上说，符号是人类思维的工具或手段。马克思说，蜜蜂也能劳动，甚至使建筑师自愧不如，但再蹩脚的建筑师总是事先在脑海构筑蓝图之后才动手，这就是思维的过程，也是运用符号的过程。

符号的结构分为两部分：一是可以直接感觉到的能指（符具）；二是可以推知和理解的所指（符指）。比如，作为植物的玫瑰花是符具，爱情是符指，二者结合构成了符号。再比如，有关蔬菜价格下跌的新闻，能指反映的是实际情况(蔬菜价格确实下降了)。但是，这个由自身的能指而形成的语言符号，相对于深层的意识形态系统，其所指就是政府的措施得力，管理有方。

在符号能指和所指之外，在加上一个情境，符号过程的必要条件就齐备了。即在不同情境中，对符号有不同的解释，如，玫瑰花在革命年代也可能是间谍活动的暗号。

符号是人类社会所独有的，其基本属性有三个：

1. 指代性

符号是事物的替代物，不是本身，是代表而不是代替。如望梅不能止渴，如张三是姓名符号，不是人本身。符号与它所指代的事物之间没有必然的联系。

但是，让符号只代表一种东西其实并不容易，人们不能轻易看出符号与所指代的事物之间的区别。字如其人，以貌取人等就是将符号与具体实际相混淆的例子。有人做过实验：在不同时间分别与同美国人结婚的日本妇女进行访谈，结果发现，当用英语与这些女人交谈时，她们以为她们是美国人，于是回答问题使用的是美国的价值标准；当用日语与她们交谈时，她们又以为她们是日本人，回答问题充满了日本价值观的意味。这些女人通过语言符号推定谈话对象国籍。

2. 随意性

符号是任意的，没有任何符号注定指代任何事物，否则这个世界就只有一种语言。能指是一个清空的容器，文化意义灌注在其中，使它充满了意义。绿军装和红卫兵袖标在“文革”时期是革命小将的象征；在今天则是幼稚、狂热、打砸抢的年轻人形象。虽说符号指代事物是任意的，但要小心运用。

3. 约定性

符号是随意的，但同时又不完全随意，符号是约定俗成的，一旦确定，就会成为一种社会习惯。如果我们看见一位少女身着T恤和牛仔短裤，穿白色网球鞋，少女的这身装束便构成一个信息，依据特定的语境，它可以告诉我们少女的性格，她此时此刻的心情以及她将要去做什么。这个信息的构成便不可避免地要涉及选择与组合两种行为，少女先从她的各种上装如大衣、衬衫等中选择了T恤，又从各种裙子和裤子里面选择了牛仔短裤，再从她的各种鞋里选择了白色网球鞋，这种选择依赖于她对自己的服装的了解，同时也依赖于她对自己需要的认识。选择之后紧接着便是组合，组合的过程依赖于她对各种服装搭配的知识和公众的服装惯例的了解。例如，身着深色西装再穿白色网球鞋显然是不符合服装惯例的(尽管这种惯例在不断变化)。

二、符号的类型

传播学将人类使用的符号分为语言符号和非语言符号两大类。

1. 语言符号

人类社会最重要的符号系统就是语言，语言是人们进行交流和沟通的工具，是人们在长期的社会交往中约定俗成的。语言符号包括语言与文字两种类型，即所谓口头语言和书面语言。在所有的符号中，人们日常的口头语是最基本，最主要的。而正是有了文字符号的创立，人类文明的大厦才得以建立并传承下来。

人类传播是在动物传播的基础上进化和发展而来的，那么究竟是什么推动了从动物传播到人类传播的变革呢？从猿到人的转变，意味着从动物传播到人类传播的转变。从传播学的角度来说，语言的产生，是完成从动物传播到人类传播之巨大飞跃的根本标志。在语言产生之前，我们的祖先经历了漫长的原始传播阶段，传播史学者将之称为前语言传播时代。在这个时代，人类传播与动物传播还没有本质的区别，我们的祖先只能靠动作、表情、吼叫或其他简单的音节来传递信息，协调采集和狩猎活动。语言产生使人类彻底完成从猿到人的转变。并且使人类紧密合作，复杂思维成为可能，人类物质精神生产能力由此得到飞跃、提高，加快了脱离野蛮走向文明的进程。

语言符号的特性：

第一，语言具有开放性。语言是人类在社会实践中发展起来的，因此，语言也必然随着社会实践的变化发展而不断丰富，新词语、新语言层出不穷。

第二，语言是有限的，现实是无限的。客观事物的运动是一个连续不断的过程，而语言却不能描述其全部，只能概括其过程，因为我们永远无法说出事物的全貌。

第三，语言具有社会性。语言是在社会中形成的，正是依靠语言，社会成员才得以进行信息交流，因此，语言是社会成员之间维系相互关系的基本纽带。

2. 非语言符号

现实中，除了语言符号，我们还大量使用非语言符号来传情达意。符号可以是语言的或非语言的，可以是看的、听的、嗅的和触摸的。它可以是讲话、文字、印刷品和画片，可以是一个姿势、一个微笑、搭在肩上的一只手、一阵大笑或者一股香味。据研究，在有两个人传播的局面中，有百分之六十五的“社会含义”是通过非语言传送的。这说明，人类传播中得到的信息有很大一部分来自暗示的方式。

“非语言传播包括了传播情景中除却语言刺激之外的一切由人类和环境所产生的刺激，这些刺激对于信息发出者和信息接收者具有潜在的信息价值。”①由此可见，凡是能够激起人们意义联想的，除语言符号之外，都可称为非语言符号。

一些非语言符号是有意给的，一些仅仅是无意流露出来的。有意给的符号通常传达的是具体的信息（例如指着某样东西），并非有意发出来的符号通常是表达性的或者预示性的，而不是为了传播。这类的信息多半是无意的，我们大家常常不知不觉地流露出来。我们的衣服、走路、说话的样子，看人的样子，我们的住房，办公室，墙上的画——所有这些都在告诉观察者我们是什么样的人，我们关心什么，对什么感兴趣。

对研究人类传播的学者来说，无意中流露出的非语言提示比有意给的有意思得多。因为我们每个人都是作为一个完整的人，而不是以一部分做出举动的，因为传播行为反映了整个人，所以通过非语言方式传播出来的信息，许多是来自内心深处，难以压制的。

非语言符号具有以下特点：

---

① 〔美〕萨姆瓦：《跨文化传播》，三联书店 1988 年版，第 203 页。

第一，连贯性。非语言符号总是与语言符号或其他表达方式结合在一起，很少单独出现。

第二，相似性。语言符号与事物没有直接的联系，而非语言符号与所指代的事物之间有一定的相似性，如汉字山、水等。

第三，通义性。非语言符号是世界语。

第四，协同性。各种非语言符号在传播中相互关联，如愤怒时，会有汗珠、会哆嗦、声音变形等。

第五，即时性。语言符号是经过思考输出的，非语言符号大多是条件反射式传播。

第六，真实性。非语言符号一般不骗人，是真实情感的表现和自然流露。

非语言符号在我们的日常传播交流中发挥着重要作用，体现在：

第一，补充作用。声调、面部表情、手势或人与人之间的距离等非语言符号，都可以用来填补、增加、充实语言符号在传播信息时的某些不足、损失或缺欠。

第二，替代作用。这是指以非语言符号代替语言符号传播信息。当某件事不便用言语表述或特定环境阻碍了言语交流，这时就使用替代法。

第三，强调作用。“给我狠狠地打！”随着一声命令，指导员一拳砸在桌上。“一拳”突出强调了讲话者的愤怒和决心。对讲话中的某些词或话故意提高音量或者拖长，也是为了强调和突现其特别之处。

第四，否定作用。有时非语言符号会否定语言符号所传播的信息含义。假装的笑脸往往会否定高兴、愉快的言语。当语言符号和非语言符号发生矛盾时，人们倾向于相信非语言符号承载的信息，而不相信语言符号。

第五，重复作用。以非语言符号重复语言符号的信息，例子是很多的，如我们在说“真棒”时连连点头；说“没劲”时连连摇头。重复可以使信息传递更加准确。

第六，调节作用。这是指以非语言符号来协调和调控人与人之间的言语交流状态，如把耳朵对准讲话人的嘴巴，意思是“大声些”“我在细听”。

三、符号与意义

传播学把传播视作“信息的传递”，而符号学派则把传播视作“意义的表述”。换句话说，符号学分析的重点是表意过程，是符号所显示的对客观事物进行阐释或抽象的途径。

1. 什么是意义

刚才我们提到过，面对同一客观事物，用于指代或表述的符号可以是多样的，比如要反映同一对象苹果，可以在照片上、画布上，有中文的、英语的，而面对同一符号苹果，从未见过的人和生活在果园里的人，对它的理解是不同的，即使面对同一画布上的苹果，美术评论家和普通看客的阐释也不同。

受众对同一符号的不同译解与符号的多义性有关系。一般说来，任何一个语言符号的意义都可以分为两个层面，即外延意义与内蕴意义。所谓外延意义，是指语言符号体系中所固有的与客观事物有代表性关系的意义（本义）；内蕴意义是指人们在运用语言符号时所表达的与客观事物无直接联系的评价性意义。

外延意义是约定俗成的，相对稳定的；内蕴意义是特定场合中产生的，是主观的随意的。例如，“红色”的外延意义是区别与粉色、蓝色的一种颜色，它的内蕴意义与在受众脑海中的联想有关，如，红色在特定的受众心里，在特定情况下也代表着暴力、赤色分子、喜庆、先烈等。

2. 编码与译码

传播的内容是信息，信息本身是看不见摸不着的，它必须要借助于一定的符号才能传播。符号是事物的指代物，符号自身是所指代的事物的载体，真正重要的是符号所指代事物的意义，因此，符号和意义的统一体构成了信息。

在传播中，把信息转化为符号就是编码的过程；把符号还原为信息或意义就是译码的过程。编码与译码的连通就是一个简单的传播过程。

如果说符具（符号形式）的表现层面是由编码者决定的（选择什么样的符号来表达意义），那么符指（符号内容）的内容层面是由译码者决定的（如何理解符号的意义取决于译码者）。

译码分为3类：

第一，投合性译码：接受者和传播者要表达的意义一致。

第二，协调性译码：接受者的理解部分符合传播者的意图，部分违背，但不过分。

第三，背离性译码：传者和受者，二者理解的意义截然相反。

假设一位妇女一生都是在北极圈里度过的，除了爱斯基摩种狗外，其他什么样的狗都没有见过。再假设有一位妇女在中美洲住了一辈子，只见过墨西哥一种叫小吉娃娃的狗，其他什么狗也没见过。把她们两人带到一块。当那位北方妇女讲到狗拉着雪橇在雪地走时，南方妇女难以置信；如果南方妇女讲到把狗抱到膝盖上时，北方妇女会感到十分惊奇。

这就是说，传者和受者意义的交换要有一个前提，就是交换双方必须要有共通的意义空间。否则会传而不通或造成误解。而共通的意义空间来自于彼此接近的生活经验和文化背景。

符号是一个社会大多数人所共有的，而意义则是独特的。意义始终是属于个人的，是各人根据自己的经验得来的，是反应的总和，任何两个人都肯定不会一样。如果我们看到一幅画，画得是花园里一对半裸的男女、一个苹果、一条蛇，我们肯定这是《创世纪》关于亚当和夏娃的故事。一个老人和一艘巨大房子似的木船以及各种动物，这描绘的或许是诺亚和他的方舟。但是，要理解这些艺术作品，必须对犹太教、基督教传统知识有所了解，否则，人们的理解可能是完全不同的。

这样，从一方面讲，一个符号引起个人的反应是整个人根据长期积累的全部经验做出的，所以对每个人来说必定都是独特的。从这个层面上说，意义显然是个人的，绝不能全部表达出来或者同别的人完全一样。如天安门、五星红旗、毛主席画像在中国人心中是光明的一面，但在西方人眼中是黑暗、压抑的一面。再比如，一个苏联的记者和一个美国的记者，当他们想要在一起讨论“民主”和“自由”一类的概念时，是非常困难的。所以我们的信息传播便永远处于这样一种情形：每个人对具体的符号的理解均带有个人经验的特征，不可能与另一个人完全一样，因而完全沟通的传播是不存在的。

从另一方面讲，我们必定要有共同的表示性含义的基础，这样一个社会的成员才能在一起谈话；要有一定程度的共同内涵性含义，这样社会才能和谐融洽地生活。如非典时期媒体发表的显微镜下病毒侵袭细胞的图片，在任何一个国度的人看来都是死亡、肮脏的代表。又如红色虽然在不同文化中有不同的意义，但有一些是全世界人都能理解的，红色在交通中是停止的信号；在电路中则表示电源接通。

符号学在传播学上的应用，可以有以下几点启发：

（1）要把复杂的问题简单化，这就要求制造一种简单化的符号。如甘地脱下律师的西装，光头、赤脚、穿粗布半裸衣服；阿拉法特永远是黑白格子的头巾；克林顿穿运动衣在小道上慢跑；普京驾驶战斗机、摔跤。电视画面给观众单一的符号，这有利于受众对内容的认知，避免信息传播混乱，造成受众不知所措。

（2）使用符号学的观点会发现，美国和西方媒体在非典报道中有意加入了意识形态符号。全世界大多数读者在看了全球媒体的中国非典报道后，保留在公众记忆中的故事是：非典源自共产党体制。我们可以观察非典期间西方媒体的中国非典报道的选题：

北京部分地区解除隔离，但传染仍在扩散（《纽约时报》）

中国抗议者领袖被投入监狱（英国BBC）

北京为阻止SARS谣言传播逮捕4人（《今日美国》）

WHO警告：SARS仍在中国流行（加拿大《多伦多星报》）

SARS挑战中共体制（美联社）

在中国，暴力和SARS一并传播（英国《卫报》）

村民因SARS袭击中国政府机关（美联社）

上述报道看不到中国人民万众一心、抗击非典，而是整个国家陷入混乱、动乱和暴乱，中共体制受到严重挑战，如果不变更体制，中共很可能垮台。

在全球化时代，全球媒体的声音变成了全球的声音，与这种全球的声音不符的信息被视为异端，为了不被视为落伍者，人们或加入或沉默，如2003年5月5日北京《新闻周刊》把天安门毛泽东的巨幅画像作为封面人物，画面的左下角竖立一个小平头的男子，手戴白手套，上身红色运动服，戴大口罩，架着一副深色大墨镜，脑袋扭向左，警惕地在看着什么。这个封面上的毛泽东和那个类似便衣的男人给读者带来了什么联想？它的象征意义是什么？封面下面的四个大字：北京之痛内涵是什么？这些都是很有意思的符号学研究课题。恐怕这类问题是没有人会直截了当地在中国媒体上回答，但是，这种现象至少显示中国的一些媒体在新闻的议程设置和报道框架上，正积极主动与西方媒体接轨，试图加入美国媒体主导的全球传播。

通过以上两节，我们对传播内容进行了研究和分析，确定了传播内容的研究范围。传播内容是传播活动的核心，它是在传播过程中产生的，其产生的机制以及在传播过程中的意义等，还有待我们进一步探究。

第六章

传播媒介

传播媒介是在传播过程中用来传递信息的中介，是传播者和受传者之间的桥梁和纽带。20世纪以来，伴随着科学技术的不断发展，继报纸、杂志之后，广播、电视、互联网相继问世，传播媒介日益多元化、丰富化、现代化，媒介的发展对社会政治、经济、文化、生活等各个方面产生了重要影响。因此，了解媒介的产生过程，正确认识传播媒介的类型和特征、掌握媒介理论，对正确认识各种传播媒介大有裨益。

第一节　传播媒介的发展与传播变革

语言的产生标志着真正意义上的人类传播的开端。从语言产生到今天的信息社会，人类传播本身也经历了一个漫长的发展过程。我们可以把迄今为止的人类传播活动区分为以下几个发展阶段：口语媒介阶段、文字媒介阶段、印刷媒介阶段、电子媒介阶段、网络媒介阶段。

一些敏锐的学者把人类传播历程进行压缩转换，提出了生动、有趣的比喻性见解，产生了有关人类传播进程的几种理论，试介绍如下：

施拉姆：最后7分钟理论

施拉姆认为，如果假设人类的历史共有100万年，假设这100万年等于一天。那么，1天=100万年；1小时=41666.67年；1秒钟=11.57年。经过这种换算后，那么这一天中，人类文明的进展如下：

晚上9点33分，出现了原始语言（10万年前）

晚上11点，出现了正式语言（4万年前）

晚上11点53分，出现了文字（3500年前）

午夜前46秒，古登堡发明了近代印刷术（1450年）

午夜前5秒，电视首次公开展出（1926年）

午夜前3秒，电子计算机、晶体管、人造卫星问世（分别为1946年、1947年、1957年）

如果把人类的进程划分为一天，那么在23点之前，人类经历了漫长的沉寂。

因此，施拉姆说："这一天的前23个小时，在人类传播史上几乎全部是空白，一切重大的发展都集中在这一天的最后7分钟。"

艾赫尔·别格：最后5米

人类的年龄大约是60万年。如果把这个过程设想为60公里的马拉松赛跑，这次赛跑的大部分时间，都消耗在黑暗和森林之中。只是到最后，跑到58公里的地方，我们发现了原始时代的工具，以及史前的洞窟壁画；59公里的地方，出现了越来越多的农业景象；离终点200米，穿越罗马的堡垒，离终点100米，到处都是中世纪的建筑；离终点50米，有一个人用充满智慧的眼光注视着赛跑——他就是达·芬奇；只剩下10米了，仍在微弱的油灯下前进；可是，在最后5米的冲刺下，发生了惊人的奇迹——高楼林立，汽车轰鸣，摄影记者和电视记者的聚光灯，使运动员眼花缭乱。

由以上关于人类传播媒介发展的时间进程的比喻，我们可以看出，传播媒介是不断创新发展的，并且，媒介发展的速度成几何级递增的趋势。如今，信息技术的高速发展进一步使新旧媒介在交锋中融合和重组。富兰克林在展望科学的未来时，这样写道：科学的迅猛发展使我有时感到遗憾——我出生得太早了。我们无法想象人类驾驭大自然的能力在一百年、一千年以后，能达到怎样的高度。

具体来看，传播媒介的发展进程不是媒介依次取代的过程，而是一个依次叠加的进程。新媒介的出现并不意味着旧媒介的灭亡，媒介之间存在着一种耐力，各种媒介都具有各自的特点和优势，媒介之间共存发展，互为补充。

一、口语媒介阶段

人类历史上的第一次传播革命是口语传播时代。从人类最初的野蛮状态到文字出现之前，即从人类开口说话到用手写字，这个阶段是口语媒介阶段。应该说，传播媒介的发展是与人类文明的发展同步的。人类对传播媒介的利用早已有之，远古人类使用非语言符号传递信息，比如呼喊、动作、表情等互相沟通。直到语言的产生，使人类完成了从猿到人的转变。语言的运用，拓展了人类传播的内容和传播范围，大大加快了人类脱离野蛮、走向文明的进程。

语言没有“化石”，所以何时开始有语言，无证可考。据猜测和推理，人类远祖大约在10万年前的某个时候开始“说话”。语言传播的出现，使得人类摆脱了原始状态。口语传播不需要辅助手段，使用简单。但是口语传播具有一定局限性。口语只能实现近距离传播，且转瞬即逝，不能保存。

值得注意的是：口语传播时代也有其他体外化媒介，如结绳，图形，烟火，擂鼓等。

二、文字媒介阶段

第二次媒介革命是文字的产生，文字的产生是人类继语言之后的第二座里程碑，它使人类进入了更高的文明阶段。

在第二次传播革命中，人类发明了文字，进入了书写传播时代。文字源于图画，所谓“书画同源”，文字是从古老的图画或洞穴壁画经过长期演变而来的。

大约公元前四千年左右，在古埃及诞生了最古老的象形文字。中国商朝出现了甲骨文。它们一画一“字”，一“字”一意，几个画合在一起则构成一个故事或事件。文字诞生之后，人类通过文字记录历史，使得生产和生活经验都得以保存下来，促进了人类文化的传播。

商周时期，中国人在新石器时代“陶文”基础上创造了“象形文字”，而刻写在龟甲兽骨之上的则叫“甲骨文”，这些字基本上仍是图画和表现性的，有的就是简单的图画（如日、月、山、川等字）进一步发展才形成后来的文字形态。

文字媒介的出现在人类传播史上具有重大意义，首先，它克服了音声语言转瞬即逝的缺陷，文字可保存，从而使知识得以积累。其次，它打破了音声语言距离的限制，可以把信息传递到更远的地方。最后，文字产生后，文化的传承不再依赖神话传说，而有了确切可靠的资料。

文字作为人类第一套体外化符号系统，使人类传播在时间上和空间上都有了很大的突破，极大地促进了人类智力的发展，它不仅改变了社会结构，也影响到关于知识的社会定义：只有会识字和书写的人才能够拥有知识。然而，说话是通过生活就能获得的习惯，识字和书写则需要长期的学习，因而，读写能力构成了人类社会历史中最大的知识垄断，只有极少数人有机会掌握这种技艺并成为统治者。

三、印刷媒介阶段

第三次传播革命的标志是造纸术和印刷术的发明，标志着人类进入印刷传播时代。这个时代的特点是文字信息大量生产、复制。

文字出现后，人类经历了很长的手抄传播阶段，手抄文字效率低、规模小、成本高。直到中国印刷术的发明，对世界文明的发展做出了杰出贡献。

印刷术起源于殷商时期的印章和公元200年的中国拓印术，大约隋末唐初中国人发明了雕版印刷术，北宋庆历年间毕昇发明了泥活字印刷术。后来又出现木活字印刷。再后来，德国铁匠古登堡在中国印刷术基础上发明了金属活字印刷术。此后，随着造纸术和印刷术的普及，报纸、杂志、书籍等印刷媒介得以迅速发展，成为人类主要的传播工具。

印刷术的发明较之语言媒介和文字媒介有了巨大的进步，它能够实现迅速、大规模批量的信息生产和复制。文字信息生产规模小，加上民众受教育程度低，在当时，文字基本上属于政府、教会、统治阶层的特权，这种情况直到印刷传播时代的到来才有所改观，后来大众化报纸（廉价报纸）的产生使得社会上普通民众都能够接受信息。

虽然，印刷术的发明打破了中古时代极少数人对信息传播的垄断，第一次造就了信息传播向社会下层转移的契机。印刷改变了媒介笨重、符号复杂、复制困难、传播垄断的问题，提高了传播规模和效益，降低了传播成本。但是，印刷术的解放意义仍然是有限的，它将传播权从中古时代的禁锢中解放出来，又在一个较大的范围内形成新的传播垄断，因为数量巨大的没有足够读写能力的人自然被排除在外，传播的载体在一定程度上被当作了知识本身，印刷传媒内容的复杂等特点，还造成阅读群体明显的等级差异和相互间交往的隔绝。文字和印刷媒介虽然发展了人类文明，但同时它使人类的交流从口语时代的双向变成单向传播，这种代价最终需要得到补偿或某种形式的回归。

四、电子媒介阶段

第四次传播革命的标志是20世纪初，电影、广播、电视等电子媒介的发明和普及，标志着大众传播时代的到来。

1876年，美国人贝尔发明电话。

1895年，卢米埃尔兄弟发明电影摄影机，宣告电影时代的开幕。

1906年，弗里斯发明三极管，使无线广播成为可能。

1920年，世界上第一家电台KDKA在美国正式开播，宣告广播时代的到来。

1936年，英国建立世界上第一家电视台BBC，正式播出电视节目。

电子媒介的出现实现了信息的远距离、快速传播。在第四次传播革命中，以广播和电视为主体的电子传播媒介，不仅彻底突破了时间和空间的限制，使得信息传播瞬息万里，而且挣脱了印刷传播中必不可少的物质（书、报、刊）运输（通过人及交通工具将印刷品送到读者手中）的束缚，为信息传播开辟了一条便捷、高效、省钱、省力的空中通道。20世纪70年代，有线电视的发展；80年代电视直播卫星进入实用阶段，跨国卫星电视进入家庭。这些都极大地改变着人们的生活以及人们的信息接收习惯。人类传播真正意义上实现了全球传播，信息无处不在、无时不有。

五、网络媒介阶段

第五次传播革命革命的标志是以互联网为代表的计算机技术的应用。

互联网作为一种新兴的传播媒介，集声音、图像、文字、影像于一体，具有高度的互动性。改变了传播者和受传者之间的关系，传播从过去的单向传播转向高度互动的传播，传受双方间的距离感消失了，受众主动性大大提高。同时，网络传播速度更快、范围更广，网络带来了信息绝对量的增加。

从19世纪的电报、电话、电影到20世纪的广播、电视、卫星通信、计算机网络，电子媒介在不知不觉中成为人们生活的一部分，无形中改变着社会的结构。这种变化对社会的影响是巨大的，至少可以归纳为以下几点：

第一，电子媒介使接触它们的人的身体所处的地点，不再与其在社会上的身份地位相关联，而传统的口语传播和文字传播，则是由人在社会中的身份和地位决定的，如何说话、书写，带有强化特定身份的意味。电报是第一个使人体运动与信息运动分离的发明。电视将不同类型的人群带到了相同的场景，于是不同的社会角色在电视面前变得模糊了，而网络传播则进一步提供了隐去身份参与交流的条件。

第二，电子媒介是作为一种共享的场地或平台存在的，服务于人们同时获取讯息的需要。作为一种最为广泛的公共领域，它造就了传统的口语传播和文字传播远难以达到的信息共享程度，特别是电视，它将内容传播给了所有人，受众范围极其广泛。

第三，电子媒介将原来属于各个社会层面内部的场景推到了前台，从而整合了信息系统。声调和画面，无论经过怎样的准备，一旦显现，情感、情绪的隐秘就不可能完全被遮蔽。以往被间隔在人际交往和印刷传媒狭小空间的性、婚姻、不育、同居、离婚、家庭暴力、疾病、死亡，等等隐蔽问题，越来越成为公开讨论的话题，公开与私下场合的模糊，使得社会对许多模糊的社会类别给予了更多的宽容。

第四，电子媒介能够绕开空间的隔离，不再使人们限制在一个给定的信息系统中。例如儿童不再只通过家长和老师，还通过各种电子传媒获取各种环境信息，直接体会许多成人的观念和感觉；女性与男性获取信息的差异明显减少；政治权威的信息系统不得不适当地让与公开的情景，领导人成为公众评论的对象。电子媒介正在融合不同的知识场景，打破学科的界限，也为学科间新的对话开辟了道路。

在这里，我们继续分别讨论印刷、广播、电视、网络传播的意义已经在减弱。所有的媒介正在数字技术上得到新的融合，“传播媒介”的概念将被作为一个包容性的术语。一般地说，新的传媒形态不会破坏旧的，但会改变原有各媒介形态的性质、含义和效果。这对社会结构的影响同样是巨大的，有正面的，也有许多意料不到的新问题，从法律到各种道德规范。不过在批判新媒介带来的新问题时，应着眼于未来发展。

一位相对年轻的美国人文学女教授在与一位年岁较大的教授辩论时写道：“他们无法理解我们这些生在‘二战’之后的人如何能够在读书的同时，还能看电视，但是我们能。我读书的时候，我戴着耳机，摇滚乐或是普契尼或勃拉姆斯在耳边狂响。关闭了声音的肥皂剧在电视屏幕上闪烁。同时我可以还在电话上与别人聊天。新生代具有多层面、多轨道对应世界的能力。”

总的来看，人类传播革命的步伐一直呈加速度状态发展。传播符号、传播媒介和传播科技始终呈叠加性状态发展。例如广播、电视出现后，广播新闻取代了报纸的“号外”版，成为突发性新闻的第一来源；而电视取代了报纸成为主要的信息来源。但这些挑战并没有让报纸媒介消失，反而报纸进一步发挥了自己在深度报道方面的优势，满足了报纸读者对新闻深度性、全面性的需求；电视出现后，人们预言广播媒介必将消失，然而，广播发展到今天的事实证明，广播完全可以发挥自身听觉传播的优势，在交通台、音乐台等方面立足。而面对今天互联网的冲击，传统媒体更是不断寻找和发挥自身优势，争取在激烈的竞争中占据一席之地。

同时，这种叠加性状态又导致了整合状态。如电话是对语言传播和电讯传播功能的整合，广播是对电话和唱机功能的整合，电视是对广播于电影功能的整合，而电脑的发展也许要整合一切功能和媒介。

传播媒介是不断发展变化的，媒介之间的关系不是互相排斥，而是相互协调的，每种媒介都有自身的优势和特点。信息技术的发展进一步改变着世界的形貌和人们的生活，新旧媒介的交锋和融合，也将进一步改变人类传播的格局。

第二节　传播媒介的特点及媒介选择

不同的媒介具有各自不同的特点及功能，报纸、杂志、广播、电视以及互联网都有自己的传播优势，也有自身的缺点和劣势，本节主要分析不同媒介的传播特征，只有了解了媒介的特点之后，才能有针对性地评估媒介的传播效果，从而做出正确的媒介选择。

一、媒介的特点

1. 报纸

随着广播在世界各国迅速发展滞后，特别是20世纪50年代，电视在发达国家普及之后，有人说，报纸将被广播和电视取代，但报纸媒体发展至今的事实证明，报纸的生命力是旺盛的，报纸没有失去其存在的价值和发展的空间，报纸对人们获取信息仍然发挥着不可替代的作用。究其原因，就在于报纸具有其他媒介所不具备的传播特点。

报纸属于印刷媒介，诉诸人的视觉，是视觉媒体，利用视觉供人阅读是报纸最大的特点，这也是有别于其他媒介最明显的特征。报纸以文字符号来传播信息，因此，文字是报纸最重要的传播手段。

报纸媒介的传播特点具体如下：

第一，报纸具有解说性。作为以文字为主的传播媒体，报纸不仅报道信息，更重要的是它还承担着针砭时弊、引导舆论的作用，这一点尤其体现在报纸的评论和社论上。报纸相对于电视的娱乐性，可被视为理性媒体，报纸刊登的新闻一般能受到读者的信任。有人说，报纸是理解性媒介，读者是通过报纸上的文字、图片来理解信息，因此，报纸适合刊登新闻背景的分析、解释性报道、调查性报道。

第二，报纸读者具有自主性。报纸让读者有选择阅读时间、阅读速度和阅读地点的自主权，它不像广播、电视媒体对于受众具有强制性，何时何地以何种速度接受电波媒体的信息，必须听从媒体安排，稍纵即逝和过时不候的电波媒体，使受众永远处于被动境地。相反，报纸读者对信息具有很大的自主权，可以根据自己的爱好和习惯，自由选择读报的时间、地点和阅读顺序，或详或略，或快或慢均由读者自己决定。

第三，报纸具有柔韧性。报纸的信息量由于版面可增可减，因此，报纸可以被视为极具柔韧性的媒体。广播、电视等电子媒体尽管24小时都可用于播发信息，但在一个频道上能播发的信息总量是绝对的、有限的，人们不可能24小时都用于接受信息，因此，在相当的时间段，电波媒体有效利用率是很低的，在有效利用率低的时间段里传播的信息，其到达率也很低。

第四，报纸保存性强。广播电视等媒体传播的信息，如果没有录音或录像设备，信息便无法保存。但由于报纸上的信息是印刷品，适合长久保存，它的生命周期更长、更持久。同时，报纸可以反复阅读，多人阅读，从而使报纸的内容具有较高的阅读率和传阅率。

第五，报纸具有权威性。报纸媒体在长期的新闻报道和新闻评论中形成了自己的权威性和影响力。虽然《党报》和《都市报》因其级别、性质、传播内容的不同而具有不同的权威性，但总体而言，公众对报纸信息的真实性和准确性认可度较高。

除此之外，报纸也具有一些劣势，比如，报纸的时效性较差，不及广播、电视可以做到实时传播；报纸虽有图片，但也不如电视画面生动直接；不如电视具有现场感和感染力；报纸对读者的文化水平要求较高，读者需具备一定的文化水平才能更好地理解报纸中文字符号传达的信息的意义。

2. 杂志

杂志媒体属于第二大视觉媒体。杂志的特点有以下几个方面：

第一，高品质。杂志印刷精美，这是杂志相对报纸媒体的最突出特点，杂志用纸较好，又经装订成册，注重印刷装帧质量，印刷清晰度高，视觉效果更好。

第二，特定读者指向性。杂志的专业品位是它的特色之一，这种对读者细分之后形成的特定目标受众对象的专门化杂志，使它有特定的读者群，内容针对性较强。但同时，由于杂志特定读者的指向性，专业性强的特点，导致杂志的发行范围过窄，社会影响力不大，传输范围有限。

第三，杂志的重复阅读和保存价值高。杂志比报纸具有更高的保存价值，由于使用寿命较长，反复阅读率也高。

3. 广播

广播是通过电子技术向受众传送声音符号的媒介。声音符号是广播唯一的传递信息、表达思想的物质载体，这是广播媒体与其他传播媒介的根本区别所在。广播的声音可分为语言、音乐和音响三种类型。与其他媒介相比，广播媒体的基本特性有：

第一，时效性强。广播利用电波传送消息，其传递速度是其他载体无可比拟的，广播传出声音与听众听到声音几乎是同步的。此外，与报纸、杂志媒体相比，广播节目的制作、传输、接收简单，环节少，因此，广播的时效性强，尤其是在发生重大事件时，广播能够做即时地报道新闻事实，成为时效性最佳的新闻传播媒介。

第二，广泛性。电视把盲人排除在外，报纸要求读者具有一定的识字能力和语文水平，而广播媒体的受众，只要具备收听能力的人都可以成为广播媒体的对象，受众广泛。同时，广播的覆盖面广，电波所及，都是广播的覆盖范围，人们把它成为“无国界媒体”，因此广播的广泛性明显超越其他媒体。

第三，声音的生动性。广播通过声音传达信息，运用大量的音乐、音响和有声语言，极具现场感、声情并茂，有很强的感染力。与电视运用画面来表现，声音更具有想象的张力。广播语言可以对电视画面很难表现的抽象概念进行描述。当然，广播通过声音语言表现，很大程度上要依靠听众的想象力，这同时包含了在广播信息传达过程中的不确定性。

第四，双向性。与纸质媒体相比，广播互动性更强。广播听众可以通过热线电话的形式，即时地向传播者发出反馈，而其他几种媒体受众的反馈是延迟的。

第五，广播是生活伴侣。人们可以边吃饭、边驾驶边听收音机，广播媒体对受众没有必须与媒体面对面的姿势要求，而是让收音机来适应人，所以，广播可以算是软媒体，这是从媒体对人提出的要求的角度来对媒介进行划分的。

当然，广播媒体也具有一些劣势。广播是线性传播，按时间顺序安排节目的播出，这一点使得听众只能按时间顺序收听，无法自由选择想收听的节目，因此，广播听众的选择性差、自由度低。此外，由于声音转瞬即逝，因此广播内容的保存性差。

4. 电视

电视是运用电子技术手段，传输声音和图像的现代化大众传播媒介。电视自诞生起，便成为最大众化、最具效力的传播媒介之一。在当今各种媒介并存的局面中，电视仍然以其独特的优势占据着非常重要的位置，这是由电视的传播特点决定的：

第一，视听兼备。电视通过视觉和听觉两个渠道同时作用于受众，这是它与其他媒介的最主要区别，也是电视媒体的最大特征。从信息刺激的角度看，电视能够对传播内容进行动态演示，能够展现事物过程，易于理解。它既有影像又有声音，给电视观众身临其境的感觉，易于让人受到情绪上的感染，给人留下的印象最深刻，也容易让受众注意、理解和记忆。

第二，娱乐性强。主动接触文字的行为，具有目的性，需要理智来支持，但在电视面前，我们总是处于被动中，我们不知道所需信息在哪里，接触电视具有随便性，在电视面前我们只能是不与其认真的心态，所以，看电视主要是寻求娱乐。

第三，电视是个信息大家庭：电视信息是建立在大众性基础上的，覆盖面广，收视率高。在我国，文化生活还不大丰富，尤其在城镇、乡村，人们的业余时间几乎都用来看电视，电视媒体具有巨大的影响力和权威性，用电视媒体传播广告信息可以得到大多数人的承认和信赖。电视深入到每个家庭，那些通过印刷媒体触及不到的受众，都可以被电视所覆盖。卫星电视更是实现了跨地区、跨国界的传播。

电视也具有保存性差、选择性差、转瞬即逝等劣势，这也是电子媒介的共同劣势。

5. 互联网

互联网自诞生以来，经过几十年的发展，现已成为当今世界上最大的、应用最广泛的计算机信息资源网络。互联网正在改变着人类的生活。

互联网是一个新生事物，具有许多传统媒体不具备的特点：

第一，信息内容极其丰富。网络信息具有海量的特点，其他媒介都无法与互联网储存和发布的信息相比。互联网信息的主要形态既有文字、图片、声音、视频等，还包括数据、超链接等，信息的呈现方式非常丰富。

第二，交互性。传统的大众传播媒介是单向传播，信息反馈迟缓、模糊，受众的选择性受到很大限制。互联网是真正意义上的双向传播，具有即时反馈的特点，每个用户都可以在网络上自由发布信息、表达观点。如果说传统的大众媒体是强势一方，受众是弱势一方的话，那么，互联网的传受双方更加平等，受众可以随时对传播者发出的信息进行评论和反馈，以便传播者根据反馈来调整后续的传播内容。

第三，超时空传播。网络媒体不受时间和空间的限制，任何人都可以通过互联网接收和传播信息，互联网的网民分布在世界各个国家和地区，受众非常广泛。

当然，互联网的发展也带来了一系列问题。比如网络信息的泛滥，容易造成受众的信息接收过载，使受众淹没在网络信息中，往往良莠不齐的信息使受众真假难辨。加之网络的匿名性，信息缺乏过滤，造成网络媒体信息的可信度和权威性不如传统的大众媒体。

通过上述分析，我们可以看到，不同媒介具有不同的传播特点，各有所长，也各有所短，我们只有了解不同媒体的特点，才能更好地发挥其优势，规避其劣势，扬长避短，促进各种不同媒体共同发展和繁荣。

二、媒介选择

传播媒介作为信息传递和接收的载体，在信息传播中具有重要作用。信息到底使用哪种媒介传播效果更好？哪种媒介更受受众青睐？传播学中不少学者致力于此类问题的研究。

施拉姆在《传播学概论》中提出了人们选择信息的或然率公式：

报偿的保证/费力的程度=选择的或然率

人们选择不同的传播途径，是根据传播内容和受众使用媒介的难易程度决定的。要提高媒介被受众选择的可能性就有两个办法：一是降低分母值，即减少受众预期的困难；二是提高分子值，即增加受众预期的报偿。分母的相关因素主要是要考虑信息接收的便捷性和使用媒介的难易程度，分子的相关因素主要是考虑信息的内容以及信息能否满足受众需要程度。例如，人们看电视时选择娱乐节目总是最容易收到的节目，如果你觉得晚上八点钟的电视节目能使你在工作之余得到很好的放松，你就会经常看这个节目。

实际上，这个选择的或然率公式适用于我们日常生活的很多情况。在某些时候，某些信息的重要性突然增加，值得我们尽一切努力去获得。然而，即使此时此刻，我们也总是更愿意选择便捷的渠道，或者觉得最有把握、最舒服的渠道。但是，如果可能获得的报偿的确非常大，我们就乐意花上几年的时间去攻读博士学位。

由此可见，受众对媒介的使用不是不加以选择的，受众对媒介的满意程度、受众接触媒介的便捷性等都会影响到他对媒介的选择。具体而言，人们在选择上，往往注重以下几点：

第一，传播内容的感染力如何？传播内容是否与受众息息相关，符合受众的需要。比如，相对于女性受众更喜爱看肥皂剧，男性更爱看新闻节目和体育赛事。因此，肥皂剧被女性观众选择的可能性就更大些。

第二，传播方式的获取是否便利？比如，当我们在沙发上看杂志的时候，喜欢随手拿起手边的杂志，而不愿意费时费力地去找另一本，除非另一本上有我们非看不可的内容。

第三，传播方式的吸引力如何？也就是传播方式上色彩、动静等对比是否明显，音乐与音效是否引人注意。例如，电视画面的动态效果比静态效果更容易吸引人的注意。印刷媒体上的彩色比黑白更吸引人。

第四，受众的情况如何？比如，受众的传播技能怎样？印刷媒介对读者的阅读能力要求较高，网络媒介要求受众具备一定的电脑操作能力。这些因素都决定着受众的媒介接触和选择。

总之，每种媒介都具有各自独特的传播特点，受众对媒介的选择也是基于多种因素。因此，当我们研究媒介时，除了要研究媒介自身的特性之外，还要了解受众，了解他们的媒介习惯和媒介接触心理，只有这样，媒介才能吸引更多的受众，提高自身的影响力和传播力，从而取得更好的传播效果。

第三节　媒介理论

随着互联网、手机以及大量传播新技术的出现，媒介受到人们越来越多的关注。是媒介改变了社会还是社会改变了媒介？是媒介内容改变了社会还是媒介技术改变了社会？媒介的进化伴随着社会的发展吗？这些正是本节要讨论的问题。

媒介技术的发展和媒介实践催生了很多相关的媒介理论，反之，媒介理论也进一步推动和促进了媒介的研究和媒介发展的实践。早期的媒介研究，人们比较看重的是媒介内容，忽略了传播技术在媒介研究中的重要性。随着科学技术的发展，有关媒介技术的研究也取得了重大进展。本节我们主要介绍媒介技术方面的理论：英尼斯的媒介偏倚论、麦克卢汉的媒介理论和梅罗维茨的媒介情境论。此外，我们还要介绍几个媒介效果理论，如电子乌托邦、媒介依存症等。

一、英尼斯媒介偏倚论

加拿大传播学者英尼斯在他的两本著作《帝国与传播》《传播的偏向》

中，重点论述了传播媒介的偏倚性问题。

英尼斯认为，任何媒介都具有时间或空间上倾向性，即媒介的时间偏倚(time bias)和空间偏倚(space bias)的特性。时间偏倚性媒介是质地较重、耐久性强的媒介，如黏土、石头和羊皮纸等，较适于克服时间的障碍，较能长久保存。空间偏倚性媒介是质地较轻、容易运送的媒介，如纸草纸、白报纸等，较适于克服空间的障碍。

在英尼斯看来，任何传播媒介若不具有长久保持的特性来控制时间，便会具有便于运送的特点来控制空间，二者必居其一。人类传播媒介的演进史，是由质地较重向质地较轻、由偏倚时间向偏倚空间发展的历史，而且与人类文明进步阶梯相协调。比如，用树枝在潮湿的黏土上书写符号而后烘干或晒干，或者在石头上刻画符号，这类媒介反映了人类远古时代的文明特征；树皮和纸草纸的媒介反映了古埃及和希腊罗马时代的文明特点；羊皮纸则是由罗马帝国到公元 10 世纪的通用媒介；纸和笔则是 15 世纪中叶的主要媒介；纸与手工印刷是文艺复兴至法国大革命(18 世纪) 期间的重要媒介；进入19世纪，相继迎来报刊时代、电影时代和广播、电视时代。

偏倚时间的媒介是某种意义上的个人的、宗教的、商业的、特权媒介，强调传播者对媒介的垄断和在传播上的权威性、等级性和神圣性，但不利于对边陲地区的控制。而偏倚空间的媒介是一种大众的、政治的、文化的、普通媒介，强调传播的世俗化、现代化和公平化，故它有利于帝国扩张、强化政治统治、增强权力中心对边陲的统治，也有利于传播科学文化知识。就这两类媒介同权力结构的关系而言，英尼斯认为，“偏向时间的媒介”有助于树立权威，从而有利于形成等级森严的社会体制；“偏向空间的媒介”则有助于远距离管理和广阔的贸易，有助于帝国的扩张，从而有利于形成中央集权但等级性不强的社会体制。英尼斯认为，任何一种新的传播媒介的出现，都能够改变社会体制的形态，常常转移权力中心。社会权力的竞争离不开寻求新的传播技术形式的竞争。于是，英斯就将控制媒介行为视为行使社会和政治权力的一种手段。英尼斯还探讨了媒介的时空偏向性两者之间对社会稳定的影响。他认为，一味地向时间倾斜或空间倾斜会造成社会不稳定，一个稳定的社会离不开维护时间倾向和空间倾向间平衡的机制。

从传播媒介入手，英尼斯谈到了传播与社会稳定、社会结构之间的关系，这是具有相当意义的思路。英尼斯关注的焦点是文明发展进程中，媒介技术的作用，他的媒介研究具有强烈的现实关怀。他对媒介技术的重视直接启发了后来的学者的媒介研究，麦克卢汉的媒介理论就是在他的老师英尼斯的影响下形成的。

二、麦克卢汉的媒介理论

在人类传播这样复杂的领域里，不仅出现过一些理论而且出现过一些人物，他们在扩展、启发了深思熟虑的分析之后，又逐渐退居于无声无息之中。加拿大学者马歇尔·麦克卢汉就是一个例证。

20世纪60年代后期，麦克卢汉是美国知识分子和学生为之倾倒的人物。随着他的著作《古腾堡的灿烂群星：印刷文人的诞生》一书在1962年的出版，就开始出现他的信徒。他最负盛名的作品于两年以后问世，书名叫作《理解媒介：人的延伸》。此书出版以后，它就同麦克卢汉一道开始成为在美国脍炙人口的事物，同时也让“媒介”一词和当时兴起的新媒介——电视一起，成为20世纪60年代的流行。

他的论述方式使得他的观点难以捉摸，他不信任印刷媒介那种直线的、逻辑的表述方式的缘故，麦克卢汉有意采用一种不连贯的方式写作，他很少把他的观点充分发挥出来而且看不起通过研究取得的证据，他采用的手段，用他自己的话来说，叫作“探针”，这些“探针”往往是些含义隐晦的语句，其措辞不是令人震惊就是令人困惑，不是不完整就是不加界说（例如“媒介就是讯息”）。因此他在学术上的态度是有些玄妙的。

麦克卢汉的媒介理论主要内容有：

1. 媒介即讯息

一般的观点认为媒介的内容是讯息，媒介只不过是一个工具或者说是讯息的载体，具有影响的是媒介的内容而不是媒介本身，而媒介即讯息的观点表明媒介本身就是一种讯息内容，内容和载体是不可分离的，而具有影响的是媒介的本身，媒介本身才是真正有意义的讯息。

麦克卢汉认为，从长远的角度看，真正有意义的讯息并不是各个时代的媒介所提示给人们的具体内容，而是媒介本身。媒介是传播的基础，换句话说，人类只有在拥有了某种媒介之后才有可能从事与之相适应的传播和其他社会活动。麦克卢汉显然认为被人类发明的工具不仅仅在为人所用时，对人类起了巨大的作用，而且工具本身的出现同时即传达着一种讯息，它在使人类以更深更宽的进入外部事物时，同时意味着人类将随之被塑造。

他从媒介技术的社会影响和效果角度理解媒介，指出传播媒介最重要的作用就是“影响了我们理解和思考的习惯”。在这方面，有人认为，19世纪中叶以前，美国文化建立在印刷文字的基础上，阅读对当时的思维习惯发生了根本性的影响，印刷媒介使人的思想变成线性的、连续的、规则的、逻辑的，铅字那种排列有序，富有逻辑命题的特点，使思想变成线性的、连续的、规则的、逻辑的。这培养了读者相当强的分类、推理和判断的能力，阅读促进了美国民众的理性思维习惯。而19世纪中期以后，照片、印刷画、海报、图片、广告等蔓延到整个美国文化，引起了图像革命，以图像为中心的思维方法取代了以文字为中心的思维方法，电视强调的更多的是感觉，它比印刷媒介更需要介入和参与。尼尔·波兹曼说道：“在这个世界里，一会儿这个，一会儿那个突然进入你的视线，然后又很快消失，这是一个没有连续性、没有意义的世界，一个不要求我们，也不允许我们做任何事情的世界，尤其是电视出现以后，更将这一图像思维的特点发挥到危险的完美境界。”

因此，对于社会来说，真正有意义、有价值的“讯息”不是各个时代的媒体所传播的内容，而是这个时代所使用的传播工具的性质、它所开创的可能性以及带来的社会变革。一般认为，内容比形式重要，但麦克卢汉认为，信息传达的形式更重要。麦克卢汉是这么解释的：“媒介的内容就像破门而入的盗贼携带的一块多汁的肉，它的目的是分散看门狗的注意力。”换言之，媒介的重要效果来自于它的形式而不是它的内容。

比如，对于电话这个媒介，一对刚认识的男女彼此留下了电话号码，起始只是觉得大家有缘见面，该表达一下感谢和问候之意。但慢慢有了感情，突然会发觉某天如果不打电话给对方，就感到似乎是生活中缺少了很多东西。以前是想听到对方在电话上给自己讲的话，现在则是打电话的习惯感已经成了生活方式，而不是把注意力放在对方讲什么的上面了。这只是电话在个案中潜移默化的影响，在电话对人类宏观的影响更是显而易见的，“打电话本身在人类事务中的革命意义，远远超过电话上具体说的东西。” 再举个例子，有人附庸风雅，在家摆着字画，这就是说讯息内容无关紧要，媒介本身才是重要的，而且事实上传递了信息。由此可见，麦克卢汉媒介即信息的内涵，着重阐明媒介给人类带来巨大影响这一事实。

媒介即讯息的第一层含义是：在媒介与社会的关系方面，在麦克卢汉看来，每一种新媒介产生都开创了社会生活和社会行为的新方式、媒介是社会发展的基本动力，也是区分不同社会形态的标志。例如，原始社会，口语是主要的传播媒介，由于受到听力的物理限制，人们必须生活在小空间部落群体中，相互保持近距离密切联系，这决定了当时部落社会性质；文字和印刷产生后，人类由耳朵的社会进入眼睛的社会，人们分散到更广阔地域，关系变得疏远；电子媒体尤其是电视的普及再次改变这种情况，它们以接近实时的传播速度和强烈现场感把遥远世界拉得很近，人与人之间感觉距离大大缩小，世界变成一个地球村，人们在更高级阶段又回归集体主义，形成现代部落社会，表示如下：

口语媒介 ——	文字印刷媒介 ——	电子媒介
部落社会	脱部落社会	地球村

此观点表现出麦克卢汉和他的老师英尼斯一样，把媒介作为社会发展和社会形态变化的决定因素来看待。

媒介即讯息的第二层含义是：一种媒介是另一种媒介的内容。

这一点是容易理解的，任何媒介的内容必然包含着文字、音频、图像，等等的符号或其他的可以传输的东西，而这些东西又是一种媒介。如文字的的内容是口语，文字是印刷的内容，印刷又是电报的内容。广播的内容是文字，电视的内容是文字或电影。这就导致我们很难把媒介内容和媒介本身严格区分开来。一种媒介是另一种媒介的内容，主要是从媒介之间的关系上来讲的，或者理解为技术之间的关系是互相联系的。麦克卢汉在该书中写道："没有一种媒介具有孤立的意义和存在，任何一种媒介只有在与其他媒介的相互作用中，才能实现自己的意义和价值。"

在麦克卢汉看来，我们传播的内容，其实只是在重复着千百年前人们已经说过的东西，而真正不同的正是我们所使用的媒介，代表我们独特身份的，不是内容而是媒介。媒介的影响之所以如此强烈，恰恰是另一种媒介变成了它的内容，这种双重影响自然让人深陷其中而不自知。

2. 媒介是人的延伸

一般认为媒介就是人们传播信息的工具。在《理解媒介》一书中麦克卢汉提出了媒介是人类器官的延伸，换个表达法就是人类器官的延伸就是媒介。

在他看来，文字和印刷媒介是视觉能力的延伸；广播是听觉能力的延伸；电视是视觉、听觉和触觉能力的综合延伸。因此，在他的眼里，媒介和社会的发展同时也是人类感官能力由"统合—分化—再统合"的历史。换言之，他认为，史前人的听觉文化在感觉上是具有统合性的，在这个时代，虽然感觉主要由耳朵把握，但同时牵动着全身感觉，因此，部落人的感觉能力大体上是平衡的；而文明人以文字和印刷媒介为主的视觉文化则不同，视觉文化的特点是集中于细节，并把细节从整体中分化抽象出来，眼睛孤立起作用，观察的是一个单一的连续的世界，每次只能偏重一个局部，因此从口语转向文字和印刷，实际上扩张的只是从感觉的集束中分离出来的一种感觉。他认为，这种感觉分离，可以推动人们对事物抽象的、深层的认识，但同时，疏远其他感觉只重视视觉也会产生情感的分离，使人的总体感觉能力下降；不过现代电子媒介尤其是电视正在改变文明人受视觉支配的情况，电视扩张了视觉和听觉，而且由于强烈的现场感扩展了人类的触觉，因此，现代人正重新回归到一种感觉平衡状态。

究竟为什么人类需要延伸自己的感官，麦克卢汉是从人体的生理学角度来谈的。他认为在生理上“我们的延伸会使我们麻木”，并举出医学家如汉斯·塞尔耶、阿道父·乔纳斯的观点：我们的一切延伸，无论是病态的还是健康的，都是保持平衡的努力。因此，人体在无法探查或避免刺激的根源时，就诉诸自我截除的力量或策略。

那么，人为什么被迫用自我截除来延伸自我的肢体？麦克卢汉根据生理学的观点解释为，当“身体受到超强刺激的压力时，中枢神经系统就截除或隔离使人不舒适的器官、感觉或机能，借以保护自己”。这方面，轮子的发明是很好的例证。

在麦克卢汉眼中，轮子是脚的延伸。在文字与货币媒介出现后，人类的社会交往进一步扩展。社会分工出现后，单个人已经无法完全靠自己来生存和发展，他必须借助交换取得所需。随着交往程度的加深，单纯脚的功能已经无法满足或者说无法承受交换给人产生的压力与负担。具体说是给脚从而也给中枢神经系统带来了无法承担的负担。这种压力的刺激迫使中枢神经进行自我截除，或者说是“截除”了脚的一部分功能，而这个功能就由人发明的轮子来承担了。

可以说，对人类而言，轮子是一个具有深远影响意义的发明。它使人走出了狭小的空间地域，使货物得以顺利地从一个地方搬运到另一个地方，使城市与乡村融合与分离，使文明得以传延。总之，轮子的广泛使用给人类的事务引进了一个新的尺度，它使人类彼此以及人类与环境之间卷入更深。

任何一个工具的使用都给人类带来了新的尺度，而人是一个平衡的有机体。当人的某一种延伸出现后，它打破了人体原本的自我平衡态，而为了对抗这种改变，人必将在必要的时候去做其他方面的延伸，以此来寻求新的平衡。

人这种动态的由平衡到不平衡再到新的平衡，正如马克思的唯物辩证法所论的“肯定——否定——否定之否定”的规律一样，它推动着人类不断地向前演进。而人类也正是在这种演进中完成了身体各个部分的延伸，直到在电子媒介时代，人类完成了最后的延伸——中枢神经的延伸。

麦克卢汉认为，在电力时代到来之前的印刷时代或机械时代，所有的截除或延伸都是受中枢神经系统控制的某一部分肢体的延伸，并没有真正触及中枢神经系统本身。由于人的中枢神经是人感知世界的指挥中心，在中枢神经被延伸之前，所有的延伸都只是中枢神经控制下的延伸。

而随着人体的各个机械部位延伸完毕，人类参与外部世界的尺度已经由简单的量变走到了质变。随着电子时代的到来，这种巨大而深深地卷入使中枢神经系统再也无法安坐下去了，它本身也必须延伸。也就是说中枢神经系统作为人感知世界的统帅，此时，它也不得不自我截除一部分的功能，即麦克卢汉所说的“电力技术到来之后，人延伸出（或者说在体外建立了）一个活生生的中枢神经系统的模式”。这个体外的中枢神经系统就是电视媒介。

中枢神经的自我延伸或截除在麦克卢汉看来“意味着一种拼死的、自杀性的自我截除”，因为在此之前的每一个机械部位的延伸，虽然都给人带来了深刻的影响和塑造，但这所有的延伸是在中枢神经的可控之下的，是肌体“内部事务”；而中枢神经的自我延伸后，它已不能依靠人体其他器官来作为其保护性的缓冲装置了，它被迫把自己完全暴露出来。

此时，问题出现了，人的本质要求人应该只有一个中枢神经系统，但现在人又在其体外延伸了一个中枢神经系统——电子媒介，这两个系统谁听谁的？谁在真正主宰人本身？

众所周知，现代人都生活在两个世界里，一个是本身所在的现实世界；另一个是媒介所创造的虚拟世界。我们体内的中枢神经帮助我们感知现实世界，我们体外的中枢神经系统——电子媒介——帮助我们感知虚拟世界。

在中枢神经未被延伸之前的无论是口语时代，还是印刷（机械）时代，人类基本上没有受到如今天般的两个世界的挑战。但在电力时代，“行动及其反应几乎同时发生”，地球上无论哪一个地方发生的重大事件都几乎同时对人类产生影响。各种形式的电子媒介已经对人类构筑了立体的讯息网络，这从根本上重构了事件的时间和空间参数。越来越多的新闻事件是以所谓的本真时间（real time）传播的。这既使跨越各民族国家，所有能够穿越国界的信息重新得到语境化，又给人以即时传播的印象。在电力的加速下，事件由时空分离走向一体，整个世界变成了地球村。这是一种巨大而深远意义的转变。按麦克卢汉的话说，全球已自我内爆，消除了时间和空间，这使得发生于远处的各种事件变成日常生活不可分割的一部分，对主体间性的各种社会关系进行了重构。

前文已经讲过人类所生存的两个世界，即现实世界和虚拟世界。真正危险的是由人类中枢神经系统延伸出来的电子媒介所感知的虚拟世界的力量，在今天看来，已经远远大于我们体内中枢神经系统所感知的现实世界。我们的世界观、价值观和思维方式都过多地依赖和顺从于虚拟世界。我们几乎不能一天不读报纸、不看电视、不上网浏览人类比以往任何时候都更了解外部世界，但人类的安全感却并没有增加，反而越来越感到自己置身于一种从未有过的不确定性之中。

在“挑战与崩溃——创造力的报复”章节中，麦克卢汉表达了同样的后果忧虑：电力技术与我们的中枢神经直接相联，因此说“公众想要什么”作用于自己的神经上，是荒唐可笑的。……一旦拱手将自己的感官和神经系统交给别人，让人家操纵——而这些人又想靠租用我们的眼睛、耳朵和神经从中渔利，我们实际上就没有留下任何权利了。

可以说，人类当前面临的最重大挑战——无论是困境还是机遇——的根源恰恰就在于人类在电子媒介时代所遭遇的逆转。这个逆转使人体内的中枢神经在控制人与环境关系的力量上被消散，不仅如此，它还正日益深刻地被体外的中枢神经系统——电子媒介所控制。

如前所述，麦克卢汉认为媒介就是人体的延伸。媒介既然是指人类的延伸，那么很多东西就可以被看作是传播媒介，在《理解媒介》一书中作者也正是列举了26种他认为是典型的传播媒介。这其中包括住宅、数字、滑稽漫画、眼镜、手表、帽子、数字，等等。在这里，麦克卢汉所说的媒介和传统的媒介概念存在着较大的差异，这些差异在于，麦克卢汉认为人类使用的工具和从事的一些活动，是人类器官的一种延伸或者说是一种外化。

比如，麦克卢汉认为游戏是“人的延伸”，他认为“和制度一样，游戏是社会人和政体的延伸，游戏是抗刺激的媒介，或者是适应行动压力的方式；任何社会群体中都必然出现行动压力的方式，游戏是对日常压力反应的延伸”。“游戏是延伸，游戏是传播媒介。”在这里麦克卢汉把游戏也看作一种媒介，是一种间接的媒介，它是“社会人和政体的延伸，是我们社会肢体的延伸”。在他看来人和人类的延伸都是传播媒介。

游戏作为传播媒介在我们的传统观念中是不可接受的。但是，正是把人类的延伸作为一个标准，许多工具和活动方式成为了传播媒介，这正是麦克卢汉的基本思想的独特之处。

麦克卢汉正是提出了人的延伸是媒介这一定义，使媒介概念的外延得到了扩展，很多工具和活动方式都划分到媒介的范围内，而传播媒介的范围也随之扩大。任何媒介都是人类感觉和感官的延伸，麦克卢汉通过此观点说明传播媒介对人类感觉中枢的影响。

3. 热媒介与冷媒介

热媒介传递的信息比较清晰，接受者不需要动员更多的感官活动和联想活动就能够理解，它本身是热的，人们在进行信息处理之际不需要热身运动。“热”媒介的含义指相对而言要表达的意思已经事先确定的媒介，它无须任何想象上的努力就可以从符号向现实的图景飞跃，受众参与度低。与此不同，冷媒介传达的信息含量少，且模糊，在理解时需要动员多种感官的配合和丰富的想象力，受众参与度高。例如，一张照片是清晰的，一目了然，是热媒介；而漫画形象模糊，需要人们联想和思考则属于冷媒介。

麦克卢汉认为报纸、广播、电影属热媒介。电话、电视，则属于冷媒介。这种归类可能会出乎大家意料。报纸不是需要读者投入较多理解吗，电视为什么跟电影不一样呢？如果根据清晰度作为唯一的冷热媒介划分标准，可能还没有全面理解麦克卢汉的意图，如果从受众的感觉上来看，最基本的是参与度，清晰度是由参与度引申出来的标准。

报纸虽然需要动用人的想象力，但它不像电视剧那样吸引人。而且报纸是热媒介也不能一概而论，爆炸新闻和坏消息就是冷的，因为更吸引人，而严肃的新闻和广告就是热的。所以麦克卢汉提出了一个有意思的解释：报纸的主要目的是登广告，新闻是用来填补广告空隙的。广告是热的，所以需要冷的坏消息来平衡温度。这也就揭示了为什么正面宣传过多的报纸，读者大多不感兴趣。

广播是热媒介，它只延伸了我们一种听觉器官，很清晰。广播是伴随性媒介，我们可以一边开车一边听广播，所以，听众参与度低，它是热媒介。

电影清晰度高，受众无法与电影内容互动，同时，由于我们看电影是在漆黑的环境下强制观众观看，受众参与度低，所以它是热媒介。

电话是一个双向的媒介，没有人的参与，通话就无法进行，因此，电话是个标准的冷媒介。

电视看上去与电影相似，但麦克卢汉说电视是冷媒介。因为电视给观众的感觉跟电影是截然不同的，电影呈现给我们的是完整的画面，但是电视图像是电子枪逐行或隔行扫描出来的，画面中充满着空隙，需要观众去填补。当然这个解释过于牵强，我们可以换一种方式理解电视的参与度，那就是电视是在家庭环境中收看的，不像电影那样是在漆黑环境中放映，因此，看电视时，观众一般不会全神贯注，因此电视必须吸引人的参与才能提高收视率。另一个证明电视是冷媒介的证据是电视的信息模糊不清，比如重大事件的直播，镜头通常是粗糙的，有时还会出现技术错误，但越是信息不完整不清晰，受众就越想看，因此，电视是冷媒介。

冷和热的分类并没有多少科学实用价值，此观点的提示在于：不同的媒介作用于人的方式不同，引起的心理和反应也有所不同，研究媒体应该把这些因素考虑在内。这一观点也再次提醒我们，要从受众实际的感觉出发，来研究媒介的影响。

麦克卢汉理论对传播学具有不可忽视的作用：

第一，他开拓了从媒介技术手段发现观察人类社会发展的视角，强调了媒介技术的社会历史作用。

第二，媒介即人的延伸的观点对于我们理解不同的媒介作用机制富有启迪意义。

第三，他关于地球村的预言符合了当今世界发展的趋势。

但是，麦克卢汉是一个技术自然主义者，他的理论带有极端性和片面性：

第一，强调技术是社会发展和变革的决定性因素，忽略了生产关系、社会关系等社会因素的作用。

第二，其理论强调人被媒介技术和工具主宰，忽略了人的主体性、能动性。

第三，其理论依据集中在媒介对人的中枢感觉系统的影响，感觉是重要的，但人并不是完全受感觉支配的低等动物，人之所以为人，更重要的是人具有人的理性活动，忽略了人的理性活动，就不能称之为人。

第四，泛媒介化。他认为什么都是媒介，这也是不符合现实的。

综上所述，我们应该如何正确认识媒介工具和技术在社会发展和社会形态变革中的作用？马克思的观点认为：决定社会形态发展和变革的基本因素是生产方式和内在的矛盾运动。生产方式包括生产力和生产关系，生产力是矛盾的主要方面，生产关系有制约作用，二者永远处于辩证关系中。

媒介技术和工具属于生产力方面，具有推动社会发展的作用，但是媒介归根结底被人创造，利用和控制。社会的各个因素都对其有制约作用。麦克卢汉的理论只强调媒介工具和技术能动作用的一面，没看到社会关系和社会制度对它制约的一面，因此，他的理论具有片面性。

三、梅罗维茨的媒介情境论

乔舒亚·梅罗维茨，美国当代传播学家，媒介分析领域的代表人物。他在综合了英尼斯、麦克卢汉的媒介理论和美国著名社会学家戈夫曼的社会互动理论之后，开辟了全新的视角，创建了以媒介情境论为主要观点的理论体系。其媒介理论集中反映在著作《空间感的失落：电子传播媒介对社会行为的影响》。

社会学家戈夫曼在米德象征性互动论的基础上，提出了拟剧理论（戈夫曼称为情境论）。简单说就是每个人的日常行为，都是在扮演一定的角色。

每种角色的扮演，需要一定的舞台布景和配角，他称为“情境”。社会被分为无数个相对独立的情境，情境影响着人的行为，在不同情境中，人们扮演者不同的角色。

他认为，人在特定的环境中的言行举止可以分为两大类型：前台的行为和后台的行为。这两类行为是不同的，前台行为代表一定社会角色的人按其角色需要的社会规范做出相应的行为；而后台行为则会放松自己，只有少数和我们最亲近的人才能看到，后台行为制定进一步表演的策略，并自嘲笑他们在前台的行为。

梅罗维茨虽然接受情境论，但也指出，戈夫曼仅局限于面对面交往范式的研究，忽视了通过媒介进行的大规模的符号互动现象的研究，因此，必须把英尼斯、麦克卢汉的媒介理论同戈夫曼的情境论融合起来，从而将后者的静态的场所研究与前两者的媒介环境观点结合起来，延伸为动态的情境分析，从而全面地揭示社会现实。

媒介情境论的主要观点有三个：

1．应把情境视为信息系统。

梅罗维茨认为，我们对于情境界定的讨论，可以集中于获取信息的过程而非物质场所。餐厅侍者们在前台（用餐大厅）和后台（厨房）的讲话固然不同，但是一旦有顾客走进厨房，原本是侍者放松的后台就会临时变为前台。由媒介造成的信息环境同人们表现出自己行为时所处的自然环境同样重要，应把接触信息的机会考虑到确定情境的界限中，并当作关键因素考虑。

2．每种独特的行为需要一种独特的情境

梅罗维茨认为，对于每一种社会情境来说，人们都需要一种明确的界限，因为人们需要始终如一地扮演自己的角色，不同情境的分离使不同行为的分离成为可能。当两种或以上的情境重叠时，会混淆不同的社会角色，令人们感到不知所措。梅罗维茨不同意戈夫曼拟剧论的情境静态观，他认为，情境的分离和结合是一个可变的因素，而不是静态的方面。

3. 电子传播媒介促成许多旧情境的合并

梅罗维茨认为，在现代社会，媒介的变化导致社会环境的变化，尤其是电子媒介，它重新组织了社会环境。电子媒介打破了物理空间和社会情境的传统关系，创造了新的情境，这个新的情境既不是前台的，也不是后台的，它混合了两种以上的传统情境，导致了人的行为的变化和社会的变化。

他发现，美国的女性主义运动和黑人民权运动都出现在20世纪五六十年代，这个时代正是电视的普及期，在电视出现之前，大部分女性是家庭妇女，她们并不知道男性的公共生活具体是怎样的，她们的活动范围主要集中在家庭等私人领域。电视的出现打破了男性与女性的分隔，女性也可以看到男性的节目，了解到男性的生活方式，她们突然意识到自己处于不平等地位。黑人的认识过程也类似。

梅罗维茨借助麦克卢汉和戈夫曼的理论，将媒介、空间、情境、行为几个概念联系在一起，得出了媒介对个人行为和社会具有重大影响的结论。但是他也强调，社会的发展多因一果，承认媒介的重大并不意味着媒介的影响是决定性的。但是如何将媒介的影响、内容的影响、社会政治经济的影响区分开来，媒介究竟是原因还是中间变量，在他的理论中并没有得到明确的解释。

四、媒介效果理论

除了以上三种关于媒介技术的理论之外，当代传播学者还从媒介形式和媒介工具的特性对现实社会的影响角度出发，提出了一些新的媒介效果理论。这里主要介绍电视媒介对社会的影响作用。

1. 媒介依存症

媒介依存症指的是现代人的一种病理现象。这种媒介依存症的特点是：过度沉溺于媒介接触而无法自拔；价值和行为选择一切必须从媒介中寻找依据；满足于媒介的虚拟互动而逃避现实的社会互动。

根据这一理论，传播学者又提出了两个概念：电视人和容器人。

电视人，指伴随电视普及而诞生和成长起来的一代，他们注重感官刺激，行为方式感性化，表现为跟着感觉走，这一点与在印刷环境中成长起来的他们的父辈重理性、重逻辑思维形成鲜明对比。同时，由于收看电视是背靠沙发、面向银屏的狭小空间进行的，这种封闭、缺乏社会互动的环境，使他们变得孤独、内向，容易自我封闭，以自我为中心，缺乏责任感。

容器人是在电视媒体包围中成长起来的，容器人的内心世界呈“罐”的容器状。感觉孤立，封闭，希望与人接触，但是这种接触仅仅是一种容器的碰撞，彼此之间都不希望对方深入自己的内心世界。于是保持一定的距离，成了人际关系的最佳选择。容器人注重自我意志的自由，对外部强制和权威采取不认同态度，但却很容易接受大众传播媒介的影响，他们的行为也像不断切换镜头的电视画面一样，力图摆脱日常繁琐性的束缚，追求心理空间的移位，物理空间的跳跃，而现代社会中忽起忽落、变幻不定的各种流行和大众现象正是“容器人”心理和行为特征的具体写照。①

电视人和容器人概念的提出表明媒介不仅利用其内容影响人的认识、价值观、行为，一种媒介的出现、使用和普及都会在很大程度上改变人的个性和性格。

2. 电子乌托邦

电子乌托邦的思想对新技术的发展给予了无条件的乐观主义期待，认为新的技术必将会把人类带入一个高度自由、民主和平等的理想国。电子乌托邦思想是建立在对新媒介技术特性的期待基础之上的。有的学者认为，网络的双向性使每个人既是传播者又是受传者，它将改变传统大众传播过程受到传播者支配的局面，使传播过程变得更加平等，这种平等必然带来社会关系的平等。

我们应该如何看待电子乌托邦的思想？我们应该认识到的是，单纯技术

① 沙莲香：《传播学》，中国人民大学出版社 1990 年版，第 10-12 页。

上的可能性并不能必然保证理想的社会形态的出现，如电话是一种双向媒介，但电话并不保证双方社会关系的平等，相反，双方社会关系受到电话媒介以外的众多因素制约，如上下级、父子关系。一种理想社会的到来，不仅需要技术上的支持，而且需要更为复杂的社会条件，其中包括社会结构、社会制度的合理化以及自身素质的提高，等等。简单的断言传播技术或工具必然导致某种社会形态的观点是幼稚的。媒介是中性的，自身并不必然导致社会善或者社会恶。重要的是人们如何利用媒介，以及利用媒介传播什么。传播媒介的社会影响不仅仅取决于媒介的技术或形式特性，而且取决于掌握和运作媒介的人和社会组织，取决于他们生产和传播的信息内容。

因此，电子乌托邦的思想夸大了媒介科技在社会发展中的作用，是片面的。

第七章

受众分析

传播过程存在两个主体：受传者和传播者。受传者是传播过程中接收传播者发出信息的一方，即受众。没有受众，传播者发出的信息就无人接收，传播过程就不能成立，传播活动就失去了方向和目的。可见，受众是传播过程得以存在的前提和条件，受众在传播过程中的地位极为重要。

对受众的研究也叫受众分析，与内容分析、媒介分析、效果分析控制研究一道，构成传播学的五大研究领域。这不仅因为受众是传播的对象，更因为传播的最终效果都是在受众身上体现出来的，受众接收信息后的反应是衡量传播效果的重要指标。因此，理解受众就是理解传播学的核心问题，就是理解在媒介化社会中被受众化的我们自己。

本章除了介绍受众的基本概念、分类、特征等基本情况外，重点在于分析受众在接受信息时的选择，分析他们信息接收的心理及原因，在此基础上，介绍近一个世纪以来，传播学者对于受众研究在理论和实践方面的进展。

第一节　受众

一、受众的角色和类型

受众又称为受传者、接受者，就是接受信息的人，它既包括大众传播中的信息接收群体——报刊的读者、广播的听众和电视的观众，也包括小范围信息交流中的个体——参与者和对话人。换句话说，在传播活动中，受众可以只有一个，也可以有几个人或成万上亿人；可以是一国、一代的人，也可以是全球、几代的人。

（一）受众的角色

受众作为构成传播过程的两极中的一极，它在传播中占有十分突出的地位，扮演着非常重要的角色。

1. 信息产品的消费者

受众阅听和接受大众传播媒介中的信息，亦即消费信息产品，必须付出一定的金钱或代价。不论是文字传播媒介——书籍、报纸、杂志，还是声音传播媒介——CD、唱片、广播，还是声像传播媒介——录像带、VCD、电影、电视，还有互联网、手机等传播媒介，它们首先是以商品化的客体进入传播和消费渠道的，受众只有花钱订阅或购买，才能占有或接触信息产品，满足自己的接受需要。人们常以为通过收音机、电视机这类接收媒介接受信息是免费的，其实，受众不仅阅读书报刊要花钱，而且收听收看广播和电视也不是免费的，他们除了要花钱购买接收媒介(收音机、电视机等)，还要另外付钱给大多数媒介中广告推销的商品。

2. 传播符号的译码者

传播的过程首先是传播者将采集到的信息编制成符号，使其成为可以传播的讯息。然后讯息进入传播媒介为受众所接收，受众对符号进行还原或“翻译”，赋予意义并接受。但是，受众要对符号进行译读理解，必须首先要识码（如识字）；其次要有一定的知识和与传播者共同的经验范围，否则，就无法与传播者共享信息、彼此沟通。由此可知，信息产品只被受众占有或接触是远远不够的，还必须被“翻译”“还原”为一定的意义，才能变成“现实的”信息，否则，它只能作为一个潜在的信息而存在着。

3. 传播活动的参与者

受众不仅是人际传播的参与者，而且是大众传播和互动传播的参与者。没有受众的参与，传播活动等于没有发生。“你可以爱我或恨我，但千万别不理我!”这是政客和演员对受众参与的恳求。参与既是指具体的接受活动(读、听、看)，也是指对传播活动的隐性或显性介入。正因为有了受众对编码、传播过程的先期介入和对信息产品的现时选择、主动参与、积极理解，具体的信息产品才变成了真正完全意义上的精神食粮。在电子传播中，参与一方面是指受众作为欣赏者在收听收看广播电视节目过程中的积极的心理活动；另一方面是指受众直接或间接参与广播电视节目的制作和演播过程。比如，通过热线电话，现场观众等方式参与到传播活动中。

4. 传播效果的反馈者

信息的传播过程，不是单向传递而是双向沟通，不是强行灌输而是合作互动，受众也不是消极吸收还有积极反馈。反馈是一种强有力的工具，是接受者对传播者的回应。如果不存受众在反馈，或者受众迟迟才做出反馈，或反馈微弱的话，那么，这种局面就会引起传播者的疑惑和不安，因为，只有获取受众的反馈，传播者才能获知和检验传播活动产生的效果，并且，这种反馈将进一步有利于传播者调整后续的传播行为。

（二）受众的类型

1. 积极选择者和随意旁观者

积极选择者在信息接收中，积极地选择并主动地奔向某个媒介内容，是因为他们期待并深信这些内容能满足其需求，能帮助其实现某种目标。随意旁观者则是偶然接触到媒介内容，没有预先形成某种接受期待、接受定向和接受需要，因而也就没有什么特定的媒介内容需要锁定。在信息接收中，许多人可能既是积极的选择者，又是随便的旁观者。

2. 纯粹受众与介质受众

纯粹受众又叫终极受众，是指只接受信息而不做“二传手”的人。这些人处于信息传播的终点，其接受模式为：传播者+信息+纯粹受众，或传播者+信息+介质受众+纯粹受众。纯粹受众只“受”不“传”。介质受众是指介于传播者与纯粹受众之间的一些人，如翻译、意见领袖等。这些人具有双重身份——既是受者也是传者；双重行为——既译码也编码。他们是信息传播中的中转站，是不同传播系统或符号系统的中间人。

3. 预期受众、现实受众与潜在受众

预期受众是指传播者在想象中出现的或者在编码过程中预先假想的接受者。调查发现：新闻传播者在写作和播报新闻时，头脑里常有一群人(大多为上司、父母、爱人、朋友)对他/她指手画脚、评头论足，结果不得不尽力讨好他/她们。可见，同现实受众相比，预期受众最先参与了信息作品的预构与创造。

所谓现实受众，是实实在在的接受群体，是大众传播现实的作用对象。现实受众很少直接介入信息作品的预构和初期编码，但它有可能参与对作品的传播与扩散，已反馈的形式参与同传播者的后续对话和沟通。

潜在受众又叫隐性受众，是指潜藏、内含在信息作品之中和传播过程之中，未能充分体现出来的群体。从传播过程来看，预期受众出现在过去时态；现实受众体现在现在时态；而潜在受众内含在未来时态。司汤达的小说《红与黑》刚问世时，被文坛漠视，在现实受众那里碰了壁，但作者充满信心地期待着潜在读者。后来的事实证明，他的作品获得了潜在的未来受众的广泛接纳和好评。

二、受众的特征

当个体的信息接受者暴露在大众传播媒介前并独自接受信息作品时，它是消费者、译码者、参与者、反馈者的角色，具有受动性和能动性的本质特征。但是，在信息接收中，由无数个体汇集而成的受众，其群体特点又是怎样的呢?

就受众在空间上分布、存在的态势看，受众的特点主要表现为：众多性、混杂性、分散性和隐匿性。也就是说，在面对以大众传播媒介进行信息传播的过程中，受众的人数是极为众多和广大的；成分也是极其混杂和多样的；他们彼此分散居住，有的相距千里；这些人行踪不定，互不相识，素无关系，相互匿名；他们之间既无接受协议，也无有关接受准则；无共同感受，也无共同意识；在信息接收中，他们对别人无控制功能，别人对他们也无可奈何。 就受众接收信息的内在机制看，受众又具有四个特点：

1. 自在性

受众是十分具体的，有血有肉、有思想、有情感的客观现实，是一个独立存在的实体。这就决定了信息接收者中的每一人都有自己的形貌、个性、兴趣、立场，都把自己划归在不同的社会类型之内。

2. 自主性

受众同大众传播者一样，有强烈的自主意识、创造意识、自尊心理和自己对信息作品的选择、理解与判断，并不轻易为传播者所任意左右或支配。他们虽处于大众传播的终点，但他们的接收活动从来不是强制、被动的和消极的，而是自觉自愿、积极主动的；不是盲从的，而是自主的。

3. 自述性

受众对信息作品内容的感知与认识不全由传播者给定，面对各种信息，每一位接受者都会做属于他自己的理解与阐述。即使面对同样的传播内容，不同的受众也会有不同的理解和接受度。

4. 归属性

受众总是自觉或不自觉地将自己划归在某一特定的接受群体之列。工人与农民、妇女与儿童、球迷与股迷……他们从心理到行为都将自己视为某一特定的群体。而大众传播媒介也同样有意地把不同性质的各种信息分类集中传播给不同的接受群体，如《工人日报》《中国青年报》等报刊和广播电视系统的“经济台”“交通台”等都属于上类情况的归类。

三、受众的权利

有关受众的权利，它在不同的历史时期体现了受众的不同追求，显示了不同的语义内容和适用范围。例如，在大众传播媒介出现的初期，受众所争取的只是知情权；待到传播媒介进入发展期，受众又开始追求表达权；再到传播媒介进入繁荣期，人们又提出了反论权；进入信息社会，如今的受众又在争取监督权，隐私权等。

根据有关法律条款和研究，我们认为受众的权利主要有五种：

1. 知情权

受众享有知悉有关方面真实情况的权利。对于大众传播来说，受众有权通过传播媒介了解作为一个社会成员所应获得的种种真实的消息情报，有权及时得知政府、行政机构等有关公共信息和国内外每天发生的重大事件或有意义的事件。特别是当有关信息涉及或影响到受众的生活和工作，传播假的或歪曲失实的信息，就是侵犯了受众的知情权。

2. 表达权

表达，可以是反映所遇到的实情，可以是发表对某事件的见解，也可以是表达或反馈对大众传播媒介的看法，甚至可以是检举、控告媒介对受众心理与精神的伤害和污染，并对媒介的工作提出批评、建议。

3. 监督权

它是指受众对大众传播媒介的运作和传播者的传播行为有察看并督促的权利，以免其产生不良后果。以往学术界理解受众的监督权，是专指“人民群众运用新闻媒介对党和政府工作的监督”，而新闻媒介则由党和政府来领导并监督。其实，受众既有权监督政府的工作，亦有权监督媒介的运作。通常，受众是根据法律条文、道德规范、行为准则等标准，并以起诉、写信、打电话、舆论声张等多种形式对新闻媒介和新闻传播者进行监督。

4. 隐私权

它是指受众享有对个人与公众利益、公众事务无关的私生活进行保密、不受新闻媒介打扰和干涉，以及个人的名誉和利益不受伤害的权利。任何人都有私生活，都有不愿让人知道的私事，也都希望不受打扰，法律上也认为这种权利应受保护。如果新闻媒介以营利为目的，不惜报道了他人的隐私、未经本人允许公开了其姓名、财产、身体、私人信件、日记、家庭矛盾等，侵犯了个人生活的安宁，引起了个人精神上的痛苦和不安，就是侵犯了他人的隐私权。对此，合法权益受到损害的人，可以向人民法院提起诉讼，并要求道歉和赔偿。

5. 接近权

受众享有参与和借助媒体来表达意见、传递信息、展示作品等权利。现代社会的受众认识到了自己在传播活动中的主体地位，于是希望在接收信息的同时也能传播信息，成为大众传播的参与者、使用者。接近权是受众对媒体提出的要求，即媒体有义务有责任将其传播渠道向受众开放。

四、受众观的变迁

在传播学的发展史上，受众是一个在不同历史时期有着不同意义的概念，受众观的变迁，实际上反映的是人们对受众认识的变迁。

在不同时代受众代表着由信息联系起来的不同群体。在印刷技术产生之前，它意味着在某一特定时间和空间里聚集起来的一群观众，如罗马角斗场中的观众。印刷媒介产生后，受众不必在特定空间聚集起来，接受信息的时间也可以自由支配，印刷媒体创造了真正的大众传播，来自同一信源的信息扩散不再局限于“在场”的群体，而是理论上的“所有人”。但是报纸和书籍仍能将不同的人们联系在一起，在受众阅读过程中，印刷媒体创造了想象中的阅读共同体。电影出现后，人们重新聚集在一起，看电影成为社会交往的机会。对于同一电影院的观众来说是聚集观看，但对于不同的电影院的观众而言，又是分散接受标准化的内容。广播、电视出现后，又使电影制造的受众进一步分离，家庭乃至个人成为信息接收的单位，受众开始有了一些选择。随着电视频道的增加和互联网带来的多样化选择，受众的自由度在增大。由此可见，在不同的时间和场域，人们谈论受众的角度也在发生变化。

有关受众的观念和认识，在传播学史上，传播研究者曾将受众比作消极被动的“靶子”。如今，传播者又把受众看作是能决定媒介命运的“上帝”。其实，这两种看法都有其片面性。通过下面的分析，我们也许可以获得对受众的正确认识。

在大众传播研究的早期，人们把受众当作无差别的“大众”来看待，认为他们是一盘散沙式的存在，受众只能像“靶子”一样，被动地接收来自大众传媒发出的信息，一方是强大的媒体，一方是无能的受众，中间并无他物，媒介发出的信息像子弹一样直接击中受众，受众像“靶子”一样应声倒地，受众在本质上是一种被动的存在。早期传播效果的“魔弹论”中，其受众就是这种观点的代表。这是20世纪二三十年代的主要受众观，当时这种流行的观点与那个时期的媒介发展现实是有关系的。20世纪二三十年代，以报纸、广播为代表的美国大众传播事业蓬勃发展，媒介满足了人们信息、娱乐和生活等方方面面的需要，成为人们日常生活的一部分，尤其是“一战”期间，德国与美国两国之间的宣传战以及美国在战争宣传方面取得的成功，人们普遍认为传播媒介威力无比，因此，“靶子论”是当时社会环境的必然产物，反映了当时对受众的一种相当普遍的认识。

“靶子论”所叙述的情况在特定的历史条件和社会环境下确实存在，但是这种观点过高估计了传播者的作用和大众传播的效果，忽略了传播过程的复杂性和受众的主动性，从整体上看，这种受众观是不科学的，因此，不久就受到了人们的批评。后来的研究越来越表明，受众是拥有自主意识和自我判断能力的主体，受众对媒介的接触和使用是具有目的性的，是一种主动的行为过程，是为了满足自身需求的。这样，受众的概念就从早期的被视为无差别的被动的集合体转化为具有丰富多样性的主动的个人。

20世纪40年代，拉扎斯菲尔德的伊利县调查表明，媒体要改变受众的态度非常难，而且绝大多数受众接受传播后并没有出现认同反应。由此可见，媒介并不是万能的，受众也并不是绝对被动地接受媒介的信息，而是有血有肉有需求的，具有丰富的社会多样性的个人，从而否定了“靶子论”。

现代社会中，受众更是具有复杂性多样性的个体。随着媒介技术的发展，大众传播发展到今天，媒介日益多元化，媒体竞争日趋激烈化的今天，受众对媒介的选择余地越来越大，受众的主动性也越来越强。媒体只有加强受众意识，了解受众的真正需求，才能更有针对性的传播，从而才能取得更好的传播效果。

近年来，随着社会越来越多样化、多极化，受众也出现了分化。受众需求的多元化带来的一个必然结果就是，大多数电视节目已经很难有雅俗共赏的效果了。面对不同的受众，媒体将失去一部分原本很难挽留的观众，但却可能使自己得到了应有的那部分观众。传统的综合型的电视频道在这种趋势下逐步走向分众化，用自己的特色去吸引一部分特定的观众，并将他们发展为自己的忠实观众。互联网的出现更是加剧了受众分化的进程，互联网以独特的优势满足了不同个性不同需要的受众对信息的需求，受众对信息的需要在互联网上得到了最大限度的满足，受众的自由度、主动性更是得到了最大限度的提高。

第二节　受众在传播中的心理机制

一、受众的信息选择机制

受众在接收传播时都有自己的选择，在接收过程中，受众对信息进行过滤和筛选，这种选择不是偶然的。传播学研究发现，受众会有选择地接触一种媒介，并且往往只选择那些能加强自己固有观点的信息，而拒绝与自己观点相抵触的信息。受众的信息选择机制分为选择性注意、选择性理解、选择性记忆三个层面。

1. 选择性注意

注意是心理活动对一定对象的指向和集中。指向、集中的过程，就是一个舍弃、选择的过程；没有舍弃和选择，就不可能有指向和集中。而信息接收中的选择性注意，不只在于它是专门指向特定对象，还在于它是依据一定的接受目的、接受定向和接受定势，积极主动地直奔某个看中的接受对象的。这样，在具体的信息接收过程中，接受者就会一方面让那些与己毫不相干的媒介信息从自己感觉的国界线上跑过；另一方面则主动地回避那些与自己预存立场不一致自己不感兴趣的媒介信息，而只注意那些同接受定向、接受期待、接受需要和接受个性等相吻合的接受对象，以保持心理平衡。

从媒介选择上来看，受众总是选择自己喜爱的媒介进行信息的接收，比如，有的人爱读报、有的人爱看电视。从传播内容上来看，受众一般选择能够加强和支持自己原有观念和价值观的信息，而回避与自己观点相违背的信息，比如，吸烟者看到吸烟有害的文章就跳过去，一旦发现吸烟未必有害的文章则大感兴趣。因此，对于传播者来说，要想使自己的传播内容受到受众的注意，可以采取改变传播形式、强化传播内容等方式。

2. 选择性理解

如果说选择性注意是信息接收通道上的第一关，那么选择性理解就是这一通道上的第二关，并且是最难越过的一关。这是符号解读的过程。人的这种选择性决定了他们在有选择地接触到某种讯息后，总是倾向于把讯息内容看作是与自己原有意见相一致的。即使在接触到与自身观点相悖的讯息时，人们也会对它们进行选择性的理解，将它们曲解为与自己相一致的观点。如坚定的革命者，即使接触了反动派的宣传品，也会视为反面教材，用批判的眼光加以驳斥，同样吸烟者也会对吸烟有害的文章做出种种有利于自己的解释，诸如我爷爷也吸烟，照样活到80岁，这样传播效果就会大打折扣，甚至为零。

有学者做过一个有趣的研究。研究者在漫画中以夸张的笔法塑造了一个种族偏见极深的人物形象——比戈特先生。漫画上的比戈特先生在医院的病床上奄奄一息，还断断续续地对医生说："如果我需要输血的话，医生，您必须保证给我输美国第六代人的蓝血!"漫画家的本意是想让受传者从中悟出种族偏见的可笑，进而放弃偏见。可是研究表明，大约有2/3的非犹太人和非黑人在看了之后歪曲或误解了漫画家的本义。带有较深种族偏见的白人，不仅品不出漫画的讽刺意味，相反，还从比戈特先生的临终嘱咐中受到鼓舞和激励，进一步坚定了其预存立场和原先偏见。

这种从自身需求出发对信息予以选择的心理倾向，使不同的人对同一信息的理解各不相同。有的人对信息全面接受，而有的人则只理解自己所需要的那些部分。所以，传播者一定要考虑到受传者的这种选择性理解，要努力防止或至少减少受传者对信息的曲解并尽可能使信息被多数人正确理解和接受。

3. 选择性记忆

在信息传播中，已经突破选择性注意和选择性理解这两部分信息，要想顺利进入受传者的大脑储存起来，还必须经过选择性记忆披沙拣金的再“过滤”。

受众记忆的结果，常常是只记忆那些有意义的、符合需要的、对己有利的和自己愿意记住的信息，同时忽略或抑制那些无意义的、附加的、不利的和不愿意记住的信息。这种记忆上的主动筛选、取舍，就是信息接收内在机制中的所谓选择性记忆。从理论上讲，人们感知过的事物都会以某种形式保存在人的脑海中，一旦遇到新的刺激还能被激发出来，在实际生活中，由于记忆的主观性，只有那些对自己有利或自己愿意记住的东西才会印象深刻。

综上所述，选择性注意、选择性理解和选择性记忆是受传者在接受信息的过程中最基本的内在操作方式，也是只可推测而难以明察的接受选择机制。这类内在选择机制的启动、运行和终止，既取决于主观因素和客观因素的各自特点和形貌，也取决于主客观因素之间互动的频率和相互贴近、吻合的程度。

那么，受众的心理防御机制，为何如此顽强？20世纪40年代以来，一些社会心理学家从社会认知角度出发，对此做出有说服力的解释，这就是被称作一致论的一系列学说。其中影响较大的是费斯廷格（1957年）的认知不协调理论。

这一理论认为，一个人的行为与自己先前一贯的对自我的认知产生分歧，从一个认知推断出另一个对立的认知时而产生的不愉快的情绪，就造成了认知失调。如，不喜欢上司却恭维他；明明戒烟了，但朋友给你香烟时，你又抽了，这就是态度和行为不一致也就是认知不协调。

人的各种认知因素之间，无非是三种关系：第一，协调（如吸烟有害和我不吸烟）；第二，不相干（如吸烟有害和我喝酒）；第三，不协调（如吸烟有害和我吸烟）。一旦发生不协调关系，人就会感到不舒服，有压迫感，也就是陷入了认知失调状态。当然，失调感有程度差别，如丢失一元钱和丢失一生的积蓄，不可等同。程度越严重，则改变不协调状况的欲望也就越迫切和强烈。

要减轻及消除不协调，主要方法有：第一，改变自己原有的态度和行为；第二，回避不协调的信息；第三，曲解和遗忘不协调的信息。由于第一种方法较难实行，因此，人们多以两三种为保持心理均衡的手段。比如，当一个人购买一辆新车时，他往往避开有关各类汽车的竞争性广告。这就是上述选择性接收现象之所以普遍发生的根源所在。

二、受众选择的心理动机

多少年来，传播学者一直试图弄清受众接收信息时的心理特点和接受行为被激起的原因，找到受众接收信息后释放能量、采取行动的模式和过程，以指导传播者和媒介将讯息内容用恰当的形式安排在能唤起受众接受欲望的范围之内，从而既满足受众的需要又实现传播的目的。受众的心理效应，是指传播活动中的一些心理现象对传播过程和传播效果的影响。受众的心理效应主要有以下六种：

1. 威信效应

这是指传播者个人或群体的权威性、可信性对受众的心理作用，以及由此产生的对传播效果的影响。传播学研究认为，当受众把传播者或信息来源确定在高权威性、高可靠性的位置上时，这种认定就会转变为对信息内容的相信。“著名化学家”和“著名眼科大夫”的实验说明，在威信效应的作用下，被试面对一瓶蒸馏水和一张洁白无瑕的大白纸，结果都根据权威的意见“一齐”闻到了一般强烈的气味，或看到了白纸上有个小黑点。这还使我们相信，传播者的威信的高低与受众被影响的程度之间存在着某种正比的关系。

传播机构或信息来源的权威性也能形成威信效应。一项心理实验表明，一篇关于某种疾病治疗方法有效或无效的报道，以联合国医学报告的形式告诉被试者和以通俗报刊文章的形式告诉被试者，前者对被试者的影响力明显大于后者，因为前者被认为具有崇高威望和较大可信性。可见，在传播活动中，受众威信效应的产生主要取决于传播者、传播机构或信息来源在受众心目中的威望和地位，而这种威望和地位应是被受众认可的，并且应是可以证明的。

2.“名片”效应

这是指传播者先向受众传播一些他们所能接受的、熟悉、喜欢的观点或思想，然后再悄悄地将自己的观点和思想渗透和组织进去，使受众产生一种印象，似乎传播者的思想观点与他们已认可的思想观点是相近的。“名片”效应有助于消除受众的防范心理，缓解他们的矛盾心情，也有助于减少信息传播渠道上的障碍。

“名片”效应的实验结果表明，经过“名片”递送程序的被试者要比未经过“名片”递送程序的被试者，更快地更容易地接受传播者所主张的思想观点，而传播者本人在受众面前也容易成为一个他们所能接受的、感到亲切的、同他们有许多共同点的人。因此，只要传播者摸准受众的预存立场和基本态度，而后恰当地运用“名片”，就能比较有效地对受众施加影响，并顺利地实现自己的传播目的。

3. “自己人”效应

这是指受传者在信息接收活动中感到传播者在许多方面与自己有相似或相同之处，并在心理上将其定位为“自己人”，因而提高了传播者的影响力。那么，传播者应具备哪些条件才能在受众中产生“自己人”效应呢?

一是立场相同。传播者与受众在世界观、阶级立场、信仰、理想等方面大致相同，就容易建立起一种特殊的、亲近的“自己人”关系。

二是背景相同。传播者与受传者在民族、籍贯、经历、职业、年龄等方面相同点越多，就越容易形成“自己人”效应。

三是个性相投。传播者和受传者之间的兴趣、爱好、性格、气质等相近或投合，也容易产生好的沟通效果。

四是观点一致。传受两者对社会事务和面临的问题看法一致、观点相同，也容易提高传播效果。

五是利益一致。传播者若能让受众相信他们的利益是共同的，一损俱损，一荣俱荣，那么就易于形成“自己人”效应。

4. 晕轮效应

晕轮效应是指受传者在接收活动中将认知对象的某种印象不加分析地扩展到其他方面去的接收倾向，从而得出全部好或全部坏的整体印象。这就像晕轮一样，从一个中心点逐渐向外扩散成越来越多的圆圈。它起因于相关先行经验对其后所进行的接收活动的影响，包括“光环作用”和“扫帚星作用”。“光环作用”指的是一位传播者由于被标明具有好的品质，他本人及他的传播内容便笼罩在受众“爱屋及乌”的积极肯定的光环(评价)之中。但是，如果他被人标明具有坏的品质，“扫帚星”便会出现在他的头顶，人们会很不公正地对待他，认定他具有一切坏的品质，连同他的传播。在信息传播活动中，不仅传播者的社会名声会产生“晕轮效应”，其个人的人格特点和外貌特点也具有同样作用。东汉桓谭曾说过：“凡人贱近而贵远，亲见扬子云禄位容貌不能动人，故轻其书。”意思是人与人之间的熟悉程度和传者的禄位容貌等对传者的作品具有“晕轮效应”。

“晕轮效应”具有使信息接收变简单、便捷的特点，因而合理地加以利用可迅速取得某种传播优势，获得即时的短期的传播效果。但是，由于“晕轮效应”有时是推人及物或推物及人，有专重虚名、以貌取人倾向，因而会使人以偏概全，对认知对象做出不够客观公正甚至十分错误的评价。

5. 投射效应

投射效应是指将自己的特点归因到其他人身上的倾向。是指以己度人，认为自己具有某种特性，他人也一定会有与自己相同的特性，把自己的感情、意志、特性投射到他人身上并强加于人的一种认知障碍。比如，一个心地善良的人会以为别人都是善良的；一个经常算计别人的人就会觉得别人也在算计他，等等。“以小人之心度君子之腹”就是一种典型的投射效应。当别人的行为与我们不同时，我们习惯用自己的标准去衡量别人的行为，认为别人的行为违反常规；喜欢嫉妒的人常常将别人行为的动机归纳为嫉妒，如果别人对他稍不恭敬，他便觉得别人在嫉妒自己。

在传播活动中，当受传者处于相对封闭状态，有关方面没有提供理解作品的参考信息，而接受对象(讯息)本身又具有模糊、含混、多义的特点，此时，受传者往往以自己的特性与心理为依据来理解和推断文本的含义，这就是投射效应。投射效应犹如“借景抒情”，它借助传播者的品质特征、行为模式及其所传信息来宣泄、表达自己的情愫和人生观。同时，这一效应也是受传者的一种自我呈现或“自画像”。

但是，投射效应往往会歪曲传播者的本义，使受众对信息的理解发生畸变与错位。可见，投射效应对客观、准确的信息接收，也是既有正面作用又有负面影响。

6. 从众效应

这是指作为受众群体中的个体在信息接收中所采取的与大多数人相一致的心理和行为的对策倾向。从众是合乎人们心意和受欢迎的。不从众不仅不受欢迎，还会引起灾祸。人们几乎都讨厌越轨者，甚至会对他群起而攻之。

在信息接收中，在从众效应的作用下，常有以下表现：一是从众能够规范人们接受行为的模式，使之成为一种接受习惯；二是某种一致性的群体行为能够形成接受“流行”，如“流行歌曲”“流行音乐”“新书热”等；三是多少抑制了受传者理解信息的个人主观能动性。因此，从众效应也是优点与缺点并存、有利与不利同在。

第三节　受众理论

早期的受众研究认为，大众传播具有强大的威力，媒介发出的信息能够在受众那里引起直接的、迅速的反应，各种各样的思想、感情、意识等，都可以通过媒介不知不觉地灌输到受众的头脑里，从而改变他们的态度，甚至影响他们的行为。那个时期的受众观无疑把媒介一方看成是强大的，把受众一方看成是完全被动的，早期的魔弹论就是这种思想的代表。

但是，随着传播研究的深入，人们对受众的认识也在发生变化，20世纪40年代以后，出现了一系列新的受众理论观点，这一时期的受众观普遍认为，受众是有血有肉的个体，他们有自己的思想、观点、看法，受众是千差万别的，没有整齐划一的受众，受众并不是不加选择地全盘接受媒介信息，而总是有选择的接触自己喜欢的信息。受众也可能拒不接受大众传播媒介的某些内容，有时受众乐于接受某些媒介内容，但事后又我行我素，没有因此使自己的行动产生变化。这些新的受众理论承认受众的主观能动性，承认受众对媒介的选择性，他们认为，在受众之间存在着十分密切的社会关系，媒介信息不是直接发射到受众身上，而是经过一系列群体网络的过滤器，把信息加以解释后，最后到达受众接受领域。

1975年，美国传播学研究者德弗勒把受众理论做了一个总结，将其归纳为个人差异论、社会分化论、社会关系论、文化规范论。J.A巴伦在1967年还提出了社会参与论。此外，有关受众的理论还有使用与满足理论等。

一、个人差异论

个人差异论由卡尔·霍夫兰于最先提出，并由德弗勒作了某些修正而形成的。这个理论以心理学“刺激—反应”模式为基础，从行为主义的角度来阐述接受对象，认为“受众成员心理或认识结构上的个人差异，是影响他们对媒介的注意力以及对媒介所讨论的问题和事物所采取行为的关键因素。”

世界上不存在划一不变的传播对象。受众的兴趣、爱好、性格、价值观等个人差异并非先天赋予，而是后天习得。就是说，每个人所处的社会环境、所遇的社会经历和所受的社会教育不同，他们各自的个人素质、心态体系也就不同。当这些心态各异的受传者面对大众传播媒介的信息时，所作出的反应也势必因人而异。

德弗勒(1975年)将这种个人差异分为五种：(1)人们的心理结构是形形色色、千差万别的；(2)人们的先天禀赋与后天习性的各不相同形成个人差异；(3)人们从不同社会环境所习得的不同立场、价值观、信仰、态度，造成了心理构造的不同；(4)由不同的社会环境所造成的人们在个人特性上的不同，决定人们在理解客观事物方面的差异；(5)由于对客观事件理解不同而形成的稳定见解，又影响人们对各种信息的选择与解释。

个人差异论认为，大众传播媒介在设计劝服性传播前，需要先弄清受众的兴趣、爱好、需要、价值观、态度等，再挑选与之相应的讯息进行传播。否则，与受众特点和需求不符合的讯息，就会遭到回避和拒绝。正如德弗勒(1975年)所言：个人差异论在提高大众传播的针对性方面是有价值的，这也是从第二次世界大战前直到20世纪60年代有关受众研究的主要指导论点。贡献在于促使人们重视个人的心理因素对受众成员的媒介信息接收行为的影响，但是由于测量心理因素非常困难，在这种理论框架下进行受众研究似乎并不容易，其主要局限在于，它所展示的受众形貌与大众传播之间的关系并不全面。

二、社会分化论

社会分化论，又称为社会类型论。这一理论是对个人差异论的修正与扩展。个人差异论是以心理学为依据，主要强调个体心态与性格的不同，而社会类型论则以社会学为基础，重点强调受众的社会群体的特性差异。作为现实的受众，在接触媒介和选择内容的过程中并非只有个人差异，同时还具有共同行动的遵从性，因为受众总是生活在各种社会群体中，并受到群体规范和群体压力的影响。美国学者赖利夫妇揭示了受众基本群体在传播过程中扮演的角色，从而首先进入了这一理论的研究领域。

社会分化论认为，受众是可以分类的，尽管每个受传者的个性千差万别，但在一定的社会阶层中，由于受众在性别、年龄、地区、民族、职业、工资收入、宗教信仰、文化程度等方面相同或相近，会形成不同的社会类型。某一社会类型的受众对同一讯息又会有大体一致的反应。大众媒介据此有针对性的采写、设计、制作、传播讯息，就能增强传播媒介的吸引力，提高大众传播的效果。而不同社会类型的受众，也会将接受对象锁定在符合自己要求的媒介或栏目上。

尽管社会类型论没有完整描述出大众传播中受众行为有所不同的根据，也没有对受众现象作更深入地分析，但它毕竟特别强调了拉斯韦尔“五要素”中“对谁”这一要素，使媒介的决策者或传播者在策划提高传播效果的策略时能够考虑受众的某些因素。

三、社会关系论

社会关系论主要得益于拉扎斯菲尔德、贝雷尔森(B. Berelson)、卡茨(E. Katz)等人(1940年，1960年)的研究成果。与个人差异论和社会类型论不同，社会关系论比较注意受众参加的组织或团体的压力、合力对其本人接收讯息的影响。这种理论认为：受传者都有自己特定的生活圈。这种生活圈可能是有纲领、有领导、有组织的团体，也可能是无纲领、无组织、临时性的非正式的团体，还可能只是邻里、家庭等群体关系。然而，不管受众属于哪一种生活圈，受众体都将在信息接收中受到其所属的社会群体中其他人直接或间接的约束和影响。大众媒介传播的任何信息，在这种生活圈面前都要遭到审查、过滤或抵制，很难通行无阻、全部过关，并且有许多人首先得到的信息往往不来自大众媒介而是来自“意见领袖”，而这二次传播的信息并非不偏不倚。因此，大众媒介的效果既非一致的、强大的，也非直接的，个人间复杂的社会关系极大地限制和约束着传播效果。受众的社会关系对受众有巨大影响，在受众的媒介接触活动中，社会关系既能加强也能削弱媒介的影响。媒介的效果往往为受众的社会关系所削减。社会关系的影响主要指人际网络、群体规范、意见领袖等因素在受众个体信息接收过程中的约束和制约效果。

社会关系论的主要观点可以归纳为如下几点：

1. 媒介向社会成员提供各种信息，但社会成员是有选择地接收和理解这些信息的，造成社会成员有选择信息接收行为的重要原因，在于他们的社会关系影响他们的接收方式。

2. 当个人对媒介内容的选择性决策被家庭、朋友、熟人和其他与他有关系的人所改变时，就表明上述的社会影响在产生作用。

3. 个人对大众传播媒介的注意形式和反应形式，反映出他的社会关系网络，因此，大众传播媒介的效果既非一致的，强大的，也非直接的，个人间的相互影响极大地制约和影响着媒介效果。

总之，社会关系论打破了大众媒介有巨大影响力的定见，描述和揭示了大众媒介的信息如何到达受众那里，以及他们是怎样做出反应的复杂关系。

四、社会参与理论

社会参与理论由美国学者J.A巴伦最早提出，他指出，为了维护传播媒介受众的表现自由，保障他们参与和使用信息传播媒介的权利，公众对传播媒介的参与权必须在宪法中得以确认。

社会参与论的主要观点如下：

1. 大众传播媒介应是公众的讲坛，而不是少数人的传声筒；

2. 时代在发展，受众在变化，许多人已经不满足于消极地当一名接受者，一种试图传播的自我表现欲正在增长；

3. 让受众参与传播正是为了让其接受传播，因为人们对于自己亲身参与而形成的观点要比被动地从别人那里听到的观点更容易接受；

4. 参与传播也是受众表达权、讨论权的具体表现。

随着社会的进步，受众参与大众传播的要求日益强烈。大众传播媒介要提高信息的传播效果，在传播形式上应该尽量调动受众的参与的积极性，考虑和照顾受众参与的愿望和权利。受众可以通过读者来信、听众点播、热线电话、节目嘉宾等形式越来越多地出现在传播活动中，并且这样做还可以密切和加强传受双方的联系。

五、文化规范论

文化规范论以传播媒介为出发点，认为传播媒介能够对受众产生很大的影响，足以使受众产生新的观念，并按照媒介所树立的文化道德规范行事。这种理论强调大众传播的间接和长期效果。

比如，现代社会中，大众传播改变着人们的思想、生活方式，制造新的社会文化规范，媒介所宣传的社会风气和道德准则，从长期来看，无疑会影响受众的是非标准和价值观念。

从文化规范理论表面看似乎应该属于传播效果，但实际上，文化规范论是侧重于传播效果产生后对于受众接受信息的影响，即受众如何接受信息。因为，受众如何处理信息与受众所受媒介传播的文化规范有着直接的联系。总的来看，文化规范论肯定了大众传播对受众造成的影响，并认为如果增强这种影响，会造成社会的一体化，为未来社会创造新文化。

六、使用与满足理论

受众从宏观上看是一个巨大的集合体，从微观上看又体现为具有丰富社会多样性的个人，在现代社会，接触大众传媒在每个人的生活中占据重要位置。那么受众为什么要接触大众传媒？这种接触对于他们来说究竟有什么样的作用？我们对于受众的研究不应该仅止于宏观的社会结构和社会规范的分析，还应该对受众心理和受众行为进行微观考察。在这个方面，值得一提的是使用与满足研究的成果。顾名思义，使用与满足理论，是把受众成员看成是有特定“需求”的人，把他们的媒介接触活动看成是基于特定需求动机来“使用”媒介，从而使这些“需求”得到满足的过程。

1. 受众的媒体接触动机和心态

这一理论起源于20世纪40年代，形成于70年代。40年代，美国收音机家庭普及率已经达到80%以上，许多人认为广播媒介为众多不识字者提供学习知识和接受教育的手段，它的普及必然会大大提高整个社会的文化水准，然而，初期的听众调查数据却显示，那些以启蒙、教育为目的的好节目并不拥有很多听众，而格调低俗的肥皂剧及猜谜游戏等娱乐节目的收听率却高得出奇。这种现象使一些学者对受众的媒介接触行为及背后的心理动机产生浓厚的研究兴趣。

对广播媒介的使用与满足研究

对广播节目的使用动机最早开展调查的是哥伦比亚大学广播研究所的H·赫尔卓格，1944年，她对一个名为“专家知识竞赛”的广播节目的11位爱好者进行详细访谈，发现尽管是同一节目，人们的收听动机、欣赏侧面及获得的满足是不同的，她认为，有三种基本心理需求使得人们喜爱知识竞赛节目：

竞争性心理需求：通过抢先猜测答案，使自己与收听伙伴处于竞争状态，享受由此带来的竞争乐趣；

获得新知识的需求：从节目中获得新的知识，充实自己；

自我评价的需求：通过猜测答案判断自己知识程度，确认自己能力。

1944年，赫尔卓格还对100名广播肥皂剧的听众进行了调查，发现人们怀着多种多样动机收听肥皂剧：有的是为了“逃避日常生活的烦恼”；有的是为了“寻求代理参加的幻觉”，即对剧中人产生认同，体验自己未曾亲身经历过的生活意境；有的则把肥皂剧当作“日常生活的教科书”，从中汲取生活经验，等等。这既反映了听众动机的多样性，也说明一种节目形式具有多种功能，有些甚至是一般人料想不到的功能。①

对印刷媒介的使用与满足研究

最早对印刷媒介的效用进行考察的是贝雷尔森。1940年，在《读书为我们带来什么》一文中，贝雷尔森归纳了一些具有普遍性的读书动机，如追求书籍的内容对学习、工作和生活的参考与利用价值的“实用动机”；解消疲劳、获得休息的“休憩动机”；通过谈论读书内容以获得他人称赞或尊敬的

① Lowery,Shearon A.and Defleur,Melvin L.,Milestones in Mass Communication:Media Effects, Longman Publishers USA.,1995,pp93-111.

“表现动机”，等等。

1949年贝雷尔森发表了《没有报纸意味着什么》的研究论文，他以1945年6月30日纽约八大报纸的发行员大罢工为背景，通过调查没有报纸带来的不便，来揭示报纸在日常生活中的作用。根据调查结果，他总结了人们对报纸的六种利用形态。

获得外界消息的信息来源。如有的老人觉得自己老朋友死了却不知道。

日常生活的工具，如看不到天气预报，得不到购物、交通等信息。

休憩的手段，从读报中获得安静和休息。

社交的手段，读报可以提供丰富话题，活跃社交生活。

获得社会威信的手段，经常披露报纸上读来的新闻和新知识，可以获得周围人的尊敬。

读报本身的目的化，读报成为习惯性行为，读不到报纸便缺乏生活充实感。调查中发现，一些有读报瘾的人甚至翻出旧报纸阅读，以弥补无报的缺憾。①

对电视媒介的使用与满足研究

20世纪40年代的使用与满足研究还是比较简单的，表现在：

仅归纳了使用或满足的基本类型，在理论上没有进一步的突破；

在研究方法上以访谈为主，没形成较为严密的调查分析程序。

因此，进入50年代，该研究进入一个停滞期，到60年代以后这项研究的价值重新受到肯定，再次复兴起来，其中有代表性成果是麦奎尔等人于1969年开始的对电视节目的调查 。

与早期研究不同，这项研究从受众样本抽选和数据分析，都采用了严格程序，调查范围包括新闻、知识竞赛、家庭连续剧、青年冒险电视剧等6种节目。这次调查不仅归纳各类节目提供满足的不同特点，而且抽出了他们之间共通的四种基本类型：

心绪转换效果。电视节目提供消遣和娱乐，能帮助人们逃避日常生活的

---

① Lowery,Shearon A.and Defleur,Melvin L.,Milestones in Mass Communication:Media Effects, Longman Publishers USA.,1995,pp93-111.

压力，带来情绪上的解放感。

人际关系效用。一种是拟态的人际关系，即观众对节目中人物产生的一种熟人或朋友的感觉；另一种是现实人际关系，即通过谈论节目内容，可以融洽家庭关系，建立社交圈子等。

自我确认效用。电视节目中的人物、事件、矛盾的解决方法等，可以为观众提供自我评价的参考框架，通过这种比较，观众能引起对自身行为的反省，在此基础上，协调自己的观念和行为。

环境监测。通过观看电视节目，可以获得与自己生活直接或间接相关的各种信息，及时把握环境的变化。麦奎尔等人发现，监测环境是人们观看新闻节目的主要动机，但其他类型的节目也可以在不同程度上满足人们的这种信息需求，例如收看家庭电视剧同样能使人感受到社会生活的状况及其变化。①

2. 传媒接触的社会条件因素

受众成员的媒介接触活动是一个满足个人需求的活动，但这一点不能说明使用与满足过程的复杂性和多样性，受众成员的需求不仅与性格、兴趣等个人属性相关，还受到其所处的环境或社会条件因素的制约。

比如，施拉姆发现，儿童的电视接触行为除了与个人因素有关之外，还与他们在家庭和学校中的处境有关系，那些在家庭中处境不顺或与同学关系不融洽的儿童，倾向于喜欢看打斗暴力场面多、富于刺激性的节目，而且从冒险情节或场面的紧张感中得到满足。反之，则喜欢看轻松、有趣的节目。不少研究证明，父母过于严厉或在家庭中得不到温暖，在同学中受孤立等，都会引起青少年的欲求得不到满足，这种情况如果在现实中得不到改善，他们便会逃向幻想的世界来寻求一种代替的满足，而电视、动画片等节目恰好为他们提供了这样一个世界。

因此，作为社会人，虽然媒介接触行为具有独立性，但是无法摆脱本人

① McQuail,Denis,Sociology of Mass Communication:Penguin Books,London,1972,Chapter 2.

所处的环境和社会条件的影响。如家庭因素、工作环境、政治因素、文化背景等。

在考虑到社会条件因素重要性的基础上，传播学家卡茨等人1974年在《个人对大众传媒的使用》一书中，将媒介接触行为概括为一个“社会因素+心理因素→媒介期待→媒介接触→需求满足”的因果连锁过程，提出“使用与满足”过程的基本模式。1977年，日本学者竹内郁郎对这个模式做了若干补充。因此，可以说，使用与满足理论到了20世纪70年代得以确认。

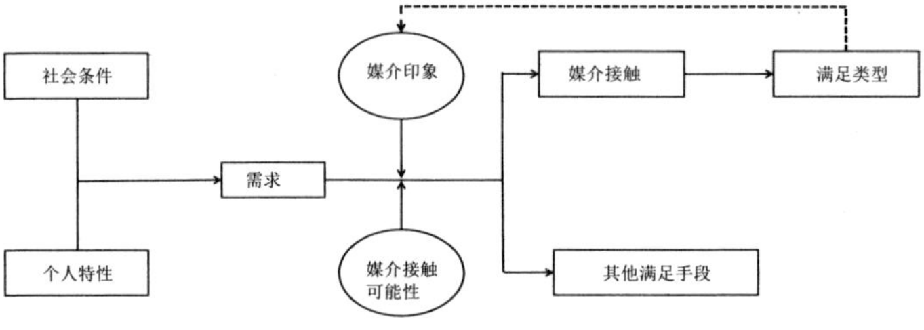

图7-1 使用与满足过程的基本模式①

该模式的含义是：

第一，人们接触传媒目的是为了满足他们的特定需求，这些需求具有一定社会和个人心理起源。

第二，实际接触行为的发生需要两个条件，其一是媒介接触的可能性，即身边要有电视一类的物质条件，如果不具备这种条件人们会转向其他替代性满足手段；其二是媒介印象，即对媒介能否满足自己需求的评价，这种评价是在以往媒介接触经验基础上形成的。

第三，根据媒介印象，人们选择特定的媒介或内容开始具体的接触行为。

第四，接触行为的结果可能有两种，即需求得到满足或没有得到满足。

第五，无论满足与否，这一结果将影响到以后的媒介接触行为，人们会根据满足的结果来修正既有的媒介印象，在不同程度上改变对该媒介的期待。

① 〔日〕山根常男等：《社会学讲义》，日本《大众传播》，1977年第6卷第1版，第113页。

3. 对使用与满足理论的评价

该理论在大众传播效果研究史上产生过重要影响。以往传播效果理论主要从传播者的角度出发，考察传播活动是否达到了预期目的，或对受众产生了什么影响。而使用与满足理论从受众角度出发，分析受众接触媒介的动机以及这些接触满足了他们什么需求，来考察大众传播给人们带来心理和行为上的效用。也就是说，它不是研究媒介对人做了什么，而是研究人们通过媒介做了什么。因此，这一理论开创了从受众角度出发考察大众传播的先河。

使用与满足研究把能否满足受众的需求作为衡量传播效果的基本标准，这个视角具有重要的意义：

第一，它认为受众的媒介接触是基于自己的需求对媒介内容进行选择的活动，这种选择具有某种“能动性”，这有助于纠正大众社会论中的“受众绝对被动”的观点。

第二，它揭示了受众媒介使用形态的多样性，强调了受众需求对传播效果的制约作用，对否定早期“子弹论”或“皮下注射论”效果观起到了重要的作用。

第三，使用与满足研究指出了大众传播对受众具有一些基本效用，这对20世纪40—60年代过分强调大众传播无力性的有限效果论也是一种有益的矫正。

局限：

第一，使用与满足研究过于强调个人的和心理的因素，行为主义和功能主义色彩较浓，认为受众可以随心所欲接触媒介、处置媒介，忽视了“把关人”的作用。现实中，媒介才是处于更有利的地位，有时甚至是固执独断的传播者。

第二，它脱离开传媒内容的生产和提供过程，单纯地考察受众的媒介接触行为，因而不能全面揭示受众与传媒的社会关系。媒介信息生产是一个符号化的过程，这个过程受到媒介利益和意识形态的制约，带有倾向性；而受众的媒介接触行为是一个符号解读的过程，解读过程受到受众的社会背景、文化和意识形态的影响和制约，这二者之间必然存在矛盾的复杂关系，或一致、或冲突、或妥协、这种复杂关系在使用于满足理论中是反映不出来的。[①]

第三，使用与满足研究指出了受众的某种能动性，但这种能动性是有限的，仅仅限于对媒介提供的内容进行有选择地接触的范围之内，因而不能反映受众作为社会实践的主体，有着传播需求和传播权利的主体所具有的能动性。大众媒介内容越来越同质化，受众只能在媒介所提供的同质性很强的内容中进行选择。这种选择是有限的，而且个人需求不会在真空状态下产生，个人需求也不能代表整个社会的普遍需求。此外，个人的需求也可能是虚假的，如果需求是虚假的，那么，使用与满足理论的前提就不复存在，而且，媒介功能的满足也无从说起。这种情况可能会成为媒介低劣内容制造者的借口。

受众问题是一个极为复杂的研究领域，迄今为止的各种受众理论为我们提供的不过是受众的一个侧面像，使用与满足理论也是如此，它在一定程度上可以加深我们对受众的理解，但如果仅仅从这个角度来看问题，则难免顾此失彼，只有把各种理论综合起来，才能形成比较全面和正确的受众观。

① Morley,D.,The Nationwide Audience:Structure and Decoding,British Film Institute,1980,pp12-15.

第八章

传播效果

第一节 传播效果研究的历史与课题

传播效果研究主要集中在大众传播在改变受众固有立场上具有多大威力以及大众传播对社会造成了一定程度的影响。在大众传播研究的五个部分——传播者、传播内容、媒介、受众和传播效果中，传播效果是最具有现实意义的部分。长期以来，传播学传统学派的研究，其主流就是效果研究。以美国为例，美国的传播研究把重点放在传播的效果上，即如何利用传播媒介进行宣传、鼓动选民或消费者接受某种理念，从而按照媒介所宣传的意愿行动。在西方传播效果研究史上，产生过许多经典案例，堪称效果研究的里程碑。如：佩恩基金研究电影对儿童的影响；火星人入侵地球研究广播如何使美国民众陷入大规模恐慌；拉扎斯菲尔德《人民的选择》研究媒体在总统竞选宣传中的作用，等等。传播效果研究从一开始就带有明显的实用主义特点。

传播效果理论是在传统的传播理论基础上，结合社会学、历史学、经济学等研究方法发展起来的，传播效果研究是传播学中最受重视，开掘最深，成果最为丰富的领域，它甚至早于传播学体系的形成。这不难理解，因为任何一种理论只有摆脱形而上的束缚，对实践具有指导意义才具有真正的吸引力。大众传播理论大部分研究的都是效果问题，它为大众传播的诞生奠定了基础，是传播学研究的出发点，也是贯穿传播学的一条主线。

一、传播效果研究的历史与发展

传播效果研究开始于第一次世界大战，经历了不少曲折阶段。1981年，赛弗林和坦卡特（Severn&Tankard）对传播效果研究的轨迹作了四方面的概示，分为“枪弹论”“有限效果论”“适度效果论”和“强大效果论”，指出这些理论呈螺旋状向前渐进，并有合理的理论内核和科学的数据做支撑。这个发展过程可以用以时间为轴的图示来表示，图8-1中显示了每一种理论盛行的时间和媒介影响的效果大小。①

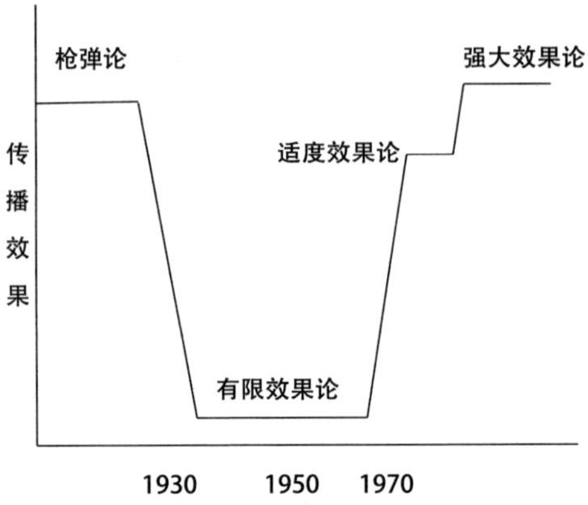

图8-1 传播效果研究的发展进程

1. 枪弹论

“枪弹论”，盛行于20世纪20—40年代，代表媒介威力强大的理论。事实上，这个名称并未得到早期研究大众传播效果学者的认同，而只是对当时广泛持有的一种观点的形象描述。“枪弹论”是有关媒介——受众关系的一种机械而简单的模式，认为软弱的受众就像射击场上的靶子，无法抗拒子弹的射击，大众媒介有着不可抗拒的巨大力量。受众只是消极被动地等待和接受媒介所灌输的各种思想、感情、知识或动机，受众对大众媒介传播的信息能够产生大致相同的反应。

伴随着大众媒介的成长和传输技术的进步，20世纪初成为宣传活动大量扩张的阶段，特别是第一次世界大战的爆发，各国都开始利用各种大众传媒开展宣传站和心理战。协约国的战争宣传甚至直接影响了德国的投降时间。20世纪30年代末期，出于对法西斯主义德国的日益恐惧，美国联邦政府对宣传和舆论的形成过程展开了研究，进而对传播研究产生了强烈兴趣。这一时期广播媒介迅速发展与扩散，成为法西斯德国的宣传部长戈培尔进行宣传的常用方式，纳粹德国政府正是通过广播所展开的大规模的宣传活动使德国民

① 段鹏:《传播学基础:历史、框架与外延》中国传媒大学出版社，2013年9月第2版，第231页。

众的思想产生巨大改变。

第二次世界大战前，纳粹德国以武力作为宣传的后盾，大搞恐怖活动，在当时产生了巨大的效用。人们担心某些人利用大众传媒进行希特勒式的鼓动和宣传，“枪弹论”就是在这样的历史背景下流行起来的。

“一战”“二战”期间，人们对传播效果的认知全部定位在宣传上。有人甚至认为只要控制了媒介，便可以保证有很好的劝服效果。

另一方面，19世纪晚期大众社会论的出现，认为从传统社会向现代社会转型的过程中，普通人从与传统社会机构的关系中被隔绝和孤立出来，他们脱离了家庭、血缘、土地等传统纽带，相互依赖却又彼此陌生，他们具有规模大、分散、匿名和无根性的特点，这些人非常容易受到媒介的影响和操控。①

早期枪弹论的代表性研究包括：

《世界大战中的宣传技巧》

拉斯韦尔在他的博士论文《世界大战中的宣传技巧》中，揭示了“一战”中冲突双方都采用的宣传技术的性质，研究的重点是在“一战”中的宣传信息所使用的符号，并对它们进行内容分析，以确定其所使用的宣传策略。拉斯韦尔的结论是：宣传是现代社会最强有力的工具之一。

佩恩基金研究

20世纪20年代，佩恩基金对电影与儿童关系的调查，真正拉开了对大众传播效果进行的大规模经验研究的序幕。佩恩基金研究以客观的、定量的、统计的方式进行，代表了当时关于媒体效果的最大规模的科学项目之一。佩恩基金研究证明，电影能改变人们的态度，决定人们对生活的看法。

《火星人入侵地球》的广播剧研究

1938年，美国哥伦比亚广播公司在《空中水银剧场》播出了根据科幻小说《星球大战》改变的广播剧《火星人入侵地球》，由于该广播剧采用了新闻播报的方式，使600万听众中的170万人确信一群火星怪物入侵美国，并引起约100万人的恐慌。事后，普林斯顿大学广播研究中心对其进行研究，为了

① 〔美〕M. 德弗勒等，《大众传播绪论》，华夏出版社 1989 年版，第 184 页。

了解广播节目在制造大众的歇斯底里方面为什么会有如此引人注目的效果，研究发现，讯息在一定时间、地点和条件下，对某一类型特定受众具有很强的影响。这个结果也强化了人们对大众媒介效果的恐惧感。

然而，“枪弹论”过分夸大了大众传播的力量和影响，忽视了影响传播效果的各种客观社会因素，并且否定了受众对大众传媒的能动性的选择和使用能力（使用与满足理论是对枪弹论的一种纠正），它对传播过程做了过于简单的描述：一方是全能的媒介在发送信息；另一方是分散的大众在等待接受它，其间别无他物。随着传播效果研究的深入，这种观点自然会被人们抛弃。

2. 有限效果论

传播效果研究的第二个阶段，即“有限效果论”阶段，这一阶段是对第一阶段进行质疑、反驳的阶段，认为受众是具有各自特点的个体，并不是应声而倒的靶子，媒介的效果远不如一般人想象的那么强大，媒介讯息对受众有一定效果，但是相对来说很微弱，媒介并没有多大威力，媒介甚至是无能的，大众媒介不是影响受众的直接和唯一的因素，充其量只是影响因素之一。约瑟夫·克拉伯在1960年出版的《大众传播的效果》一书中与“枪弹论”针锋相对，完整地勾勒出“有限效果论”的基本框架，很好地梳理和总结了前人的成果，提出大众传播效果的五项一般定理，为第二阶段的传播效果研究画上了句号。

第一，大众传播不是效果产生的唯一和充分条件，它只能在各种中间环节的连锁关系中并且通过这种关系才能发挥作用。

第二，大众传播最明显的倾向不是引起受众态度的改变，而是对他们既有态度的强化。即使是在这种强化过程中，大众传播也并不作为唯一因素单独起作用。

第三，大众传播对人们态度改变需要两个条件：一个是其他中介因素不再起作用；一个是其他中介因素本身也在促使人们态度的改变。

第四，传播效果的产生，受到心理、生理因素制约。

第五，传播效果的产生，受到媒介本身的条件（如信源性质，内容组织等）和舆论环境等因素的影响。①

他的观点极力强调了大众传播影响的无力性和效果的有限性，因而被称为“有限效果论”。

“有限效果论”包括许多理论，其中较为代表性的研究有以下几个。

《人民的选择》

1940年美国大选期间，拉扎斯菲尔德等人以俄亥俄州伊利县的居民为调查对象，围绕大众传播的竞选宣传，研究选民如何以及为何做出投票决定。这次研究的目的是了解大众传播的作用，但结果却发现人际传播的效果要好于大众传播的效果。

拉扎斯菲尔德的调查表明，在整个竞选宣传期间，大部分人始终没有改变投票意向，而改变原来意向的人只有8%，这部分人开始有一个明确的投票意向，但是后来却转向另一党派的候选人。而且这8%的改变党派者的投票结果与他们最亲近的人大体一致，而不是和广播演说或者报纸社论告知他们的相一致。即这些改变原有投票意向的人不是受到大众传播的影响，而是主要受到人际传播的影响。也就是说，大众传播并没有左右选民投票意向的力量，它是众多影响因素之一，而不是主要因素。媒介的竞选宣传对选民的投票决定几乎不起什么作用。

在“枪弹论”盛行时期，这一结论显然与当时人们的认识和感觉大相径庭，为了弄清原因，研究人员对全部调查数据进行了分析，提出了一系列理论假说，集中体现在这次调查研究报告《人民的选择》一书中：

（1）“政治既有倾向”假说。即接触传媒宣传之前就已经有的态度。投共和党票的人大多原来就是共和党的支持者，反之投民主党票的人原来就是民主党的支持者。拉扎斯菲尔德提出，人们在就政治问题进行决策时，并不取决于一时的政治宣传和大众传播，而是基本上取决于人们既有的政治立场和态度，即政治既有倾向。大众媒介最重要的影响是强化人们已经做出的投票决定，媒介仅仅给人们选择他们已经支持的候选人提供更多的理由。

① 克拉伯：《大众传播的效果》，第8页。

（2）“选择性接触”假说。人们的既有政治倾向很大程度上影响他们的媒介接触行为。就是说，共和党支持者大部分只接触了共和党的宣传，反之只接触民主党的宣传。这表明受众并不是不加区别地对待任何传播内容，而是更加倾向于选择与自己立场、态度一致或接近的内容加以接触。

（3）“意见领袖”和“两级传播”理论。这是这次研究的最有价值的意外发现。拉扎斯菲尔德指出，在人们做出投票的决定过程中，有一些对他们施加个人影响的人物，即“意见领袖”。“意见领袖”存在于社会各阶层中，他们接触了大量的选举信息，而那些媒介接触度、知识水平和兴趣度低的人，则会乐于从“意见领袖”那里获得信息和建议。“意见领袖”会把他们从媒介得来的第一手信息，连同他们自己对其意义的解释一起传播给其他人。据此，研究人员对传播过程做如下推测：大众传播的信息并不是直接流向受众，而是要经过“意见领袖”这个中间环节，再到达一般受众那里。即形成大众传播——“意见领袖”——一般受众的传播过程，这一过程被称为“两级传播”。

（4）大众媒体的三种效果：激活、强化和改变。在这三种效果中，选举宣传在改变选民的投票决定方面影响不大，只有8%的选民改变了最初的投票意向，而对于大部分选民来说，大众媒体的宣传只是激活或强化了他们的既有的政治倾向。拉扎斯菲尔德认为，大众媒介最重要的影响是强化人们已经做出的投票决定，媒介仅仅给人们选择他们已经支持的候选人提供更多的理由，而没有任何证据显示媒介在改变人们意见的过程中发挥了重要作用。

传播流与两级传播

拉扎斯菲尔德在《人民的选择》中提出了两级传播理论之后，又对传播过程中的第二级，即对“意见领袖”及其对周围人的影响进一步进行了研究。调查工作始于1945年，其数据分析报告在十年后才完成，研究成果收录在卡茨和拉扎斯菲尔德合著的《个人的影响：大众传播流中人民的作用》一书中，这项研究与《人民的选择》有着系统的理论继承关系。重点研究了“意见领袖”的特点，从而使人际传播的过程受到了充分的重视，彻底改变了当时人们对大众传播过程的整个想法。

研究发现，在市场营销、时尚流行、电影选择三个方面，个人的影响在人们决定改变使用习惯或采用新产品方面，效果要比正式的大众传播媒体明显。

《个人的影响》的重要贡献是提出了“中介因素”的概念，卡兹和拉扎斯菲尔德认为，制约和影响大众传播效果的“中介因素”主要有四种：第一，选择性接触机制：包括选择性注意、选择性理解和选择性记忆三个层次。这个机制的存在，说明受众对某些媒介或内容有回避的倾向，被回避的媒介内容很难对受众产生效果。第二，媒介本身的特性：讯息的媒介渠道不同，效果也不同。第三，讯息的内容：包括内容表达的方法、技巧的不同会产生不同的心理反应。第四，受众本身的性质：包括受众的既有立场，受众的社会关系尤其是意见领袖的影响，会对大众传播效果发挥重要的制约作用。①

这再次否定了“枪弹论”的强大效果论，得出的结论是媒介的影响力是微小的和不足为惧的，人们对大众传播过程的认识从此永远地改变了，不再通过单一的“刺激——反应”模式来思考大众传播，而是更加关注媒介长期的、间接的效果，并且更加关注在大众传播过程中社会关系的作用。（此前的研究主要关注大众传播的受众个体差异以及这些差异如何影响他们的媒体反应）

当然，此后的研究对两级传播也产生了很多质疑：影响的过程可能不止两个阶段；在某些情况下，比如某些重大事件一经媒介报道就立刻被大众接受，几乎没有“意见领袖”插足的余地；“意见领袖”与其追随者之间往往界限并不明显等。

70年代，罗杰斯对农村中新事物的采纳和普及过程进行深入调查，对《人民的选择》和《个人的影响》做了补充和修正。根据对新事物普及过程的调查结果，罗杰斯把大众传播过程区分为两个方面，一是作为信息传递过程的“信息流”；二是作为效果或影响的产生和波及过程的“影响流”。前者是一级的，即信息可以由传媒直接流向受众；后者是多级的，影响要经过人际传播中许多环节的过滤。从而把“两级传播”理论发展成为“多级传

① Katz,Elihu and Lazarsfeld,Paul F.,Personal Influence,The Free Press,Glencoe,Illionois,1955,pp21-25.

播”或“N级传播”理论。

无论是“两级传播”还是“多级传播”，“意见领袖”都在其中扮演着重要的角色。“意见领袖”是那些首先接受媒介信息，并将经过自己加工后的信息传播给其他人的人，“意见领袖”具有影响和改变他人态度的能力。

霍夫兰的陆军研究

在第二次世界大战期间，美军开始以前所未有的规模使用电影或其他大众传播形式进行宣传，这些材料大部分用于鼓舞美军士气。在这期间，霍夫兰等人受美国军方邀请对“二战”中军事纪录片中对士兵的劝服效果进行研究。他们让士兵观看系列片《我们为何而战》，这些影片被设计为激励性电影，其主导思想是基于这样的假设：大多数入伍者并不了解美国卷入“二战”的那些国内和国际事件，如果了解了这些事件，便能使人们更容易从一般平民的生活转向军人生活。

按照“枪弹论”的观点，不论士兵的背景怎样，他们都应当极易被电影的内容所操纵，他们面对宣传时应当不堪一击。

为了评价电影宣传效果，霍夫兰进行心理实验，实验结果表明：

看与不看在认识的问题上有所作用，就是说这些电影在传达战况信息方面卓有成效，士兵观看以后，大多清楚地了解战局进展情况；

电影在提高士气方面作用不大，与放幻灯片作用差不多，而这被认为是这一指导计划的最终目的；

令教育程度低的人改变态度的信息对教育程度高的人毫无意义。

也就是说，这类宣传片在传播普遍事实方面具有显著效果，对某些较为直观的看法和解释也有一定的影响力，可以在短时间内有效地提高受众对事实的了解，改变他们的一些意见或对事物的看法，但对于受众固有的态度和观点，却并不能产生效果。最有效的电影也主要是加强了业已形成的态度，而态度的改变并不明显。这样，与拉扎斯菲尔德的伊利调查一道，这次研究也证明了单一的大众传播并不能直接导致人们态度的改变，效果的形成不取决于传播者的主观愿望，而是与传播者、信息内容、说服与诉求的方法，受传者的个人和社会属性的密切关系。这些结论同样是否定魔弹论的有力证据，使媒介效果研究走向了有限效果论的方向。

总的来说，早期效果研究以说服性传播的研究为主，关注传播具体的、短期的效果，对传播改变受众态度做出了保守的评价。也是从拉扎斯菲尔德的伊利县调查开始，传播学学者们才真正开始用科学的方法来研究传播效果问题，随着研究方法的进步，效果研究有了较大的发展，并逐渐成为大众传播研究中最受瞩目的领域。

3. 适度效果论

“适度效果论”是20世纪70年代出现的一种效果理论模式，这派理论研究者有一些共同的假定：认为过去对大众传播效果的研究，过于注重态度和意见，如果注意到其他项目上可能会发现大众传播较大的效果。而且过去的研究在思路上有一些单一化，只注意大众传播对受众成员做了什么，而没有研究受众使用媒介做了什么，尤其是一般研究者很少注意到媒介的长期效果。这一时期的传播效果研究摆脱了“有限效果论”传者中心论，从受众的角度出发来研究大众传播的长期的作用，强调了大众传播影响的适度效果，因此称为“适度效果论”。实际上，“适度效果论”有时很难说是效果理论还是受众理论，因为包括使用与满足模式在内，都是源于对受众行为的研究，所以，有的学者把它们放在受众部分来谈。

“适度效果论”包括使用与满足理论、议程设置理论、创新与扩散理论等一系列研究。这些假说的主题不同，但都具有一些共同特点：研究焦点大都集中于探索大众传播综合的、长期的和宏观的社会效果；都不同程度地强调传媒影响的有力性。

使用与满足理论

“使用与满足理论”主要从受众角度出发，以能否满足受众的需求作为衡量传播效果的重要标准。该理论的核心内容是，受众对媒介产品的消费是有目的的，总是根据自己的需要来使用媒介，从而使自己的需要得到满足。有关“使用与满足理论”的核心内容在第七章第三节已有详细介绍。

使用与满足理论着眼于个人需求在社会与心理方面的推动作用，每种媒介都被理解为在提供一套独一无二的内容与属性，产生不同种类与不同范围的满足。这种取向提供一种独特的方法，从而使我们能够探讨不同媒介的受众成员如何以完全不同的方式解释和使用媒介的内容。当然，该理论也招致了许多批评，比如，过于关注个人层面需求的满足，忽略了社会结构因素的基础。个人需求不会在真空状态下产生，需求是由多种因素共同作用的产物，而且个人需求也不能代表整个社会普遍性的需求。施拉姆认为，“使用与满足理论”还远远不能成为一种理论，但它指明了形成理论可能采取的某些方向。

议程设置理论

20世纪70年代的传播研究发现，媒介效果过程涉及认知、态度、行为三个方面因素，人们确实从大众传播媒介获知很多信息，只是不清楚媒介信息如何影响受众并促使其改变态度的，作为“适度效果论”时期的议程设置理论，专门探讨媒介在有意无意建构公共讨论与关注的话题的理论。该理论的基本内容是，在特定的一系列问题或议题中，那些得到媒介更多注意的议题，在一段时间内将被人们所熟悉，它们的重要性也会日益为人们所感知，媒介具有为公众设置议事日程的能力。“议程设置理论”展现了大众媒介影响社会的一种新的方式，这种方式不同于以往的态度改变理论的方式，而是关注更早的，媒介在影响人们认知方面的作用。

创新与扩散理论

60年代初，罗杰斯对农村中新事物的采纳和普及过程进行深入调查，重点研究了社会进程中创新成果是怎样为人知晓以及如何在社会系统中得以推广，对拉扎斯菲尔德《人民的选择》和卡茨与拉扎斯菲尔德合著的《个人的影响》做了补充和修正。根据新事物普及过程的调查结果，罗杰斯把大众传播过程区分为两个方面，一是作为信息传递过程的“信息流”；二是作为效果或影响的产生和波及过程的“影响流”。前者是一级的，即信息可以由传媒直接流向受众；后者是多级的，要经过人际传播中许多环节的过滤。从而把“两级传播”理论发展成为“多级”或“N级”传播理论。

创新与扩散研究发现，创新的采用取决于既存的人际联系和对媒介的习惯性接触这两个因素的共同作用。罗杰斯把个人接受新事物的过程看作是从认知到决定的过程，分为以下五个阶段：

认知阶段——个人开始了解、知道某项创新，并对其功能有一定的基本认识；

说服阶段——个人对某一项创新发明形成赞同或不赞同的态度；

决策阶段——个人参与其中，决定是否采用该事物；

实施阶段——个人将创新发明投入到实际运用中；

确认阶段——个人对创新运用结果的评估。

大众传播渠道在信息获知阶段相对来说更为重要，人际渠道在劝服阶段更为得力，大众媒介和人际传播相结合是说服人们利用这项创新成果的最有效途径，大众传播可以较为有效地提供新信息，而人际传播对于改变人的态度和行为更加有力。新事物的扩散和传播过程通常呈S形曲线，即在采用开始时很慢，当其扩大到总人数的一半时速度加快，而当其接近于最大饱和点时又慢下来。

“创新与扩散理论”被认为是传播效果研究中的一个里程碑，该理论侧重于探讨大众传播对社会文化和生活的影响，并把两级传播模式发展为“多级”或“N级”传播模式。该理论认为，在创新扩散过程中，最初应该尽量发挥大众传播媒介及时、迅速、广泛的传播优势，当人们对新事物普遍了解之后，应该尽量调动人际渠道的积极性，借助人际关系网络传播劝服性信息，因此，要将大众传播与人际传播相结合。当然，该理论更适用于政府或其他有组织的社会组织有计划的、自上而下的创新扩散，从外向内的推动性传播，如果是自下而上，采纳是应用者的主动行为，扩散是自然传播的结果，此时该模式的适用性就较差了。

4. 强大效果论

20世纪70年代以后的“强大效果论”并不是早期“枪弹论”的恢复，而是在“适度效果论”基础上发展起来的。与“枪弹论”不同，“强大效果论”强调的是媒介长期的、潜在的影响，并将传播过程置于整个社会政治经济环境中进行宏观分析得出的结论，而“枪弹论”强调媒介是绝对的、无条件的强大效果，二者是有本质区别的。

该理论中最为著名的研究是由德国研究者学者诺依曼提出的“沉默的螺旋理论”。诺依曼1974年首先在《传播学刊》发表论文，提出这个概念，1980出版《舆论——我们的社会皮肤》对“沉默的螺旋”进行了全面概括，阐明了在公众舆论的形成过程中，人际传播和媒体是如何共同起作用的。

“沉默的螺旋”理论基于这样一个假设：大多数个人会力图避免由于单独持有某些态度和信念而产生的孤立。因为害怕孤立，他便不太愿意把自己的观点说出来。总会有某些观点占上风，于是少数派便保持沉默，不愿意发表自己的看法，如果人们觉得自己的观点会得到大家的认可，也就是占支配地位的或日益得到支持的意见就会愈加得势；另一方则越来越失去支持的声音或保持沉默。这样，一方公开表述自己的观点而另一方沉默的倾向便开始了一个螺旋过程，这个过程不断把一种意见确立为主要意见。

如果这个过程有大众媒介参与，螺旋往往形成得更快、也更明显。这一理论假说的一个重要观点是，传媒提示的意见环境未必是社会上意见分布情况的真实反映，而一般社会成员对这种分布处于无知状态，这种情况下，传媒提示和强调的即使是少数人的意见也会被当成多数意见来认知，结果引起沉默螺旋过程的始动，在传媒影响所及的范围内引起人们判断和行动上的连锁反应，换句话说，这个假说认为大众传播具有创造社会现实的力量。有关“沉默的螺旋理论”将在下一节《传播效果的主要理论》中详细阐述。

二、传播效果的内涵

所谓传播效果是指传播者发出的信息经由传播媒介到达受众那里，引起受众认知、态度、行为、观念等方面的变化。由于传播过程要受到内外各种因素的影响，因此，受众对信息接收的效果与传播者最初的动机可能相同也可能不同，不同的受众接受同一信息所产生的效果也可能会有所不同。简言之，受众接受信息后产生的变化越与传播者起初的动机一致，传播效果就越好，反之则不好。

传播效果研究史上发生的许多理论分歧，都与对效果概念的把握和理解不同有密切关系，因此，有必要对传播效果的概念进行界定。

1. 传播效果的双重含义

第一层含义指的是，带有说服动机的传播行为在受传者身上引起的心理、态度和行为的变化。说服性传播，指的是通过劝说或宣传使受传者接受某种观点或从事某种行为的传播活动，这里的传播效果通常意味着传播活动在多大程度上实现了传播者的意图或目的。

传播效果的第二层含义指传播活动尤其是报刊、广播、电视等大众传播媒介的活动对受传者和社会所产生的一切影响和结果的总体。不管这些影响是有意的还是无意的，直接的还是间接的，显在的还是潜在的，都是传播活动产生的效果。

第一层含义容易理解，如父母劝说孩子不要沉迷游戏，他们使用规劝、感化等各种说服方法，希望孩子把精力放在学习上。在这里，传播效果意味着父母的主观意图是否得到实现，换句话说，孩子听从父母教诲就是传播效果的实现。

传播效果的第二层含义比较复杂。它强调了不管传播者有没有主观意图，他们所从事的传播活动总会伴随着各种各样的结果。如SARS期间，记者报道了一篇关于醋和板蓝根能预防非典的消息，本意是让受众有个心理准备，但结果却很可能引起读者恐慌或抢购风潮。这种间接的、潜在的、预期之外的结果也是传播活动产生的效果。

传播效果的上述双重含义，构成了这项研究相互联系又相互区别的两个重要方面：一是对效果产生的微观过程分析，考察具体传播过程的具体效果；二是对传播效果进行综合、宏观过程的考察，研究综合传播过程所带来的综合效果。在大众传播效果研究中，尤以大众传媒的活动对社会的运行、变化和发展所产生的宏观效果为主要考察对象。

2. 传播效果划分的三个层面

认知层面上的效果：外部信息作用于人们知觉和记忆系统，引起人们知识量的增加和知识构成的变化，如观看新闻、知识竞赛等节目。

心理和态度层面上的效果：作用于人们的观念或价值体系而引起的情绪或感情的变化，如劝服引起的态度改变。

行动层面上的效果：这些变化通过人们的言行表现出来，如广告引发人们对产品的实际购买行为。

从认知到态度再到行动，是一个效果的累积、深化和扩大的过程。

三、传播效果研究的课题

传播效果研究属于什么性质的领域？这个领域包含了哪些研究内容？效果研究的意义是什么？这是本部分要解决的问题。

拉斯韦尔的5W模式中，传播效果位于最后一个环节，在它之前的四个W，即传播者、讯息内容、媒介、受众的每个环节和要素都会对传播效果产生重要影响，传播效果实际上是作为这些环节和要素相互作用的结果体现出来的。

1. 传播主体与传播效果的研究

考察传播者的性质、传播者在信息采集、筛选加工中所起的作用，以及传播者的信誉度与权威性等对效果的影响。

2. 传播内容与传播效果的研究

考察内容的主题、观点、价值取向等信息内在因素与传播的关联。文本分析是考察内容的效果的基本方法。

3. 讯息载体与传播效果的研究

考察讯息载体或象征符号的功能和效果的特性。同样的信息内容，使用的传播媒介不同，效果也不同。

4. 传播技巧与传播效果的研究

传播技巧指的是唤起受传者注目，引起他们的特定心理和行动的反应，从而实现说服或宣传之预期目的的策略方法。比如诉诸感情和诉诸理性，一面说与两面说等。不同的信息传播技巧的选择和使用会影响信息传播的效果。

5. 传播对象与传播效果的研究

受传者并不是完全被动的信息接受者，相反，受传者的属性对传播效果起着重要的制约作用。包括受众的性格、兴趣等个人属性，也包括群体归属关系等社会属性，这些属性对传播效果有重要影响。

6. 宏观的传播效果研究

大众传播对受众认知、心理和行为的导向作用，大众传播与社会发展和社会变迁的关系等。

第二节　传播效果的主要理论

20世纪60年代末开始，传播流研究尤其是有限效果论开始受到批评，矛头不是指向实证研究得出的具体结论，而是它的效果观和整体的理论框架的缺陷：首先，在认知、态度和行动阶段，“有限效果论”充其量只探讨了后两者而忽略了更早的认知阶段，即大众传播在人们的环境认知过程中的作用；其次，以往的研究只考察了具体传播的微观、短期效果，忽略了整个传播事业宏观的、长期的、潜移默化的效果。

这样，进入70年代后，在对“有限效果论”进行反思的基础上，传播效果研究领域出现了一批新的理论模式和假说。这些假说的主题不同，但都具有一些共同特点：研究焦点大都集中于探索大众传播综合的、长期的和宏观的社会效果；都不同程度地强调大众传播影响的有力性。本节主要介绍70年代以后，传播效果研究的后两个阶段，即“适度效果论”和“强大效果论”

中的主要代表性研究理论，包括议程设置理论、沉默的螺旋理论、知识沟理论和培养理论。

一、议程设置理论

议程设置理论主要研究的是媒介有意无意地建构公共讨论与关注这一问题。媒介的议程设置指的是媒介特别是新闻、评论的生产，有能力将公众的注意力聚焦于一系列获得解释与受到限制的、经过选择的问题，同时忽略其他问题。结果就是某些话题在公共领域得到广泛讨论，而其他话题则被忽略。议程设置主要的研究内容包括：媒介向受众提供了什么话题；这些话题是如何呈现的；话题或信息是如何排序或被赋予重要性等。

议程设置的思想可追溯到20世纪20年代，李普曼在其经典著作《舆论学》中提出的一个著名论断：新闻媒介影响我们头脑中的图像。强调了媒介的巨大作用。虽然在当时李普曼没有使用“议程设置”这一名称，但是，他表达了这样基本的思想，即媒介创造了我们头脑中的“主观现实”，这有可能与我们经历的“客观现实”完全不同，媒介具有为我们构建头脑中的图景的力量，早期李普曼的这种思想与议程设置理论的核心观点是一脉相承的，可以说是议程设置理论的前身。

1. 议程设置理论概要

1968年，美国学者麦克斯韦尔·麦库姆斯和唐纳德·肖对美国总统选举期间的议程设置进行了研究，就传播媒介的选举报道对选民的影响做了一项调查。研究由两部分构成：一是对选民抽样调查，了解他们对当前美国社会主要课题及重要性程度的认识和判断；二是对新闻媒介的同期政治报道进行内容分析。在对二者调查结果比较过程中，发现在公众对社会公共事务中重要问题的认识和判断与传播媒介的报道活动之间，存在着一种高度对应关系，即媒介突出强调的各类选举议题和选民对各类选举议题之间的显著性与重要性的判断之间，存在着非常密切的关系。媒介作为“大事”加以报道的问题，同样也作为大事反映在公众的意识中，传播媒介给予的强调越多，公众对该问题的重视程度越高。

图8-2 议程设置假说①

根据这种高度对应的相关关系，麦库姆斯和肖认为大众传播具有一种形成社会“议事日程”的功能，传播媒介以赋予各种议题不同程度“显著性”的方式，影响着公众瞩目的焦点和对社会环境的认知。受众会因媒介提供的议题而改变对事物重要性的认识，对媒介认为重要的事件首先采取行动。从总的理论角度来看，麦库姆斯和肖把注意力集中到认知上层面，认为媒介引起注意和信息提供的功能具有重大的影响媒介效果的，议程设置成为现代社会媒介参与受众对现实的社会性建构的过程之一。

2. 议程设置理论的特点

第一，传播效果分为认知、态度和行动三个层面，议程设置功能假说的着眼点是这个过程的最初阶段，即媒介在受众认知层面上的效果。“报纸在告诉人们怎样想时，可能并不成功，但告诉人们该想什么时，却惊人的成功。”

第二，议程设置假说所考察的不是某家媒介某次报道活动产生的短期效果，而是作为整体的大众传播具有较长时间跨度的一系列中长期的、综合的、宏观的社会效果。这对40年代以来占主导地位的“有限效果论”是一个重要的修正。

① McQuail,D.and Windahl,S.,Communication Models: Longman Publishers ,1981,pp 63.

第三，议程设置理论暗示了这样一种媒介观，即传播媒介是从事“环境再构成作业”的机构。媒介并非镜子式被动地反映现实，而是进行环境再构建，该理论是对李普曼“拟态环境”概念和拉斯韦尔“环境监测”功能观点及把关人理论的继承。

3. 议程设置理论的作用机制

议程设置功能是一个可以被分为三个部分的线性过程：首先，必须设定媒介中将要被讨论的问题的轻重缓急，即媒介议程；其次，设定媒介议程在某些方面影响公众观念，即公众议程，或与之发生相互作用；最后，公众议程在某些方面影响政策制定者重视的事物，即政策议程，或与之发生相互作用。①

麦库姆斯和肖在研究媒介与公众议程之间的因果顺序时发现，在这几个方面中，人们一般倾向于了解大众媒介注意的那些问题，并采用大众媒介为这些问题所确定的优先次序来确定自己对这些问题的关注程度，越是具备影响力的媒体，对于公众议程的影响力就越大，因此媒介议程是对公众议程和政策议程产生直接影响的决定性要素。

学者们致力于寻求议题设定过程中的中介变项。因为麦库姆斯和肖都承认，媒介议题设定并不是在任何时间、对所有人、在所有主题上都能对受众产生普遍性的影响。

第一，主题条件情况。具体议题比抽象议题更容易产生议程设置的效果，因为受众想象抽象议题总是要困难一些。对于抽象议题，媒介不太可能具备议程设置的能力。

第二，媒介条件情况。比如媒介来源的可信度会影响媒介议程设置效果。另外，媒介对议题的突出报道反映了它对一个特定思想喜爱与否的态度。

第三，个人条件情况。在一个特定议题上，公众的直接经验越少，越是依赖媒介来获取这方面的信息。有些议题，公众能够直接亲身体验，则媒介

---

① 斯蒂文·小约翰：《传播理论》，陈德民、叶晓辉译，中国社会科学出版社1999年版，第601页。

便不太可能产生议程设置效果。另外，媒介的议程设置在全国性议题方面比地方性议题更有效果。当媒体的报道引起个人情绪反应时，可以产生更大的议题设置效果。此外，人口统计学上属性也是制约因素，媒介的“议程设置功能”的理论对知识水准高、政治关心程度高及从事高层次职业的人影响小。

议程设置理论主要基于两个观点：第一，媒介是报道世界上的新闻的不可缺少的把关人；第二，人们需要把关人，即媒介来帮助自己决定在超出自己有限的社会经验范围之外的事件中，哪些是自己值得关注的。麦库姆斯等人还发现，媒介议程与公众对事件重要程度的认识并不是简单地吻合，而是与媒介接触频率有关，即经常接触媒介的人，其个人议程与大众媒介的议程具有更多的一致性。

议程设置理论研究中的一个著名案例就是《华盛顿邮报》关于“水门事件”的报道。记者由报纸上的一条消息入手，抓住线索不放，花了几个月的时间，实际上是把这个消息塞进其他新闻媒介的议程中，最终引起公众的注意，从而使“水门事件”报道成了当年乃至更长一段时间内重大的政治新闻，最终导致了尼克松总统被迫辞职。①

4. 对“议程设置功能”理论的评价

此前的传播流研究主要从态度改变上考察传播效果，不恰当得出大众传播效果无力或有限的结论，但“议程设置功能”理论从考察大众传播在人们的环境认知过程中的作用入手，重新揭示了大众传媒的有利影响，为效果研究摆脱“有限论”的束缚起了重要作用。它重新揭示了大众传媒的巨大影响，具有重大的现实意义。同时该理论认为，媒介通过为公众提示社会生活中的重要议事日程，来实现媒介自身的“环境再构成作业”，这使得人们将视线投向媒介内部的信息采集和加工过程，也就是对媒介把关功能的思考。议程设置理论把西方主流传播学长期以来力图回避的一个重要问题——大众

① 段鹏：《传播学基础：历史、框架与外延》，中国传媒大学出版社2016年版，第241页。

传播过程背后的控制问题摆在人们面前，揭露了大众传播过程背后的控制问题：媒介是从事环境再构成作业的机构，媒介的背后存在着复杂的政治，经济和意识形态的力学关系。

虽然议程设置作为一种假设和理论在今天仍然盛行，但它在最初形成时就已经成为一个有争议、受到质疑的命题，归纳起来，质疑之声主要体现在这样几个方面：

第一，它仅仅强调了传播媒介设置或形成议题方面的作用，没涉及媒介反映社会议题的一面。起源于社会、具有广泛社会关心的重要问题最终登上媒介议程的情况是常见的，这种情形尤其在网络传播时代更为明显。

第二，它的效果不能绝对化。媒介并没有随心所欲为公众设置议题的力量。全球化时代的到来，新闻渠道越来越开放，新闻出口越来越多，公众的媒体行为逐渐受到所谓选择过程的影响，这个时代的公众已经有能力对媒体设置的议程进行修正与重构。互联网时代的网民已经不满足于讨论媒体的新闻，他们还想了解媒体没有报道的新闻故事。这导致了互联网论坛的思想开放与言论自由程度高于传统媒体，媒体议程设置迎合读者兴趣满意程度的需要高于迎合政府的需要，在某些情况下，与媒体的信息相比，人们的态度更容易接受网络舆论的影响。

二、知识沟理论

知识沟理论是关于大众传播与信息社会中的阶层分化理论。一般说来，人们认为大众传播能使信息资源在社会成员之间共享。但是，1970年，美国著名传播学者蒂奇诺提出的知识沟假说却认为，随着大众传媒向社会传播的信息日益增多，社会经济状况较好的人将比社会经济状况较差的人以更快的速度获取这类信息，因此，这两类人之间的知识差距将呈扩大而不是缩小的趋势。这一理论从宏观社会结构层面审视大众传播过程中的不同社会地位群体在知识获取方面更具差异性，从而为媒介效果研究打开了一个全新的思路。

1. 知识沟理论的提出

知识沟理论出现于 20世纪60年代，美国要求教育机会平等的呼声不断高涨，表现在，在学校中贫富儿童在学习能力和学习成绩上的差距越来越大，富裕儿童在进入小学前就接受了良好的学龄前教育，而那些贫困儿童无钱购买启蒙读物，也没钱请家教，进入小学后，在学习能力和成绩上与富裕儿童产生明显差距。这种差距随着年龄的上升不断扩大，并导致将来职业和社会地位的两极分化。

在强大的社会压力下，美国政府为回应社会上要求教育机会平等的呼声，拍摄了一部电视教育节目《芝麻街》，试图通过大众传播来改善贫困儿童的受教育条件。该节目作为政府学前启蒙项目的一个尝试于1969年播出，目的是为那些家庭贫困儿童提供学前启蒙教育的机会，缩小贫富儿童差距，但是后来对播放结果研究发现，在贯彻这个项目的最初意图方面，它是失败的，也就是说，《芝麻街》播出后，对贫富儿童虽然都产生了良好的教育效果，但对节目接触和利用最多、产生更好效果的还是那些富裕儿童。以缓解受教育条件不平等为目的的这部系列片，不但没有缩小不平等，实际结果是大大扩大了两者之间的差距。

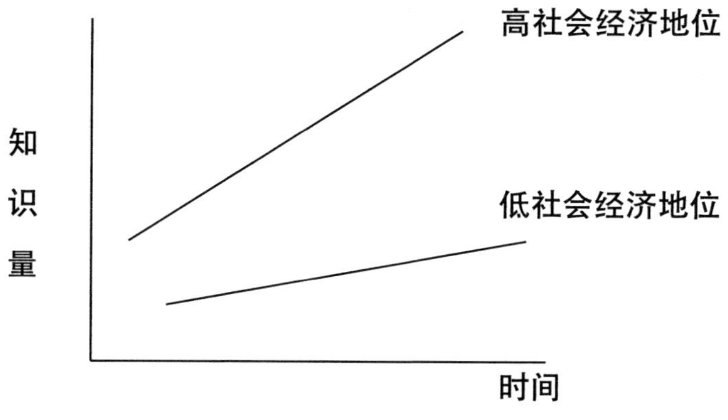

图8-3 知识沟假说

1970年，美国传播学家蒂奇诺在实证研究基础上，提出一种理论假说：大众传播的信息传达活动无论对社会经济地位高者还是社会经济地位低者都会带来知识量的增加，由于社会经济地位高的人获得信息和知识的速度大大快于后者，因此，大众媒介传送的信息越多，这两者之间的知识鸿沟就越有值得说明的是扩大趋势。

知识沟假说主要适用于有广泛吸引力的公共事务和科技新闻，它不一定适用于社会新闻、体育等面向特定受众的话题，蒂奇诺等人认为，公共事务和科技新闻的掌握对于社会变迁和个体发展来说至关重要，这些信息常常与社会权利联系在一起，这两方面的信息应该为社会公众普遍获取。那么，为什么会出现知识沟现象呢？除了接触媒介和学习知识的经济条件外，蒂奇诺等人总结了几个可能的原因：

第一，传播技能上的差异。受教育程度高的人具有较强的理解能力和较大的阅读量，这有助于他们对公共事务或科学知识的获取。

第二，知识信息储备上的差异。从先前的大众传媒和正规教育渠道得来的知识越多，这些见多识广的人对新事物、新知识的理解与掌握也就越快。

第三，社会交往方面的差异。教育通常意味着日常行动圈子较大，参与更多的社会团体，人际交往更多，由此扩大了与他人讨论公共事务话题的机会。社交活动越活跃，交往的范围越广，获得知识信息就越快、越多。

第四，对信息的选择性接触、接受、理解和记忆方面的差异。对信息的选择性接受和记忆，可能是态度与受教育程度综合作用的结果。大众媒介的研究始终发现，个人生活的水准、层次与大众传媒的内容越接近，对媒介的接触和利用程度就越高。受教育程度高的人会更关注公共事务和科学方面的信息，对这些信息的态度更为积极，会主动接触并吸收。

第五，发布信息的大众媒介系统性质上的差异。传播有一定深度的关于公共事务和科学知识的媒介主要是印刷媒介，其受众主要集中于高学历阶层，所以内容适应这部分人的兴趣。但是，报纸对科学知识、公共事务和新闻一般重复较少，而重复有利于社会地位低的人群对话题的学习与熟悉，因此，不利于社会地位低的人接受。

在上述无论哪个方面，社会经济地位高的阶层都处于有利地位，这是造成知识沟不断扩大的原因。①

总的来说，这些原因可以分成两类：一是主观原因，如受众自身的兴趣、能力与社会交往影响了不同群体对公共事务和科学信息的知晓，社会经济地位是造成上述结果的主要原因；二是客观原因，比如印刷媒体的目标受众是那些有商业价值的主流人群，适应他们的兴趣与接受习惯，所以社会经济地位高的人从为他们量身定做的信息中获得的知识多，而社会经济地位低的人则很难在其中找到适合他们接受水平的信息。

2. 知识沟假说的修正与发展

蒂奇诺等人1970年提出的知识沟假说是一个从社会结构的角度解释大众传播功能的假说，但是其中也忽略了很多细节问题，比如是否在所有议题上都存在知识沟？社会经济地位较低者与较高者在知识获取上的差异是由社会结构产生的，还是由个人主观兴趣产生的？不同的测量方法是否会得出同样的结果？

1975年，蒂奇诺等人进行了反思，提出了引起知识沟缩小的一些重要变量。

其中一个重要变量就是议题引起社会关切的程度。当社会处于激烈的冲突状态时，群体成员会积极监测环境并相互交流，以减少不确定性，这会抵消社会经济地位带来的知识的差异。此外，社区结构也会影响知识沟的差距，在一个同质化、小型的群体内，成员之间比较熟悉，人际交流多，会抵消大众媒体造成的知识沟，相反，在多元化、大型社区中，由于存在各种各样的信源，因而大众媒体的知识沟不容易被抵消。

另外一个影响知识沟的变量是个人的信息需求。经典的知识沟假说采用了结构——功能主义的理论框架解释知识在不同群体中的分布不均，从而把原因归结为社会经济地位等结构性因素。而另一些研究者从个人选择的角度，提出了另外的解释，他们认为知识沟现象是个人的信息需求差异导致的，认为人之所以获得某类信息，兴趣比教育的作用更大，也就是说，社会

① McQuail,D.and Windahl,S.,Communication Models： Longman Publishers ,1981,pp73.

经济地位较低者不关注公共事务和科学方面的信息，主要原因不是他们无法理解这些信息，而是他们对这些信息不感兴趣，这些信息对他们的工作生活并不重要。经典的知识沟理论显然没有从使用者的角度对信息做出界定，并不是所有人都认为公共事务和科学信息有价值，会对他们的生活产生影响，重要的是这些不同的信息对于使用者的意义是什么。

3. 知识沟假说的反命题——上限效果假说

与知识沟假说持相反观点的是艾蒂玛和克莱因已于1977年提出的上限效果假说，认为个人对特定知识追求并不是无止境的，达到某一“上限”（饱和点）后，知识量的增加就会减慢乃至停止下来，社会经济地位高者获得知识的速度快，其知识的上限到来的也就早；那些经济地位低者虽然知识增加的速度慢，但随着时间推移最终能够在上限上赶上前者。这个假说意味着，大众传播的信息传达活动的结果不是带来社会知识沟的扩大，而是它的缩小。也就是说，个人在一段时间内追求某种特定的知识的过程中，这个上限可能是存在的。但在一个人一生追求知识的整个过程中，这个上限是否存在还是一个问题。

通俗地说，艾蒂玛的观点表明，由于大众传媒的信息传播活动的作用，社会的“知识沟”一开始呈现出扩大的趋势，但最终还是会缩小，其理由是由于三个“上限”的制约：

第一，信息源的性质所决定的“上限”。大众传媒传播的知识只是某一范围、领域，某种程度上的“一般”知识，并非是“高、精、尖”的知识。无论处于什么经济地位的受众，都不可能从大众传媒中获得超过这个范围、领域、程度的知识。

第二，受众本身具有的“上限”。在大众传媒的受众中，那些社会经济地位高的人，在感觉到自己的某种知识已经充足的时候，就会自动减慢或停止对这方面知识的追求。

第三，现有的知识已经达到“上限”。如果受众个人的知识程度已经高于大众传媒所传播的内容，他们便不会再通过大众传播媒介去寻求知识。

“上限效果”假说提出后，学界对此也提出了不同意见。很多学者认为，“上限效果”假说所说的“上限效果”，虽然在大众传媒受众个人对特定知识的追求获取过程中是存在的，具有一定的合理性，但这个假设还存在以下不足：

首先，从大众传媒受众个人在整个一生追求获取知识的过程中，这个“上限”是否一定存在，还需要进一步考察。因为受众个人在一定时期、一定范围、领域追求获取某一特定知识会出现“饱和”，这些知识的增加会出现停顿。这时，他们就会开始对下一个新领域的知识的追求与获取，这就必然会增加他们的知识总量。

其次，知识是会不断更新，逐渐老化的，那些社会经济地位低的人，在追求获取知识方面即使在后来某个时候到达了社会经济基础位高的人的“上限”，而这时因为时境的变化，他们获取的知识的实际价值就会大打折扣。因此，那种认为通过大众传播的“知识平均化”效果可以消除社会“知沟”，实现普遍社会平等的观点是不成熟的。

4. 知识沟理论的意义

蒂奇诺提出的“知识沟”理论的积极意义在于，它揭示出造成“知识沟”的根源在于人们的社会经济地位高低不同，从宏观社会系统角度考察和论述了媒介在知识分配中的角色功能。

结构性分析是知识沟研究的最大特点，它突破了以往媒介效果分析中微观个体层次的局限，改用社会结构的视野来探讨受传者的角色，在这个假说中，主角并不是媒体，而是社会结构。虽然有人分析个人兴趣也在其中扮演了重要角色，但从长期来看，个人兴趣也会受到社会经济地位的影响。在知识沟的形成过程中，大众媒体扮演了诱因的角色，而不是导致知识沟产生的最根本原因。由知识沟研究发现，媒体报道越多的话题，越容易产生知识沟现象，媒体报道较少的话题，反而不容易出现知识沟。这说明，如果仅增加信息量，而没有从根本上解决社会结构带来的传播技能和兴趣上的差距，不但无法消除知识沟，反而会增加知识沟。该假说对知识沟的解释涉及了整个社会结构与整个社会秩序冲突与维系的问题。它提示我们在研究大众传播影响时，不要孤立地研究媒体对个体的影响，而要把媒体放到更大的社会背景中加以考察。

知识沟理论对传播与社会不平等的关注，使它带有一定的批判色彩，更宽泛地说，知识沟也是一种“信息沟”，新传播技术的采用将增加整个社会的信息流量和信息接触量，这对每个社会成员来说都是如此。但是新技术所带来的利益对每个社会成员来说并不都是均等的。现有信息水准高、获取信息能力较强的人，能比较低者获得更多的信息，新媒介技术层出不穷，其趋势可能是，旧的信息沟没有填平，新的信息沟又出现了。

三、沉默的螺旋理论

1. 沉默的螺旋理论的概要

“沉默的螺旋理论”代表着20世纪70年代传播效果研究的第四个阶段，即“强大效果论”的主要思想。该理论认为在现代社会中，大众传播影响了公众对意见气候的感知，进而影响了人们在公开场合的意见表达。与“有限效果论”不同，该理论提出了一种新的强效果论。

传播与公众舆论密切相关，政治学研究十分关注公众舆论的问题。德国研究者学者诺依曼1974年首先在《传播学刊》发表论文，提出这个概念，1980年出版《舆论——我们的社会皮肤》对“沉默的螺旋”进行全面概括，它阐明了在公众舆论的形成过程中，人际传播和媒体是如何共同起作用的。

“沉默的螺旋”来源于这样一个事实：1965年德国阿兰斯拔（Allensbach）研究所对即将到来的德国大选进行了研究。在研究过程中，两个政党（社会民主党和基民盟、基社盟的联合战线）在竞选中总是处于并驾齐驱的状况，第一次估计的结果出来，两党均有获胜的机会。然而6个月后，即在大选前的两个月，基督教民主党与另一个党获胜的可能性是4∶1，这一预测对基督教民主党在政治上的胜利期望升高有很大的帮助。但在大选前的最后两周却发生“雪崩”现象：基督教民主党赢得了4%的选票，社会民主党失去了5%的选票。最终，在1965年的大选中，基督教民主党以领先9%的优势赢得了大选。这一年大选带来的困惑和对它的解释逐渐发展成为沉默的螺旋这一概念。

在通俗文化中，狼一般是作为孤独的行者出现，尤其是它的嚎叫，被作为特立独行的表现之一。但是动物学家西曼（Erik Zimen）却对它们做了另一番描述：对狼而言，其他狼的嚎叫声，会强烈引发自己开始嚎叫……但并非所有的嚎叫都能导致狼群共嚎。位阶低的狼嚎，较位阶高的狼嚎不易引发共嚎……这种划清敌我、明确界限的行为方式，可能和促进狼群的团结有关，狼群间几乎可以说是借此相互保持友善的状况。①

沉默的螺旋理论的提出者诺依曼认为，人类也有同样的特点。由于害怕被周围人排除在群体之外，我们也会小心观察民意，并作为参照，决定我们是否公开发表自己的意见。

诺依曼发现，尽管双方支持率一直没变，但对获胜者的估计却发生明显性的倾斜，即认为基督教两党阵线会获胜的人越来越多，到投票前日，变成了压倒多数。她认为，正是对周围意见环境的认知带来的压力，导致许多人最终改变投票对象。人们在受到“周围意见环境的认知”或“意见气候”“多数意见”所带来的压力时，可能会改变已经持有的看法或观点。

沉默的螺旋理论主要论述了这样一个观点：大多数个人会力图避免由于单独持有某些态度和信念而产生的孤立。因为害怕孤立，他便不太愿意把自己的观点说出来。总会有某些观点占上风，于是人们保持沉默，而不愿意发表自己的看法，如果人们觉得自己的观点会得到大家的认可，也就是占支配地位的或日益得到支持的意见就会愈加得势，另一方则越来越失去支持的声音或保持沉默。这样，一方公开表述自己的观点；而另一方沉默的倾向便开始了一个螺旋式过程，这个过程不断把一种意见确立为主要意见。如果这个过程有大众媒介参与，“螺旋”往往形成得更快、也更明显。这种观点如下图所示。

---

① ［德］伊丽莎白·诺依曼：《注意——沉默螺旋的发现之旅》，3版，137—138页，台北，远流出版事业股份有限公司，1994。

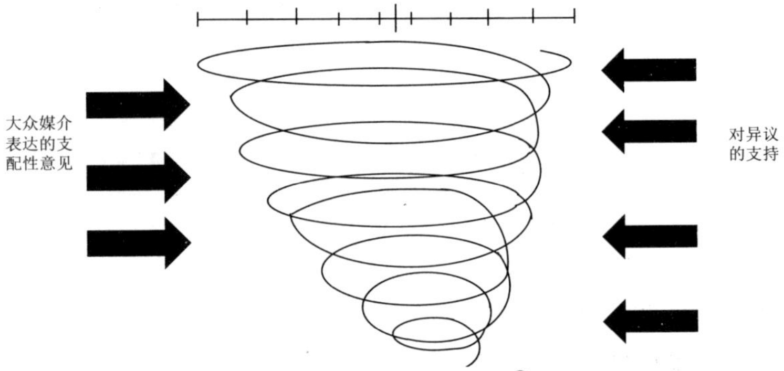

图8-4 沉默的螺旋①

该理论有三个前提条件：

一是首先要有一个引起争议的议题的存在，如果是一个早已达成共识的议题，沉默的螺旋效果就不可能存在。

二是人们知道哪些观点会受到欢迎，而哪些不会，这被称为“类统计感觉”。这是由于人们会毫不犹豫地凭经验对公众舆论做出猜测。具体来说，他们会推测出支持和反对某个观点的人口比例。正是人们在感知意见气候时的自信与错觉，使得大众传播媒体能够产生强大的影响。

三是在整个过程中，大众传播媒介扮演着重要的角色，如果忽视了媒介的作用，这个理论就不完整。

诺依曼通过研究，提出了许多证据来支持上述假设。例如，在政治选举中，人们通常可以凭借经验大致推测出哪位候选人和他的哪些政见占上风，因此，如果他觉得在场的其他人也同意他的观点，就会表达出个人偏好。反之，他就会保持沉默。

2. “沉默的螺旋”理论的特点

民意观

“沉默的螺旋”理论讨论的核心问题是民意，民意也译作舆论，在启蒙

① McQuail,D.and Windahl,S.,Communication Models: Longman,1981,pp68.

想家那里，民意代表着理性的最高标准，是社会理发的唯一来源，而在“沉默的螺旋”中，民意则是社会控制的手段，暴露了人性中非理性的一面。在诺依曼看来，民意除了作为公众的意见表达外，还扮演者社会整合的作用，民意是一种社会控制的机制。她认为民意未必是事实上的多数意见，但却是表面上的或人们感觉中的多数或优势意见，它通过人们的从众心理制约个人的行为，因而起着社会控制的作用。

在这个理论中，民意与其说是公众的意见不如说是公开的意见，换句话说，她认为只有那些被认为是多数人共有的，能在公开场合公开表明的意见才能成为民意，一种意见一旦具备这种性质就会产生一种强制力——公开与之唱反调就会陷入社会孤立，就有遭受社会制裁的危险，为了避免这种制裁，人们只有在公开的言行中避免与其发生冲突。

由此，这个理论强调的是舆论和民意的社会控制功能，她称之为舆论——我们的社会皮肤。意思是，舆论是双重意义上的社会皮肤，它是个人感知社会意见气候的变化，调整自己环境适应行为的皮肤；舆论还在维和社会整合方面起着重要作用，就像作为容器的皮肤一样，防止由于意见过度分裂而引起的社会解体。

大众传播具有强大的社会效果

“沉默的螺旋”强调媒体的强大效果，媒介的这种效果和影响不止于认知阶段，而是包括了认知——判断——行为的全过程。这一理论假说的一个重要观点是，传媒提示的意见环境未必是社会上意见分布情况的真实反映，而一般社会成员对这种分布处于无知状态，这种情况下，传媒提示和强调的即使是少数人的意见也会被当成多数意见来认知，结果引起“沉默的螺旋”过程的始动，在传媒影响所及的范围内引起人们判断和行动上的连锁反应。换句话说，这个假说认为，大众传播媒介具有创造社会现实的力量。

总的来说，“沉默的螺旋”是一个有关大众传播——个人——舆论的现象。媒体传播了公众舆论，向受众指明哪些观点是占主导地位的，个人是否公开表达自己的观点，这主要取决于自己的观点是否符合占主导地位的观点，反之，则选择沉默。媒体只关注那些公开表达的观点，这样螺旋会一直持续下去。

3. 对“沉默的螺旋”理论的批判与讨论

“沉默的螺旋”是一个引人注目的理论，它否定了20世纪40年代以来的大众传播效果有限性的结论，重新提出大众传播的强大影响。但同时，它也成为备受争议的大众传播理论之一。

第一，是对社会孤立的恐惧的讨论。“沉默的螺旋”中最核心的假设是人性中有害怕孤立，与大多数人保持一致的天性，但这也是该理论中最缺乏充分验证的部分。对社会孤立的恐惧不应是一个不变的常量，而应是一个受条件制约的变量。比如，现场有无来自他人的支持、个人的自信程度等因素都会制约个人意见的表达。个人的趋同行为的发生受到两个条件的制约：一是没有来自他人尤其是来自群体的支持，只要当场有一个支持者，趋同行为的概率便会大大降低；二是对自己观点确信度高的人具有较强独立性，总有不肯随波逐流的硬骨头者。

第二，多数意见的压力以及对它的抵制力，按照问题的类型和性质应有程度上的不同。具体说来，有关社会伦理道德、行为规范争议问题上，多数意见会产生巨大社会压力，而在一些技术性、程序性问题上，这种压力未必有效。同时争议问题与自己是否有直接利害关系，也决定人们对多数意见的服从或抵制。

第三，多数意见的社会压力强弱受到社会传统、文化以及社会发展阶段的制约。如在单一民族国家，在传统、保守社会，在社会秩序、价值安定时期，多数意见压力通常是强大的。而在多民族国家、开放性社会及社会秩序或价值变动时期，多数意见未必能左右人们行为。日本学者平林纪子指出：“就宗教问题而言，在荷兰等天主教国家或一部分伊斯兰教国家，促使人们趋同的压力显然比其他国家强大得多。”①

第四，极力强调多数或优势意见的压力，以至于忽略了少数派作用，研究发现，当少数意见的中坚分子表现出意志坚定性、主张一贯性和表明态度强烈性时，可以对多数派产生有力影响，甚至可以改变群体已有的合意并推

① 〔日〕田崎笃郎、儿岛和人：《大众传播效果研究的展开》，北村出版社1992年版，第65页。

动形成新的合意。

无论如何，诺依曼意识到人际传播的重要性，注意到人际传播与大众媒介、舆论之间的相互依靠的关系，将舆论视为一种动态的、变化的过程，涉及了大众传媒在舆论形成中的角色，在当时普遍对传播效果持有限论的环境中，她的贡献在于回归了大众传播有力的效果观，对重新评价大众传播的影响和效果具有重要的启迪意义。

互联网作为一种新兴媒介进入人们的生活时，人们却发现，网络传播的兴起，给传统的大众传播媒介带来了冲击，也给传统大众传播理论提出了新的课题。互联网不同于传统媒体的功能使得许多传播理论受到挑战和质疑。沉默的螺旋是否在互联网上失效成为众多争论的一个焦点。

网络传播环境首先给舆论的形成带来困难。根据诺依曼的沉默的螺旋的假设，舆论的形成与大众传播媒介营造的意见气候有直接关系。因为大众传播有三个特点：多数传播媒介报道内容的类似性——由此产生共鸣效果；同类信息传播的连续性和重复性——由此产生累积效果；信息到达范围的广泛性——由此产生遍在效果。这三个特点使大众传媒为公众营造出一个意见气候，而人们由于惧怕社会孤立，会对优势气候采取趋同行动，其结果是造成一方越来越大声疾呼，而另一方越来越沉默下去的螺旋式过程。

尽管这一假说过分夸大了人的心理中从众行为和趋同心理的作用，但它在一定程度上反映了大众传播媒介对舆论形成所起的重要作用。同时，诺依曼还把舆论比作社会的皮肤，以表明大众传播媒介在维持社会整合方面所起的重要作用。但是，在网络传播环境中，尽管大众传播媒体的几个特点仍然存在，但与过去相比，传播的整个结构发生了巨大的变化，网络传播的出现，使得其他传播方式有可能借助网络这个平台，对更大范围的受众产生更深刻地作用，传统的大众传播媒介对舆论的影响力也由此受到一定削弱。随之而来的，可能是过去相对明朗的意见气候会变得错综复杂一些。

另一方面，在“沉默的螺旋”假设中起重要作用的“从众心理”也可能会因为网络时代的到来而有所改变。从心理学的角度来说，从众心理的产生主要是由于对孤独的惧怕，但这种心理可能是在人们的生活圈子较小的时候表现得比较强烈，这时一旦人在意见上陷入孤独，往往也意味着他在其他方面也陷入孤独，而且这种局面没有积极的办法可以扭转。但是，当人们的交往能力随网络技术得到扩展时，人们的交往空间也得到了极大的扩展，除了现实世界外，还有网络世界，因此，消除孤独的方式也变得多种多样。如果一个人在网上的某一个社区里得不到承认，他可以转向其他社区，这时，他采取的往往不是消极的从众措施以保护自己，而是积极地在网络中去寻找同盟者。

另外，在网络传播过程中，受众具有匿名性，人的心理状态会更接近他的本我。在传统社会环境中的恐惧心理已经被一种“无所谓”的心理代替，而且，受众不需要对自己的言行负任何责任，因此，就基本不存在自己的意见和公开的意见矛盾的问题。但是受众对网上意见的认知，会发生比在现实社会中的认知有更大的偏差，因为受众通常同自己意见相同的人结成讨论小组，因而会在较大程度上将自己的意见视为也是其他人的意见。此外，网络时代被认为是一个尊重个体的时代，它更承认人们个人意见的表达与个性的发展，所以相对来说，传统的从众心理可能会表现得较弱一些。

总之，在网络传播时代，“沉默的螺旋”理论面临着新的环境条件，面临新的问题，“沉默的螺旋”理论需要深入研究新现象，做出新的解释。

四、培养理论

20世纪五六十年代之后，电视逐渐成为大众媒体中最具影响的媒体。培养理论的提出者格伯纳认为，大量看电视的观众接触相同的消息，由此产生的效果教导人们形成共同的世界观和价值观。电视对社会产生了极其重要但不受注意的效果。培养理论的核心观点：传播内容具有特定的价值和意识形态倾向，这些倾向通常不是以说教，而是以报道事实、提供娱乐的形式传达给受众的，于潜移默化之中，人们形成了自己的现实观，社会观。格伯纳认为，媒介的这种培养效果，主要表现在形成当代社会观和现实观的主流，而电视媒介在主流形成过程中尤其发挥强大作用，它可以超越不同社会属性，在全社会范围内广泛培养人们关于社会的共同印象。

1. 培养理论的起源与背景

培养理论也叫培养分析、教化分析、涵养理论。起源于60年代后期，当时美国社会犯罪问题十分严重，美国成立一个委员会来研究解决这些问题，格伯纳的培养理论是在该委员会支持和赞助下开始的。

培养研究的着眼点在于：一是分析电视画面上的凶杀和暴力内容与社会犯罪之间的关系；二是考察这些内容对人们认识社会现实的影响。

在展开了大规模的调查研究之后，调查人员指出，第一个方面，除了在一些事例中发现电视暴力内容对青少年犯罪具有诱发效果外，在整体上没有发现二者之间的必然联系；但在第二个方面，研究得出重要结论，就是电视节目中充斥的暴力内容大大加大了人们对现实社会环境危险程度的判断，并且电视接触量越大的人，社会不安全感越强。

这个结论是对现实中暴力犯罪状况，电视节目中暴力内容以及人们对自身所处社会环境危险程度的主观判断进行比较研究的结果。按照当时美国发生现实暴力犯罪发生率来计算，一个美国人在一周遭遇暴力事件的概率在1%以下，但是格伯纳对三大电视网1967—1978年在黄金时间播出的1548部电视剧所做的内容分析表明，包含暴力内容的电视剧达80%，每部电视剧暴力场面平均5.2次，与暴力相关的人物占出场人物的64%。这个数字表明，就暴力犯罪而言，电视剧传达的象征性现实与客观的社会现实之间有很大差距。

那么，人们对社会环境的印象和判断是如何形成的？这种印象更接近客观现实还是象征性现实？1976年格伯纳就电视接触量与人们对环境危险程度的判断之间的相关性进行调查，发现尽管在现实生活中，人们遭遇或卷入暴力事件的概率在1%以下，但许多人认为这种可能性在10%以上，这一估计大大超过客观现实的可能性而更接近于电视画面中的社会，并且电视接触量越大的人，这种倾向越明显。

根据调查结果，他认为大众传媒揭示的象征性现实影响人们对客观现实的理解，大众传媒带有的倾向性，使主观现实和客观现实之间出现了很大的偏离，且这种影响是长期的，潜移默化的过程，它不知不觉中制约人们的现实观。

2. 培养理论的特征

第一，培养分析主要关注的是电视媒体对观众的影响，之前的理论大多针对所有媒体，而格伯纳认为电视与其他媒体相比，对我们影响更大些，这是由电视媒介的特点决定的：（1）受众广，接触时间长；（2）听觉视觉的结合，具有冲击力；（3）不需要特殊的接触媒介的能力；（4）从幼年时代便与电视生活在一起，电视人难以分辨客观现实和象征性现实；（5）电视渗透入社会不同阶层。电视已经成为现代社会的文化熔炉。

第二，电视的巨大影响来自于，电视从我们一出生，就伴随着我们。培养理论主要关注的就是电视造成的长期的、相对稳定的、广泛的影响，而不是效果研究所追求的变化。该理论认为，电视最大的效果不是使我们的态度和行为发生变化，而是使它们保持稳定。

第三，美国的电视处于商业体制下，不仅生产受到市场制约，而且高度垄断，这造成整个信息系统呈现出固定的模式，比如电视中充斥着暴力内容、保守的政治立场、对少数群体表现不足等。因此，无论观众观看什么频道或节目，都会受到同一个信息系统的潜移默化的培养。培养研究并不关注单条信息的影响，而是考察整个信息系统中重复出现的、稳定的内容模式产生的宏观的、长期的影响。

第四，培养分析考察的是电视对受众现实感知的影响。正如议程设置理论一样，大众媒体并不会告诉我们怎么想和怎么做，但是它会告诉人们在通常情况下想什么和做什么。培养分析并不认为电视具有不可抗拒的强大影响，但却认为电视在塑造我们关于现实的共同观念上具有累积的影响。

第五，培养理论具有批判理论的特征。它描述了居于主导地位的社会精英是如何实现社会控制的。在长期的培养中，电视观众不知不觉地将这些对社会精英有利的观念内化，与他们越来越一致，因此，培养分析不是一个价值中立的理论，带有明显的批判色彩。培养分析的目的是揭示大众传播为占统治地位的阶级和意识形态服务的本质，其观点包含对资本主义大众传播现状的鲜明批判态度，因此，被称为美国土生土长的批判学派。

3. 理论意义与批判

培养理论肯定了共识是作为一个统一整体存在和发展的前提，强调了大众传播在形成共识中的作用。培养分析是以一定的社会观和传播观为出发点的，它的基本观点是，社会是作为统一整体存在和发展的，社会的存在和发展需要成员之间有共识，只有在达成共识的基础上人们的认识、判断和行为才能实现协调。提供这种共识是社会传播的一项重要任务，在传统社会中，由教育和宗教承当这种义务，而在现代媒介社会则成了大众传播的一项重要任务，大众传播通过对象征性事务的选择、加工和处理，向人们提供关于外部世界及变化信息，作为社会成员认识、判断和行为的基础。由于宗教和教育一般只能在有限的范围内进行，而大众传播则能够超越社会和阶层在全社会广泛传播，因此在形成社会共识方面，超过宗教和教育的作用。电视具有其他媒体所不具备的强大威力：虚构变事实，小事变大事，大事变皆知。电视尤其是电视剧包含大量虚构因素，一般受众很难把虚构和现实区分开来，容易把虚构当作现实来接受。

但是，培养理论提出后，一直面临着各方面的批评。第一个批评来自纽科姆，他指出，培养分析对暴力内容做了简单化的处理，对于不同的人来说，暴力的意义是不一样的，但培养分析却没有分析这些差异。对此，格伯纳认为，培养分析是一个宏观的理论，关注的是整个信息系统对受众长期的影响，尽管对于某个内容，受众可能会做出不同解读，但是从长期来看，看电视越多，对现实的看法就与电视越接近，培养理论是一个关于社会文化影响的宏观理论而不是一个关于内容解读的微观理论。

第二个批评来自英国学者沃勃，他用同样的方法研究了英国电视的影响，却没有得出格伯纳等人的结论。格伯纳认为，英国与美国的电视体制不同，英国长期以来实行公共广播体制，受商业化影响较少，电视节目比美国更加多样化，这与电视内容同质化、商业化的美国存在明显差异。因此，电视在形成观众统一的现实观方面不如美国明显，培养效果不突出。

还有的批评是针对培养理论中的因果性的质疑。有学者通过调查发现，人们对于现实犯罪行为的恐惧与所在社区的犯罪率有较高的相关度。这表明，不是电视影响了受众的环境认知，而是现实环境影响了受众的环境认知。格伯纳等人认为，上述结论证明了实际犯罪率会影响培养的结果，但并不能完全否认培养的存在。因为在社会科学的因果解释中，存在多因一果的现象，培养分析是在控制其他变量的基础上，测量观看电视对于培养差异的单独影响。

培养分析从提出之日起就一直面临着批判与回应，根本原因在于该研究跨越了实证研究和批判研究两个范式。从形式上看，它采用了实证研究的方法证明结论；但从理论内核来看，它又是一个宏观的、批判的理论，直接揭示了社会的权力结构和意识形态控制。意识形态问题被实证研究视为不够科学；另一方面，从批判的范式看，它又过分拘泥于实证数据分析，不能全面地阐释整个媒介生产与消费过程，同样不能令人满意。

培养分析向我们展示了超越不同研究范式的尴尬之处和两难。但无论如何，该理论在二者之间做出尝试，并且在某种程度上印证了英国文化研究学派、法兰克福学派等的电视媒介影响受众意识形态的观点，包含了对资本主义大众传媒的批判和要求改革的观点，同时也是对符号理论、意义理论的继承和发展。①

第三节　影响传播效果的因素

传播效果的产生是一个复杂的社会过程，从发出信息到接收信息，中间存在许多环节和因素，每个环节都会对效果的形成产生重要影响。因此，对于传播者来说，要想改进传播活动的效果，首先应该对效果产生的机制及制约因素有个清楚认识。以下从传播主体、传播技巧、受众三个方面对效果的形成过程做一个概观。

① 〔美〕斯坦利·巴兰、丹尼斯·戴维丝：《大众传播理论：基础、争鸣与未来》，曹书乐译，清华大学出版社2004年版，第324页。

一、传播主体与传播效果

1. 信源可信性的效果研究

从宣传和说服角度而言，即便同一内容的信息，如果出于不同传播者，人们对它的接受程度也会不一样。因为人们首先要根据传播者本身的可信性对信息的真伪和价值作出判断。可信性包括两个要素：第一，传播者的声誉：诚实、客观、公正；第二，专业权威性：发言权和发言资格。

霍夫兰曾以“如何对待失足少年”为题，进行试验，将实验对象分成三组，分别向他们播放可信度高信源（有声望的法官）、可信度中信源（在场者中的一位）、可信度低信源（少年时代有犯罪经历，近期贩毒刚被保释的男人）的谈话录音，结果证明信源可信性与说服效果之间的联系：信源可信度高，说服效果大；可信度低，说服效果小。因此，对传播者来说，树立良好的形象是改进传播效果的前提条件。

2. 休眠效果

可信性带来的说服效果并不是一成不变的，霍夫兰发现，随着时间的推移，高可信度信源的说服效果也会出现衰减，而低可信度信源的说服效果则有上升趋势。为什么？因为人脑的忘却机制在起作用。人们对信息的记忆量随时间的推移而减少，而忘却是从信息的次要属性开始的，也就是说，由高可信度信源发出的信息，由于人们对信源的信任，其说服效果最初可能大于信息内容本身的说服力，而低可信度信源发出的信息，由于人们对信源怀有不信任感，其说服效果最初可能会小于内容本身的说服效果。随着时间的推移，人们对信源与内容联系的记忆逐渐淡漠下去，由信源居主导地位的可信性效果趋于减弱或消失，内容本身的说服力才能完全发挥出来。

具体说来，低可信度信源发出的信息，由于信源可信性的负影响，其内容本身的说服力不能得以马上发挥，处于一种睡眠状态，经过一段时间，可信性的负影响减弱或消失以后，其效果才能充分表现出来。这种现象称为休眠效果。

休眠效果表明，信源的可信性对信息的短期效果具有极为重要的影响，但从长期效果来看，最终起决定作用的是内容本身的说服力。高可信度信源虽然能吸引受众的注意力，但从长期来看，只有以诚相待才能获得公众长期的信任。休眠效果还表明，时间可以使低可信度信源的说服效果有所增加，对于暂时不被接受的合理意见，要有耐心。

二、传播技巧与传播效果

1. 宣传的七种技巧

19世纪末到20世纪初，是宣传活动大量扩张的阶段。大众媒介的成长与传播技术的进步，大大增加了宣传的运用范围与功能。早期的宣传分析研究所做的一些说服方面的研究，确认了七种主要的宣传技巧：

恶名法：把一个事物贴上一个坏的标签，使受众不假思索的对它产生厌恶感， 这种宣传方法普遍用于政治和其他领域的公开活动中。

美化法：与恶名法相反，它是把一个事物与美好的字眼联系在一起，使我们不经证实而接受或赞同这一事物。

转移法：传播者并不直接说出来某某是什么，但把一个事物与某一令人尊敬和崇拜的事物联系在一起，从而把这种权威性也转移到那个事物上，让人们通过联想接受该事物。

现身说法：用一个有影响力的人物来证明自己观点。如写文章援引别人说法，广告中的形象代言人等方式。

平民百姓法：这是一个宣传角度问题，作为宣传者应力图使宣传对象感到是二者在同一立场。 宣传者试图让受众相信其想法是好的，因为这些想法是“人民”的想法，是“普通老百姓”的想法。

乐队花车法：一般人认为，最安全的选择是和大家在一起。这种宣传技巧就是使人们相信“每个人——至少我们所有的人——正在坐它”。利用这种技巧，宣传者试图使人们相信，我们所有成员都在接受他的计划，因此我们必须跟随大家“跳上乐队花车”。

洗牌作弊法：把有利于自己的东西集中，不利于自己的东西扔掉。这种宣传技巧刻意支持某种立场的论点，而忽略不支持另一种立场的论点，当然其所选择的论点可能是对的，也可能是错的。

2. 一面提示与两面提示

一面提示仅向说服的对象提示自己一方的观点或于己有利的判断材料；两面提示在提示己方观点或有利材料的同时，也以某种方式提高对立一方的观点或不利于自己的材料。

一般来说，一面提示能对己方观点做集中阐释，简洁易懂，但也容易给人咄咄逼人的感觉，使说服对象产生心理抵抗；两面提示由于给对方观点以发言机会，给人一种公平感，可以消除对象心理反感，但由于同时提示对立双方的观点，论旨复杂，理解难度增加，在提示对方观点时如果把握不好分寸，反而容易造成为对方宣传的结果。

“二战”期间，霍夫兰以“美国对日本的战争还要持续多久”为题，对两种方法的有效性进行实验比较，针对当时德国投降后，美国士兵中广泛存在的速胜心理制作了广播稿，试图通过说服活动教育士兵确立持久战信念。霍夫兰把600名士兵分成3组，第一组为一面提示群，即在广播稿中只提示对日作战的困难性，如强调日军规模和顽强战斗力等；第二组是两面提示群，在提示不利条件同时也提示有利条件，如德国已经陷入孤立等，但结论同样是要完全打败日本还需持久战；第三组是控制群，即不给任何提示，目的是观察他们在自然条件下的态度变化，并与前两组比较。结果显示：

无论一面还是两面提示都能取得良好效果，赞同对日作战还要持续1年以上的人分别由37%增加到59%，而控制群态度基本没有变化。这说明，进行宣传和没进行宣传，结果大不一样，但从一面提示还是两面提示的效果比较而言，两者总体上并没有明显差异。

尽管单纯比较没有发现二者差异，但进一步分析说明，两种方法有效性依据传播对象的不同而不同。表现在：从与原有态度关系来看，对原来就持赞成态度的人来说，一面提示效果大于两面提示；而对原来就持反对态度的人来说，两面效果更好些。从与文化水平的关系来说，一面提示对文化水平低的人效果好；而两面提示对文化水平高的效果好。

这一结果说明，无论一面提示还是两面提示，效果的大小很大程度上取决于传播对象的性质，离开具体对象泛谈两者优劣没有意义。

3. 两面提示的免疫效果

与霍夫兰一样考察一面提示和两面提示说服效果的还有贾尼斯等人，他们进行的实验和霍夫兰的方法相似，不同的是增加了反宣传实验，即让实验对象接触对立观点的宣传，目的是比较两种提示法的说服效果的持续性和稳定性。实验结果表明，尽管从单纯比较来看，两者效果并没有优劣之分，但对反宣传的抵抗力却又极大区别，也就是说，在接触到反宣传后，原先接受一面提示实验的人几乎都受到相反观点的影响，而那些接受两面提示实验的人，态度没有发生明显变化。

根据实验结果，学者认为，两面提示由于包含对相反观点的说明，这种说明就像事先接种牛痘疫苗一样，能使人在以后遇到对立观点的宣传时具有较强抵抗力。两面提示的这种效果，被称为免疫效果或接种效果。

麦奎尔也关注这一领域，他认为，人们有许多没有经过考验的信念，这些信念在遇到对立观点挑战时，往往是脆弱的，就像在无菌环境里成长的人体容易受到细菌感染一样。在医学领域，增强人的抵抗力方法有两种，一是滋补法，如营养、锻炼；二是接种法，事先让人接触弱性细菌而逐步增强免疫力。这种方法同样能运用于思想教育和宣传领域。

4. 明示结论与暗示结论

在文中明示结论，可使观点鲜明，读者易于理解作者的意图和立场，但同时也容易使文章显得比较生硬而引起读者反感。暗示就是在文中不作明确结论，而仅仅提供引导性的判断材料，将观点寓于材料之中的做法，这种方法给读者一种结论得自于自己的感觉，可使他们在不知不觉中受到作者观点的影响。但这种方法易使文章主旨变得隐晦、模糊。

实验证明，各论题复杂程度不同，理解难度不同，不同文化层次的人理解能力也不同，不能证实明示与暗示效果哪个更好些。但很多研究成果得出了以下几条结论：

在论题复杂的场合，明示结论比不下结论效果好；

在说服对象文化水平和理解能力低的场合，应明示结论；

让说服对象自己得出结论的方法，适用于论题简单，论旨明确或对象文化水平较高，有能力充分理解论旨的场合，因为这种场合再明示结论中有画蛇添足之嫌，会引起对象烦躁或反感，从而对传播效果产生负面影响。

5. 诉诸理性与诉诸感情

诉诸理性即通过冷静地摆事实、讲道理、运用理性或逻辑的力量来达到说服的目的。诉诸感情主要通过营造某种气氛或使用感情色彩强烈的言辞感染对方，以谋求特定效果。

情感诉求的方式可以打动受众的感情，改变其态度；理性诉求使人的认识更加深入，能改变其观念与行为。哪种方法更有效果，并没有一致结论。原因是，两种方法的有效性因人、因事、因时而异。科学上的争论靠感情说服不了对方，紧急情况下，振臂一呼比慢条斯理说理有效得多。在日常思想教育中，应注意两者结合。

6. 恐惧诉求

恐惧诉求即运用敲警钟的方法唤起人们的危机意识和紧张心理，促成他们的态度和行为向一定方向发生变化。敲警钟有双重功效：它对事物利害关系的强调可最大限度唤起人们注意，促成他们对特定传播内容的接触；它造成的紧迫感可以促使人们迅速采取对应行动。

但由于敲警钟是通过刺激人们的恐惧心理来追求特定的效果，会给对象带来一定的心理不适，如果分寸把握不好，容易招致对方防卫性反应，对传播效果产生负面影响。

贾尼斯等人在20世纪50年代进行的一次实验表明，不同程度的恐惧诉求效果不一样。[1]在实验中，主持人以劝说中学生注意口腔卫生，养成良好的刷牙习惯为内容，设计了重、中、轻度三种恐惧诉求材料。在重度诉求中，主持人极力强调牙病的痛苦和对身体的危害，出示了齿槽溃烂的彩色图片，强烈暗示如果不刷牙，你也会变成这样；中度诉求中，平淡陈述事实，使用黑白图片；轻度使用轻微牙齿的X光片。结果表明：

就恐惧诉求唤起的心理紧张而言，效果大小与诉求强弱顺序基本一致，就是重度诉求造成的心理紧张效果最大，中度其次，轻度次之。

但是，从说服最终目的，即引起说服对象的态度和行为变化而言却相反，即轻度诉求效果最佳。

究竟哪种最好，没有一致结论。基本的共识是：恐惧刺激如果过于强烈，可能会唤起某种形式的干扰因素，以致降低说服的效果；中等程度恐惧诉求的消息将导致最大量的态度改变。这告诉我们敲警钟要有分寸，切合实际。最近的研究发现，恐惧诉求是否有效的关键不在于恐惧诉求的强弱，而在于接受者是否认为讯息中所推荐的行为可以解决威胁。如果威胁性信息除了激起受传者恐惧外，还能提供某些有用的行动，减少或消除这种威胁，那么，恐惧诉求的效果更大。也就是说，如果受众认为讯息中包含的降低或消除威胁的建议容易操作，并行之有效，那么受众会接受讯息中的建议。如果讯息包含了强烈的威胁，但却没有提供有效的建议，或提供的建议太难、成本太高、效果不好，人们感到难以解决威胁，那么，这时候人们会针对他们的恐惧做出反应，采取逃避或抵抗来降低恐惧感。

三、传播对象与传播效果

即便是同一个传播者，运用同一种方法传达同一信息，在不同的对象那里引起的反应也很可能是不同的，传播效果的形成是一个多种因素交互作用得过程，传播对象自身的属性对传播效果起重要作用。

传播对象的属性通常包含以下几个方面：

---

① Janis,I.L. and Feshbach,H.,Effects of Fear-arousing Communications:Journal of Abnormal Social Psychology,1953.

性别、年龄、文化程度、职业等人口统计学上的属性；

人际传播网络；

群体归属关系和群体规范；

人格、性格特点；

个人过去的经验和经历。

1．意见领袖的作用

两级传播理论表明，很多人得到的信息并不直接来自于大众媒体，大众媒体的信息总是先经过“意见领袖”这个中介环节，再流向普通受众。这种人际传播的影响有时甚至大于大众传播的影响。

“意见领袖”是活跃在人际传播网络中，经常为他人提供信息、观点或建议并对他人施加个人影响，对大众传播的效果起着促进或阻碍的作用的人。“意见领袖”的基本特征为：

生活经验丰富，知识面广。“意见领袖”阅历广，生活经验比较丰富，大多文化教育程度比较高。良好的文化教育背景能够使他们利用更多媒介获取信息，对有关事情有更多了解，知识面也就比较广，也使他们具有较强的判断能力和主观见解，对各种事物和现象能做出合理判断和解释，处理问题较为理智和恰当，易得到别人信任，因而容易说服别人。

交际广泛，同公众联系密切，与被影响者处于平等关系，而不是上下级关系，是我们生活中熟悉的人，有较高的威望。“意见领袖”大多数社交能力比较强，交友广泛，有众多的社会关系，同时又平易近人，易与人接触，与公众联系比较密切。因为“意见领袖”大多博才多学、见多识广，能对群体成员提供有益的信息和意见，在群体中有较高威信，拥有较大的影响力和号召力。拥有较多信息渠道，对大众传播接触频率高。

具有较高的社会经济地位。“意见领袖”大多收人水平高，而且稳定，这是他们之所以成为“意见领袖”的经济基础。良好的经济条件使他们有能力成为新广告产品的早期采用者，获取有关产品知识。当然，“意见领袖”的社会经济地位不能比追随者过高，否则，相差悬殊，相互间无法沟通，其影响力也就会丧失。

乐于创新。“意见领袖”思想活跃，性格外向，勇于创新，敢于接受新生事物。尤其是当整个社会倡导革新开放时，其创新精神更为突出，这也是他们成为新观念、新产品带头者、鼓动者的一个重要内因。

“意见领袖”在各自的领域内，对被影响者具有一定的吸引力。大众传播要想取得好的效果，必须重视“意见领袖”对一般受众个人的影响。

2. 群体归属与群体规范的影响

群体归属感、群体规范影响着群体成员的信息接收。在说服内容和观点与群体规范一致的场合，群体归属和群体规范可以推动成员对观点的接受，起到加强和扩大说服效果的作用；在说服内容和观点与群体规范不相容的场合，后者则会阻碍成员对观点的接受，使传播效果产生衰减。群体规范通常会影响说服性传播的有效性，如果说服性传播与群体规范一致，会取得较好的效果，反之，群体规范会使个人拒绝改变。研究者发现，那些更看重自己在群体中成员资格的人，与不看重群体成员资格的人相比，更不容易受到与群体规范相违背的信息的影响。

3. 受传者个性与传播效果的关系

在传播效果研究中，“容易”或“难以”接受他人的劝说的个性倾向，称为个人的可说服性。贾尼斯的“自信心假说”①表明：自信心（社会不安感、委曲求全、感情抑郁程度）越强，可说服性越低；自信心越弱，可说服性越高。易受传播影响的人一般自尊心不强，表现出不能适应社会。例如他们大多比较害羞，言谈中缺乏自信，在社交场合局促不安，很少批判他人，几乎不愿拒绝别人的任何要求，即使在受骗上当时，也很少表现出怨恨。此外，还经常表现得很沮丧，常感到闷闷不乐。而那些比较难以说服的人也有明显的个性特征，比如对他人富有攻击性、不喜社交、具有离群索居倾向、

① 〔美〕洛厄里，德弗勒：《大众传播效果研究的里程碑》，中国人民大学出版社 2009 年版，第 164 页。

有严重精神性神经症的困扰，那些在日常生活中对他人公开表现敌意和攻击性的人，相对而言，很难受到说服性传播的影响。[1]

总之，传播效果的发生受到一系列因素的制约与影响，媒介自身很少成为效果的唯一重要或充分条件。总体而言，大众传播研究是以媒介具有显著效果的假定为基础的，然而，对假定效果本质和程度的认识，却鲜有共识。即使有不胜枚举的例子能够证明媒介的影响力，然而，关于媒介效果的不确定性也依然存在。

---

① 〔日〕饱户弘：《传播：对话与说服的科学》，筑摩书房 1972 年版，第 69-70 页。

参考文献

［美］埃弗雷特·M·罗杰斯：《创新与扩散》（第四版），辛欣译，中央编译出版社2002年版。

［英］戴维·巴特勒：《媒介社会学》中国社会科学出版社1992年版。

［英］丹尼尔·麦奎尔：《麦奎尔大众传播理论》（第四版），崔保国等译，清华大学出版社2006年版。

［加拿大］马歇尔·麦克卢汉：《理解媒介——论人的延伸》，何道宽译，商务印书馆2000年版。

［美］德弗勒，丹尼斯：《大众传播通论》，华夏出版社1989年版。

［美］威尔伯·施拉姆，波特：《传播学概论》，新华出版社1984年版。

［美］麦奎尔，温德尔：《大众传播模式论》，上海译文出版社1987年版。

［美］施拉姆等：《报刊的四种理论》，新华出版社1980年版。

［美］埃弗雷特·M·罗杰斯：《传播学史——一种传记式的方法》，殷晓容译，上海译文出版社1997年版。

［美］尼尔·波兹曼：《娱乐至死》，章艳译，广西师范大学出版社2004年版。

［美］尼尔·波兹曼：《童年的消逝》，吴燕莛译，广西师范大学出版社2004年版。

［英］尼克·史蒂芬森：《媒介的转型——全球化、道德和伦理》，顾宜凡等译，北京大学出版社2006年版。

［英］尼克·史蒂芬森：《认识媒介文化——社会理论与大众传播》，王文斌译，商务印书馆2001年版。

［美］斯蒂芬·李特约翰：《人类传播理论》（第七版）史安斌译，清华大学出版社2004年版。

［美］威尔伯·施拉姆：《大众传播媒介与社会发展》，金燕宁等译，华夏出版社1990年版。

［美］沃纳·赛弗林等：《传播理论：起源、方法与应用》（第四版），郭镇之等译，华夏出版社2000年版。

戴元光、邵培仁、龚炜：《传播学原理与应用》，兰州大学出版社1988年版。

李彬：《传播学引论》，新华出版社1993年版。

张国良：《现代大众传播学》，四川人民出版社1998年版。

张隆栋等：《外国新闻事业史简编》，中国人民大学出版社1988年版。

张昆：《传播观念的历史考察》，武汉大学出版社1997年版。

胡正荣：《传播学总论》，北京广播学院出版社1997年版。

董天策：《传播学导论》，四川大学出版社2002年版。

郭庆光：《传播学教程》，中国人民大学出版社2001年版。

谢新洲：《网络媒体的传播学研究》，北京大学博士论文，2003年6月。

张意：《文化与符号权利：布尔迪厄的文化社会学导论》，中国社会科学出版社2005年版。

张咏华：《媒介分析：传播技术神话的解读》，复旦大学出版社2002年版。

杨伯溆：《全球化：起源、发展和影响》，人民出版社2002年版。

张国良主编：《20世纪传播学经典文本》，复旦大学出版社2003年版。

尹鸿、李彬主编：《全球化与大众传媒》，清华大学出版社2002年版。

陶德言：《知识经济浪潮》，中国城市出版社1998年版。

王德海主编：《发展传播学》，中国农业科学技术出版社2003年版。

甘惜分主编：《新闻学大辞典》，河南人民出版社1993年版。

陈力丹：《精神交往论》，开明出版社1993年版。

后　记

合上书稿，打开窗户，槐树花的香气扑鼻而来。五月的大连是一年中最好的季节，此书的写作整理从去年12月到今天，历经了半年时间；而其中资料的准备与成书思路却是我自2007年工作以来讲授传播学课程多年的积累和思考；而我对传播学的热爱则可追溯到更早的2000年刚上大学第一次接触传播学的课堂上，犹记当年的兴奋与喜悦。那时的我还从未接触过互联网，更没有今天的手机媒体，虽然“沉默的螺旋”、拟态环境、议程设置等传播学新鲜的概念和理论仿佛为我打开了新世界的大门，但彼时的我一定无法深刻理解人类的传播，无法体会媒介为社会和个人带来的巨大改变和影响。媒介的发展总是令人瞠目结舌。

要感谢大连外国语大学文化传播学院院长张恒军教授，是他的信任和对我的耳提面命，才使得本书最终得以顺利面世，在他的推动下，本书得到大连外国语大学2015年度学科建设经费资助出版。

要感谢所有老师在我求学过程中的帮助，于我来说，老师总是在关键时刻给予我方向性指导并能够影响我的每一次重要决定的人。感谢我的导师徐朝信老师在专业上的引导和言传身教；他一直影响着我对教师这一职业的认知和喜爱。

要感谢我的同事们在成书过程中的有效建议和鼓励；要感谢我的家人在生活上的照顾，让我能够静下心来写作，无后顾之忧；要感谢我的学生们在课堂上的积极思考和发散思维，这给予了本书许多有益的启迪，学生们对我充满期待的目光和与我讨论后豁然开朗的喜悦一直是鞭策我前进的不竭动力；要感谢中国戏剧出版社编辑们的督促和支持，没有他们的辛勤劳动，本书不会这么迅速而顺利地出版；我的学生李雨亭完成了部分章节的初稿，让我感慨“后生可畏”，在此表示感谢。

传播学研究博大精深，我只是把教学实践中的思考和盘托出，抛砖引玉。由于本人研究时间尚短，本书的缺点一定不少，还恳请专家、同行和各位读者不吝赐教。

我们的生活总是充满着传播的乐趣，愿你与我一样，对传播感兴趣、善于观察、保持思考。生活多么有趣啊！

宁晓晓

2017年5月21日

于大连外国语大学